Despierten

Para ser Feliz,... Hay que ser Valiente

LAURA M. DE GONZALEZ

BALBOA.
PRESS
A DIVISION OF HAY HOUSE

derechos de la imagen: "Mikhail Belikov / www.focusonwild.com".
créditos de la imagen: Louise Hay

Puede hacer pedidos de libros de Balboa Press en librerías o poniéndose en contacto con:

Balboa Press
Una División de Hay House
1663 Liberty Drive
Bloomington, IN 47403
www.balboapress.com
1 (877) 407-4847

ISBN: 978-1-5043-2905-7 (tapa blanda)
ISBN: 978-1-5043-2906-4 (libro electrónico)

Información sobre impresión disponible en la última página.

Fecha de revisión de Balboa Press: 03/23/2015

Para todos los Seres de Luz que me guían y
acompañan en este camino hacia el despertar
del amor incondicional de la humanidad.

No existe otra motivación para escribir estas memorias que develar el despertar de cada circunstancia o experiencia. Por muy difíciles que hayan sido las pruebas, debemos saber que Dios está siempre presente, con su *Pequeña Mano Morena... pero ¡tan grande!* Él nos está orientando, guiando y protegiendo sutilmente. Aunque no le recordemos o no le veamos, siempre estará ahí en el momento perfecto.

Reviviremos mis experiencias con la única finalidad de alimentarlos de la sabiduría oculta que ellas guardan. Cada una de las respuestas sublimes que surgieron en el momento perfecto fueron las respuestas oportunas de las preguntas incomprendidas en el tiempo-espacio.

Reconocí que estaba dormida pero deseé desde lo más profundo de mí ser querer despertar. Manifesté en ese instante una verdadera intención y descubrí que así es como funciona todo. Se crea la petición desde la fuerza interior alimentada por el auténtico propósito y el deseo de cambiar, es entonces cuando se inicia el camino hacia ese mundo interno que no se quiere ver ni observar por miedo a reconocer que estaba dentro de mí, al vivir cada etapa dolorosa. Pude percibir cómo una fuerza extraña me fortalecía para poder vislumbrar lo que estaba invisible; Dios me permitía de una manera u otra encontrar las respuestas ocultas que estaban relacionadas a cada proceso que de manera inexplicable debilitaba la coraza que poseía mi mente-corazón, lo que me permitiría avanzar en mi anhelo de cambiar.

Logré romper mi mente y abrir mi corazón al amor incondicional.

Descubrí la "Danza del Avanzar Divino" —así le llamé— la cual se baila dando un paso hacia adelante y otro hacia atrás, esto nos permite avivar los sentidos. Muchas personas no lo comprenden y se angustian pero es normal este caminar hacia la divinidad, al decidir dar un paso firme al frente es maravilloso. Dios se manifiesta inmediatamente dando él 10 pasos hacia nosotros para protegernos dentro del camino ¡todo es como un juego divino!

Las personas experimentamos varias etapas dentro del despertar, puede tomar varias encarnaciones por traspasarse en el tiempo-espacio las acciones-omisiones. He reconocido estas etapas del despertar como niveles: profundamente-dormidos, dormidos, semi-dormidos, semi-despiertos, despiertos, despiertos-no-conscientes, despiertos-conscientes y conscientes-consciente.

Podríamos preguntarnos ¿en qué tiempo despertamos? La respuesta correcta es: *En el tiempo perfecto de cada quien,* siendo esto lo más revelador.

No duden en vivir a plenitud cada experiencia. No duden que cada momento difícil les pueda romper la dura coraza que poseen. Ambos son caminos para el despertar. Dejen que la *Pequeña Mano Morena… pero ¡tan grande!* les guíe con su amor eterno, hasta que descubran el mensaje intrínseco de cada experiencia. Les aseguro que al hacerlo se despertará esa magia de las coincidencias, es en ese momento que querrán vivir a plenitud. Misteriosamente la fórmula se va integrando para producir su resultado final: **EL AMOR INCONDICIONAL** hacia todos los seres de la humanidad.

Esta es una de las tantas razones para vivir, lo descubrí y deseo revelárselos.

Laura…

Ante todas las circunstancias de la vida, primero debemos dar las gracias.

Gracias, DIOS. Reconocí su existencia al comprender poco a poco que las experiencias vividas me correspondían, traspasadas en el tiempo y espacio por decisión propia, develando que en cada situación dolorosa su primordial objetivo oculto era alcanzar mi evolución para el DESPERTAR. Celebro el momento perfecto por descubrir la visión verdadera; retornando a la sabiduría interna, se abre un camino mágico hacia la comprensión del "Amor Incondicional". Tomé consciencia, fue mi elección renacer en este hermoso planeta azul para vivir lo necesario con la única finalidad de encontrar UN CAMINO HACIA LA VERDAD. Su amor creador me enseñó que todo ser viviente en este hermoso planeta, es su creación y se debe practicar el conocimiento en armonía plena con las Leyes Universales.

Gracias, amado JESÚS, fuente inagotable de mi energía. Me guías hacia el Despertar de la humanidad. Vuestro amor eterno, enseñanzas, sabiduría y orientación son mi alimento diario, exquisito manjar que tuve que aprender a degustar. Aleccionada la enseñanza, pude irradiar amor hacia todos los seres del mundo, vivo para servir incondicionalmente siempre guiada por la *Pequeña Mano Morena… ¡pero tan grande!*

Gracias a mis PADRES, Juan y Aleida. Los elegí como los padres del hogar apropiado para mi despertar, acepté en el tiempo-espacio que fueron instrumentos. Junto a ellos, mis hermanos: **Aleida**, **Juan**, **Luís** y **Carlos** – a quien llamo amorosamente **Tato** – (así los mencionaré en esta historia hacia la luz). Mi familia terrenal, gracias por las vivencias compartidas en este plano; ausencias, desavenencias e incomprensión, situaciones que me enseñaron a crecer. Fueron pilares fundamentales para mi despertar ¡todo fue perfecto! ellos lo hicieron bien y yo lo comprendí.

Gracias, YONABETH, por elegirme como tu madre en esta experiencia terrenal, me has permitido dar la mayor demostración del amor incondicional: sin límites, sin egoísmos, sin manipulación, sin miedos, practicando constantemente el amor en acción. Tu esposo **EDUARDO** es parte de mis regalos divinos. **LUZDANA MARÍA** y **DAVID ALEJANDRO,** son gracia de *Dios* y energía del *Amor,* los necesitaba para darles lo que dentro de mi existencia iba transformándose, gracias por ser soporte material para poder alcanzar algunas metas.

Gracias, MAMÁ NEGRA, eres especial para mí. Te Amo eternamente. Tú comprensión, creencia, fe, apoyo incondicional; sin criticar ni juzgar, siempre me brindaste tus sabias palabras, perfectas en cada instante difícil que experimenté, ¡me escuchaste con el corazón! Comprendiste sin dudar que ese era mi camino, gracias por orar para que tuviera fortaleza en los instantes de debilidad, Dios te bendiga eternamente para que tus palabras siempre resuenen en el tiempo-espacio.

Gracias, JOEL ENRIQUE, compañero y esposo en tantas vidas. Apoyo incondicional en este recorrido de aprendizaje y enseñanzas.

SIN TI NO LO HUBIESE LOGRADO.

Juntos trascendimos la comprensión, la verdad, la honestidad, la lealtad, la rectitud, la no violencia y el amor, así renació en mí el amor espiritual. Ahora puedo decirte:

El Amor nos enseña.

El Amor es aprendizaje de vida.

El Amor es dar.

El Amor es espiritual.

El Amor es recompensa.

El Amor es admirar.

El Amor es luz.

El Amor es irradiar su energía.

El Amor es gracias eternas.

El Amor es un regalo por merecimientos.

El Amor es libertad.

El Amor es lealtad.

El Amor es… Amor.

De esta manera **APRENDÍ A AMARTE.**

Gracias, MARÍA ISABEL, nos encontramos de nuevo en esta vida porque eres espectadora de las experiencias vividas. Desde nuestro regreso de India emergías siempre con la magia del momento oportuno, brindándome la palabra perfecta.

Gracias, Arelis, Nacho, Delvia, Jenny, Elaine, Romina y otros tantos ejemplos del despertar. No ha sido fácil pero vuestro empeño y constancia los ha recompensado iniciando una vida diferente desde el amor incondicional.

Gracias a todos y cada uno de los seres que por una u otra razón dentro de sus búsquedas nos encontramos en esta vida. Fueron ustedes los que me enseñaron a accionar el amor incondicional; me permitieron decirles lo que debían comprender, cambiar, corregir y observar porque así lo vislumbraba mejor. Gracias por venir a mis consultas, charlas y encuentros, les precisaba para encontrarme e iniciar mi camino.

Gracias a todos que por Ley de Atracción encontraron este libro como un regalo divino, de alguna manera lo pidieron y el universo confabuló para que llegara a cada uno de ustedes.

Estas líneas son expresiones del amor incondicional experimentado. Narro parte de mis propias experiencias desde mi perspectiva. Aunque consideren esta expresión como una imperfección, debo decir: que las experiencias no son iguales ni parecidas a las de ninguna otra persona, tampoco el punto de vista de los involucrados porque cada quien tiene su parte, la única razón de ser **es**, que cada quien elige sus propias experiencias antes de nacer con un fin particular, independiente y meticulosamente preparado. Les aliento a leerlas para que se nutran del conocimiento y cambien la visión de vuestras vivencias y así poder revalorizarlas. Comprendiendo que, las situaciones de dolor, tristeza, sufrimiento, penas y/o miedos son solamente alimento para crecer espiritualmente, elevando la frecuencia interna a un despertar maravilloso cuya fuente única es Dios, quien está presente en todo instante y aunque nosotros no lo veamos nos permite recorrer ese camino hacia la luz y nos guía con su *Pequeña Mano Morena... pero ¡tan grande!.*

Cada experiencia difícil que se presenta en vuestras vidas son los alimentos necesarios para crecer avivando y mostrándonos el camino hacia la verdad, cuya única finalidad es la libertad para vivir nuestra propia vida a plenitud descubriendo que venimos a despertar para poder lograr la meta final, Ser Humanos Conscientes-Conscientes, resonando en perfecta armonía con las Leyes Universales.

Cuando esa sabiduría se asimila, surge un despertar que nos permite comprender el verdadero significado del **amor incondicional:**

Es consentir que las personas de nuestro entorno

puedan crecer, cambiar, desarrollar, internalizar y

evolucionar en su tiempo-espacio

sin exigir ni manipular su intención

y, mientras este proceso acontece,

permanecer en paz interna sin criticar ni juzgar

los defectos y debilidades que se revelan en las acciones

diarias de las personas que están en su proceso

de DESPERTAR. Sólo observándonos internamente

para transformar todo nuestro sentir en

Amor Incondicional.

Soy la tercera de cinco hijos que decidimos experimentar dentro de una familia terrenal para despertar y sanar en esta encarnación. Regresé a esta dimensión el sábado 04 de febrero de 1956 (día de carnaval) en Caracas, Venezuela. Al observar, después de 58 años de enseñanzas, me parece que mi descenso a esta dimensión fue extraordinario. Al retroceder en el tiempo pude asimilar las maravillas que me regaló la vida, comprendiendo que lo que me produjo dolor y tristezas en un momento hoy en día las valoro como lo mejor que pude experimentar para mi despertar.

Mi nacimiento fue producto de la impaciencia de mi madre quien, haciendo alarde de su carácter, no quiso esperar más por la mudanza sin programar de mi padre. Tomó el control del caso e inició la mudanza a su tiempo y condiciones, direccionó todo el esfuerzo para su nuevo objetivo: mudarse a la casa nueva. Desde muy temprano se levantó anunciando su decisión y empezó a llevarse todos los enseres, mientras lavaba —simultáneamente— las paredes, los pisos, los baños y la cocina. Limpió todo como sólo ella sabía hacerlo, era perfeccionista de la limpieza y siempre hizo distinción de su arte. Sus colaboradores inmediatos fueron el conductor, mi abuelita materna y la señora que la acompañaba en los quehaceres diarios.

Transcurrió el día, realizó la actividad propuesta con tanto empeño que no se percató del proceso que había iniciado en su interior. Finalizando la tarde sintió dolor y cansancio sin embargo esto le pareció normal por el esfuerzo realizado, su molestia le aturdía nublándole la verdadera razón de su malestar. En ese momento sólo quería dejar la casa arreglada y ambientada para cumplir sus fines, le encantaba ver armonía en lo que ordenaba. Terminó el día bañando a mis hermanos, los vistió con el pijama y los llevó a dormir. Más tarde tomó un baño y al relajarse comenzó a comprender que estaba en trabajo de parto.

A las 10:30 de la noche pide a mi padre que la lleve a la clínica. Él estaba preocupado la acompañó a escuchar la opinión del médico, quien daría como resultado un nacimiento prematuro. Mis padres vieron la película del embarazo comparándolo con los anteriores y notaron que había sido muy diferente. Mi madre en este embarazo sufrió varios conatos de pérdida, no lograba estar bien por una razón u otra, siempre se sentía mal, no logró mantener un peso adecuado en los meses de embarazo, mostrando señales de debilidad. Con todos estos antecedentes se incrementaron las expectativas del momento final, y a pesar de la situación ya no se podía hacer nada más que esperar y aceptar lo que aconteciera.

Emprendo la experiencia elegida por voluntad propia, entrando en acción al escenario perfecto con un buen drama. Desde que abrí los ojos por primera vez supe que no quería vivir en esta dimensión y así lo hice saber a mis padres; sin embargo ya estaba todo planificado, programado y aceptado por mí, debía ejecutarse.

A los 20 días de nacida comencé con fuertes crisis de asma, acompañada de las complicaciones de salud de todo niño prematuro —creo que le di unas cuantas demostraciones de existencia a mi madre—. Siempre he dicho: "niños con problemas de salud, son padres con procesos de aprendizajes", digamos que es una manera de enseñarles. Para ese momento, mi rol era ser su maestro y creo que lo hice bien. Desde que nací, tuve fuertes procesos de salud donde tuvieron que correr más de una vez aunque ellos no lo comprendieron como un aprendizaje interno.

Fui creciendo sin concebir por qué mis padres eran tan estrictos esto me facilitó el aislarme a un mundo donde me sentía bien. Cada vez que me acostaba a dormir viajaba a un lugar donde recibía mucho amor, siempre me esperaba un ser especial. Su cabello largo de color blanco platinado, su sonrisa decía mucho sin exponer una palabra, usaba una bata blanca tipo túnica, su mirada brillante irradiaba amor verdadero; describirlo se me hace difícil, más que verlo era todo lo que sentía y lo que él me inspiraba con sólo estar a su lado. Siempre volaba llegando al mismo lugar, una plaza como punto de encuentro. Tenía una gran fuente de agua llena de flores que adornaban los pasillos, a través de esa fuente podía mirar y detallar lo que sucedía en mi casa o en cualquier lugar que quisiéramos de esta dimensión, era un portal visual.

Cuando nos encontrábamos compartíamos tantas cosas. Él me contaba historias del lugar; me explicaba la manera de vivir y compartir con las personas de esa comunidad, siempre hacía énfasis en este tema para que las tuviera presente; me nutría tanto de sus enseñanzas que hacía placentero nuestro encuentro; me llevaba a pasear por la ciudad, veía casas muy hermosas con jardines adornando las entradas con diseños particulares que parecían símbolos individuales de cada quien; visitábamos diariamente unas cuevas inmensas muy bien organizadas, estaban llenas de cristales con una diversidad de colores y brillos únicos jamás visto en esta dimensión. Había un lugar dentro de la cueva donde se podía tomar todos los cristales para recibir el conocimiento que tenían dentro de sí. Esto me apasionaba. Jugar con ellos bajo las instrucciones de los guías que estaban enseñando a todos los niños que se encontraban en el lugar, era maravilloso sentir su energía además de lo que transmitían. Los cristales me hablaban y yo les comprendía, el tiempo trascurría tan rápido que al momento de regresar no quería hacerlo, me causaba tristeza pero debía obedecer las instrucciones.

El maestro llegaba para buscarme, al mencionar mi nombre salía a su encuentro recibiéndome con un abrazo colmado de amor y paz, era su manera de decirme que debía regresar a casa repitiendo siempre lo mismo, me explicaba por qué debía retornar. Le respondía siempre igual, que deseaba estar en ese lugar. No lograba entender por qué debía regresar pero él sólo me miraba a los ojos e irradiaba tanto amor respondiendo: "un día regresarás para siempre pero ahora no es el momento, debes partir. Estoy seguro que lo comprenderás mejor en su momento". Luego, me veía regresar a la habitación y al despertar no quería abrir los ojos ni las manos porque desaparecerían los cristales que traía escondidos en ellas.

Así sucedió por mucho tiempo durante mi niñez, volaba cada noche reviviendo la paz, despertaba en la mañana sin comprender la falta de amor en esta dimensión. Al contarles a mis hermanos esa sensacional experiencia, explicaba por qué no quería abrir las manos, les resultaba totalmente descabellado, la respuesta inmediata era llamarme mentirosa. Fui motivo de burlas por mucho tiempo, yo sólo lloraba y lloraba. Me bautizaron como "mentirosa y llorona", calificación que se mantuvo durante muchos años.

No fue fácil vivir en dos mundos, uno maravilloso, mágico y real lleno de paz y amor, –aunque no lo percibieran así los demás–; otro irreal, difícil y estigmatizador sin amor en donde todos los demás lo sentían real pero yo no aceptaba. Bajo esta incomprensión fui creciendo.

Por el trabajo de mi padre, cuando yo tenía dos o tres años de edad, nos mudamos a un pueblo cerca de la Capital conocido como El Junquito. Era un lugar muy bonito, su clima era más frío que el de Caracas. Vivíamos en una casa asignada dentro del lugar de su trabajo, mis hermanos ya más grandecitos iban al colegio.

Cuenta mi madre que al levantarme comenzaba a llorar y así pasaba todo el día. Al llegar las horas de la tarde ella estaba al borde de un colapso por mis llantos, no le quedaba otra alternativa que llamar a mi padre para que se acercara un rato a ver si me calmaba pues entre sollozos pedía verlo. Cuando mi madre lo veía llegar a casa me decía: "¡mira quién viene ahí!". Levantaba la mirada, lo veía y decía dentro de mí, él no es a quien llamo, lloraba más fuerte y decía: "¡No! ¡No quiero!". Mi padre se mostró siempre especial conmigo, me tomaba en sus brazos, hablaba tranquilizándome hasta que me dormía por un rato, pero yo buscaba a mi padre espiritual y apenas era una bebita.

Esta experiencia la tuve grabada en mi mente por muchos años, yo sabía que él era mi verdadero padre terrenal pero ¿cómo lo podía expresar? Era una situación difícil, sobre todo como explicar que buscaba a mi padre espiritual, sólo me quedaba esperar para ver si de alguna manera más fácil yo podía asimilar todo lo que estaba experimentando, lo que me hizo permanecer en silencio tanto tiempo.

Cuando tenía aproximadamente nueve años las cosas cambiaron inexplicablemente. Un día me levanté con sensaciones extrañas, esto me decía que sucedería algo inesperado. Al llegar la tarde comencé a tener mucho sueño, me acosté a dormir temprano e inicié mi viaje nocturno como de costumbre, la alegría embargaba el recorrido. Esto me permitía respirar y compartir las enseñanzas que alimentaban la paz de mi ser, sabía que sí existía un lugar pleno de paz y amor, volver a estar en compañía de mi guía espiritual, era una experiencia única. Poco a poco comencé a volar hasta llegar a la plaza de agua, esta vez fue mejor la experiencia. Me permitieron observar algunos detalles que antes no había visto, como percibir más colores, aromas y paisajes, todo esto antes de llegar al lugar que frecuentaba. Estas sensaciones me maravillaban porque no existe en esta dimensión nada parecido, razón por la que se me hace tan difícil describirla. Descendí en la plaza, vi a mi maestro esperarme como siempre solía hacerlo pero sentí de manera particular algunas diferencias que me indicaban que sucedería algo diferente.

Su mirada me transmitía paz a medida que me orientaba en las nuevas directrices. Tocó mis hombros y miró dentro de mis ojos mientras decía: "Laura, hija, estamos seguros que esta vez lo vas a hacer bien. Ya llegó tu momento, no puedes venir más…".

Me dio una larga charla sin justificar para nada el porqué debía ser de esta manera. No fueron sus palabras las que me permitieron entender que ya no podía regresar, fue su mirada. La sentí claramente y comencé a experimentar la soledad, lloré inconsolablemente ¡que soledad sentí en ese momento! él sólo me abrazaba repitiendo: "sé lo que estás sintiendo pero quiero que sepas que lo harás bien", esto no lo concebí al momento. Repitió lo que siempre me decía: "te guiaremos desde aquí. Eres un ser especial tenemos confianza y seguridad que en esta oportunidad lo harás muy bien, cuando te corresponda regresar de nuevo, estoy seguro que podré estar orgulloso de ti". Así estuvo largo tiempo convenciéndome de mi regreso de manera que lo aceptara en paz. Lo comprendí, debía ser así. Sin razón ni justificación, sólo era el momento. Me invadió el dolor y la tristeza, me sentí sola, ahora nadie me comprendería como él. Todo esto retumbó por años en mi mente hasta que llegó mi despertar y vislumbré de manera perfecta lo que había sucedido.

Él me indicó que observara el agua, diciendo: "¿ves que hermoso es todo?", me acerqué a la ventana de agua, al verla sentí caerme dentro, mientras se formaba un túnel por el que baje flotando hasta llegar a mi cuerpo, a lo lejos escuchaba: "lo harás bien lo sé, esta vez lo harás bien".

Era la primera vez que mi regreso era de esa forma. A medida que bajaba se cerraba el túnel detrás de mí y no veía la luz que dejaba, todo se borraba mágicamente; al llegar a la casa inmediatamente pegué un salto de la cama y todo comenzó a girar a mi alrededor, vomité, me sentí débil, mareada con dolor de estómago, la cabeza me daba vueltas sin parar, no sabía qué hacer. Reaccioné como todo niño hubiese hecho, corrí al cuarto de mis padres en busca de su apoyo, por la emergencia me vi obligada a dirigirme directamente al baño: ¡vomitaba! El malestar no me dejaba ni levantarme. Esa noche lloré y sufrí inconsolablemente hasta que me dormí. Llamaba a mi verdadero padre y me preguntaba ¿por qué tenían que ser así? Con esta primera reflexión iniciaba la serie de preguntas incomprendidas para proporcionar las respuestas oportunas en el tiempo-espacio adecuado, que evidentemente seria muchos años después.

Apenas era una niña pero tenía muchas interrogantes. No sabía quién, cómo, ni cuándo serían mitigadas tanta incertidumbres; mis temores se incrementaron, el mundo fue cambiando, sin duda me llené de tantas incógnitas que las consecuencias dieron como resultado la aparición de enfermedades sin diagnosticar. Visité muchos médicos, uno tras otro, buscando una respuesta y la manera de argumentar mi estado de salud, jamás divisaron la carencia afectiva en las acciones diarias, siendo ésta la razón principal de todo.

Era una niña, no sabía explicar lo que pasaba dentro de mí. Entre miedos, falta de amor y compasión de mi entorno, el mundo se hacía cada vez más pequeño. Me bloqueé de tal manera, que sólo conversaba en las noches con los seres especiales que veía. Ellos sabían escuchar y entenderme sin juzgarme, no les temía. A pesar de las restricciones y limitaciones que la sociedad delineaban permanentemente ¡yo era un alma libre! razón por la que pude continuar viviendo en ese mundo paralelo que muy pocas personas pueden ver o comprender. Para mí, lo era todo. Es un mundo verdadero, maravilloso, real y perfecto, que alimentaba mi fortaleza interna, me generaba confianza en el día a día; podía ver y escuchar tantas cosas donde los demás permanecían ciegos y sordos. Hoy en día estoy maravillada de poder conocer ese mundo que, de alguna manera inexplicable, me hace invisible ante muchos.

Durante los primeros 16 años de mi vida mantuve mis dones sin poder canalizar su procedencia, pues evidentemente no tenía con quien compartirlo. Esto me produjo muchos conflictos internos por vivir en dos mundos. Muchas veces me pregunté si era verdad o quizás eran juegos de mi imaginación porque lo que yo experimentaba nadie más lo vivía, las experiencias eran verdaderas y no debía dudar ¡esa magia se manifestaba persistentemente! Cuando empezaba a vacilar sucedía algo inesperado que me revelaba que estaba en el camino correcto, no debía declinar por ningún motivo o razón.

Cursando la secundaria tenía una compañera de clases. Ella, aunque no entendía exactamente mis enigmáticas vivencias escuchaba sin criticar ni juzgar mi especial particularidad, su mamá también lo hacía pues le parecía interesante oírme. Poco a poco se ganó mi confianza y le fui contando muchas de las cosas que lograba experimentar en el mundo invisible. Le impresionaba que yo supiese lo que saldría en los exámenes, quizás es la razón por la que fui muy buena estudiante; cuando salían mal mis compañeras yo obtenía buenas calificaciones, o por lo menos pasaba la prueba espinosa; siempre destacaba en las materias más difíciles, cuando me preguntaban cómo lo hacía yo les respondía que simplemente lo sabía. Para mí esto era un juego, escuchaba la respuesta dadas por mis guías y resolvía de esa manera.

Llegó el día, me explicaron que la videncia no era un simple juego era para comprender que existían otros planos. Fue tan difícil que me llenó de dolor y tristeza, me costaba comprender los dones. Deseaba conversar con alguien sobre esto. Entonces tuve que tomar la decisión de escaparme de la escuela secundaria con mi amiga para contarle a su mamá, necesitaba orientación de su parte; ella era nuestra profesora de Castellano, vivíamos cerca y muchas veces me llevaba hasta mi casa pero ese día en especial le pedí que me recibiera en la suya para contarle la razón de mi intranquilidad.

Al llegar a su casa pasamos directamente a su habitación donde le gustaba pasar mucho tiempo realizando sus manualidades, quería contarle rápido lo que me estaba ahogando. Le expliqué que lo había visto tan claro y preciso como estar ahí con ella en ese momento, lo que le iba a contar no era mentira. Accedió dejando de un lado las manualidades, cosa que ella siempre hacía mientras hablaba y me preguntó: *"¿qué es lo que tanto te inquieta?"*, comencé a contarle los detalles tal cual los había experimentado, diciéndole que hacía dos noches había entrado en ese túnel que me permitía ver el futuro, había flotado y desde algún lugar externo podía verme a mí misma entrando a mi casa, subía las escaleras, dejaba algunas cosas que no identifique en el momento en mi habitación, vi cómo bajaba nuevamente jugueteando por las escaleras, miré el reloj que estaba colgando en la pared, marcaba las 9:15 p.m., me pareció tarde para estar caminando por la casa –siempre a las 8:00 de la noche a más tardar teníamos que estar acostados–, me dirigí flotando hacia la cocina y observé a la señora que realizaba las labores domésticas, estaba limpiando. El conductor entró en ese momento para tomar su cena, acababa de llegar, lo que me indicaba que papá también había llegado, salí corriendo a la sala para verlo, él acostumbraba entrar por la puerta principal. Volteo la mirada y lo veo bajando las escaleras, vestía el pantalón beige obscuro y una franela blanca, sus zapatos negros brillantes de tanto pulirlos. En ese momento sonó el timbre anunciando que alguna persona estaba parada en la puerta, mi padre se dirigió a abrirla –cosa que no acostumbraba hacer–. Yo observaba cuidadosamente los detalles, no quería dejar de ver lo que sucedía porque eran señales que me daban para que reconociera cuando los eventos fueran a suceder, los quise observar con atención para guardarlos muy bien en mi mente (todo lo podía ver como una película). Mi padre abrió la puerta y noté que afuera de la casa estaban dos personas y otros hombres uniformados como cuidando el lugar. Uno de los hombres le dijo a mi papá: *"usted está detenido"*, observé cuando le colocaron las esposas y se lo llevaron. Lloré muchísimo, eso me impactó de tal manera que no dejaba de revivir las escenas cada vez que cerraba los ojos. Cuando le estaba contando a la profesora no pude contener mis lágrimas, ellas brotaron nuevamente. Creo que tras el asombro de lo que acababa de escuchar a ella no le quedó más que decirme que le debía contar a mi mamá.

– ¡Ella no me creerá jamás!–respondí–. Esto lo calificaría como una nueva mentira.

–Quédate tranquila, vamos a llevarte a tu casa y hablaremos esto con tu mamá. –afirmó ella al escuchar mí respuesta. Accedí aunque sabía lo que me esperaba, sabía muy bien cuál sería su reacción.

Al llegar a casa mi mamá lo primero que le interesó saber fue por qué había llegado tarde. La profesora, al estar al corriente de cómo eran las cosas tomó la iniciativa y respondió que se había accidentado su carro, prácticamente asumía la responsabilidad de mi retraso. Yo sabía que mi madre no había validado esa historia, lo demostró con sus expresiones corporales. Reconocí de inmediato su molestia, me miró ordenándome que tomara un baño y fuera a mi habitación pero sus ojos me dijeron todo lo que vendría una vez que la profesora se retirara. No sé qué conversaron porque no me permitieron estar presente, lo que si sabía era la respuesta de mi mamá, la conocía muy bien, apenas se marchó la profesora, me prohibió hablar de ese tema, nunca más debía comentarlo a ninguna persona. Así puntualizó muy bien su decisión.

Al día siguiente tenía que ir a clases, esto me brindaría una nueva oportunidad para continuar en la búsqueda de auxilio pues era la única salida que tenía para hacer algo. Sabía que era un aviso, no tenía dudas de que este sueño era una manera de comunicarse conmigo Decidí al día siguiente junto a Zahira, mi compañera de estudios, ir a ver a la Sacerdotisa, quien era representante de una deidad femenina mística, ella tenía dones espirituales y vivía cerca de la casa.

Bajo mi inocencia sólo se lo comuniqué a mi hermana pero jamás pensé que saldría todo mal. Llegamos a casa de la vidente, sabíamos de su existencia por la amistad que teníamos con sus hijas. Al llegar nos recibió su hija mayor ella era amiga de mi hermana, le dije que necesitaba hablar con su mamá pues era algo urgente, ella nos comunicó que estaba ocupada pero al terminar se lo informaría. La verdad no sé qué pasó, no sé si ellos llamaron a mi casa para avisar que estábamos ahí o se supo de otra manera. En la larga espera que disfrutábamos para ser atendidas, mi amiga y yo sosteníamos una conversación de diversos temas. De repente se abrió bruscamente la puerta de la sala y ¡sorpresa!... era mi madre junto a mi hermana y el conductor. Yo gozaba de su gran aprecio y en ese momento lo demostró haciendo lo imposible para que no me regañaran por estar en un lugar sin permiso; mi mamá sólo vio a Zahira advirtiéndole que se fuera a su casa y lanzó sobre mí una mirada penetrante, la cual delató todo, para ella había hecho algo incorrecto. Si hubiese podido salir corriendo de ese lugar no habría dudado en hacerlo, me tomó por el brazo y me indico que me montara en el auto.

Antes de que saliéramos, La Vidente —así le conocían también— ya había subido. Ella había sido espectadora de los hechos aunque no sabía nada porque no pudimos conversar sobre el tema. Intentó reflexionar con mi mamá para que me escuchara pues si me había arriesgado a salir sin su permiso era algo bien revelador para mí pero ella le respondió cortantemente: "sé lo que voy a hacer, también cómo se va a terminar este invento de Laura", desde que entramos al vehículo hasta que llegamos a la casa me dio indicaciones de lo que debía hacer, ya estaba resignada a que las cosas macharían peor, no existía ninguna persona que me creyera, todos me decían que solo era un sueño.

Recuerdo que me senté a llorar en la cama, tenía sentimientos confusos entre la rabia y dolor. Luego escuché una voz que me dijo: "Hija mía no llores más, hiciste lo que estuvo a tu alcance. Todo lo que has llorado tú, lo llorará tu madre después. Duerme y descansa, vienen días muy duros, tu hermana iniciará los eventos que producirán dolor y tristeza en este hogar".

Me quedé profundamente dormida. Volé sin destino, lo que complació a mí ser. Así estuve varios días, quizás semanas, sumergida en una gran tristeza que me anunciaba que algo sucedería.

Aproximadamente a las tres semanas de los eventos, nos visitó Mamá Negra, ella es un ser especial sobre todo conmigo. Es comadre de mi mamá, era una de las amigas más cercanas a ella. Al verla sentí su preocupación, le saludé con un beso y un abrazo muy largo y expresivo, quería sentir su amor, pero me hizo percibir que algo que no estaba bien. Ella quería entrar rápido y hacer lo que debía, razón por la que me evadió un poco y preguntó dónde estaba mi mamá, le señalé que estaba en dirección del cuarto de mi hermana se dirigió de inmediato al lugar. Mientras ella se dirigía a la habitación sentí nuevamente que algo no estaba bien. Fui a mi habitación a esperar, pocos minutos habían pasado cuando me llamaron permitiendo el ingreso a la tan visitada habitación, mi hermana ya no estaba allí. Estaba mi mamá y Mamá Negra, ambas me veían como si fuera culpable de algún hecho que por supuesto yo desconocía por completo, mi madre fue directa y mirándome fijamente a los ojos, me preguntó afirmativamente:

—Sabías que tu hermana está embarazada, ¿verdad?

— ¡Eso no puede ser! Para salir embarazada debe estar casada — respondí inmediatamente desde mi inocencia.

— ¡No seas mentirosa! —reprendió mamá. Me miró a los ojos y repitió—. ¡Dime la verdad, tú lo sabías!

— ¡No sé nada! —respondí. En ese momento pensé ¿y ahora de qué me señalaran?

Siempre era la responsable de lo que pasaba. La otra parte era responsabilidad de mi hermano, los demás nunca tenían cabida en enredos a su parecer. En ese momento intervino Mamá Negra para abogar por mí como lo había hecho en muchas oportunidades.

—Déjala, ella no sabe nada— dijo a mi madre quien comenzó a llorar y me dijo que me fuera, salí de la habitación y recordé las palabras que me había dicho Dios unos días antes: "Tu hermana iniciará los eventos".

Tocaron el timbre, bajé corriendo para abrir la puerta y allí estaba parado el novio de mi hermana. Lo he querido siempre porque él también era especial conmigo.

—Me pidieron que viniera—dijo.

—Sí, fue mi mamá. Ella está bastante molesta, dice que mi hermana está embarazada, no me parece bien porque ustedes no se han casado, en esa época las personas veían un poco mal que se embarazaran las muchachas antes de casarse.

Él me miró asustado y me interrumpió con su respuesta.

—Bueno, ya reventó la cosa —mostrando su temor afirmó— es verdad, ella está embarazada.

No puedo repetir con palabras lo que sentí en ese momento pero fue como si el mundo se me cayera encima. Comprendí todos los mensajes recibidos, lo que también había visto como una película y me dije: "Dios ya empezó todo, como me anunciaron". Él subió al cuarto de mi hermana, no supe que pasó exactamente pero no era difícil descubrirlo, lo que no se podía pronosticar era lo que vendría después.

Gracias al Padre, Mamá Negra estuvo ese día armonizando la situación, ella sabía cómo calmar a mi mamá, hasta que llegó la noche y debió partir a su casa. En ese momento sentí soledad, tristeza y miedo, algo más estaba por llegar. Todos se retiraron a sus cuartos menos yo. Me quedé en la sala escondida detrás del sofá, ese lugar me gustaba mucho porque allí pasaba el tiempo cuando me sentía mal. Después de un buen rato decido ir a la cocina a tomar un vaso de leche (mi bebida preferida) al entrar me encuentro al conductor de mi papá cenando, inmediatamente recordé lo que había visto en mi sueño...

Salí corriendo a la sala porque sabía que mi papá ya estaba en la casa, al llegar al pie de la escalera volteo y lo veo bajar exactamente igual como en el sueño que había tenido y por el que había sido injustamente castigada. Empecé a buscar las señales. Miré el reloj y marcaba la misma hora que vi en mi sueño (9:15pm.) "¡No puede ser tanta coincidencia!", pensé. Al voltear vi a mi papá bajar las escaleras, con el pantalón beige obscuro, la franela blanca de mangas cortas y zapatos negros muy brillantes, no era usual en él estar sin su camisa. Quería morirme.

Cuando él se percató que aún estaba despierta pensé que me reprendería, era tarde y teníamos una hora de ir a la cama, pero ocurrió lo contrario, me saludó con cariño. Sonó el timbre y no dudé que era el momento. Cuando abrió la puerta pude ver a los hombres uniformados que hablaron con mi papá algo que no logré escuchar, lo demás sucedería indudablemente. Mi papá me indicó que fuera a mi habitación, en el momento que subía las escaleras bajaba mi madre muy asustada, no sabía que estaba sucediendo.

Los días que vinieron después de esa situación fueron maravillosos para el despertar. Vi a mi madre llorar tanto que recordé el mensaje recibido: "Lo que tú estás llorando ahora, lo va a llorar ella después", fue tan cierto todo lo que me habían advertido Dios que no desmayé en ningún momento mientras ocurrían los eventos. Ya había sufrido por la experiencia y nadie había comprendido mi desconsuelo.

A mi padre se lo llevaron detenido. Como consecuencia de esto sucedió lo que siempre sucede en estas situaciones, se alejaron los amigos, la familia y todo cambió. Sin embargo Mamá Negra nos acompañó incondicionalmente en todo los procesos, inclusive en los míos ella ha estado presente. La Vidente ya se había enterado de todo, fue la única persona que le ofreció a mi mamá su casa y su apoyo, mostrando siempre su espiritualidad y compasión innata. Estaré eternamente agradecida por su obra, para que sepan que todo es perfecto y maravilloso, terminamos viviendo por un tiempo en esa casa mágica en la que aprendí muchas cosas con La Vidente a pesar de las limitaciones que me asignaba mi madre. En mi juventud todos estos temas despertaban inmenso interés en mí, estaba ávida de ese conocimiento.

Estoy segura de que mi madre sufrió mucho y también sé que no despertó por lo que experimentó. Guardó todo ese sufrimiento como un gran sello para justificarse ante su silencio. Esto le perturbó por años. Me prohibió hablar sobre la experiencia y no me daba permiso para aprender nada con La Vidente aunque sabía que me encantaba hacerlo. Ella no podía controlarlo todo. Cuando salía temprano para atender las cosas de mi padre, aprovechaba y bajaba al altar a aprender lo que pudiera, también había una habitación en el segundo piso de la casa, que desde la ventana se podía escuchar y ver todas las prácticas. Ese era mi espacio preferido para las enseñanzas.

Mi hermana se casó, ella y su esposo se quedaron viviendo con nosotros. Al poco tiempo nació mi sobrina. La alegría de un bebé cambió mucho las cosas aunque mi madre seguía igual triste por lo que experimentaba, afrontando la vida con su esposo preso, cinco hijos y una nieta. Lamentablemente no pudo descubrir la belleza que se ocultaba detrás de esa maravillosa enseñanza.

Los años pasaron, culminé mis estudios de secundaria durante el turno de la noche. Era la única que trabajaba para mantener a la familia; mis hermanos estaban internos y debía apoyarlos hasta que terminaran sus estudios, mi hermano menor estaba en el colegio sin entender nada porque era muy pequeñito. Hasta que llegó el momento de levantar vuelo para comenzar a experimentar mi propia vida, mamá recibía para ese momento el sueldo de mi papá y yo deseaba continuar mis estudios en la universidad. No tenía idea de lo que me forjaba el destino, menos aún que debía ser valiente para alcanzar mis metas; así que para alejarme de tantas situaciones difíciles, me mudé a otra ciudad donde comenzaría mis estudios de medicina. Realmente esa era la manera de escabullir los controles absurdos que pesaban sobre mí, quizás mi alma deseaba libertad para encontrar un nuevo camino. Les había apoyado por año y medio siendo soporte de hogar pero ahora debía seguir mi camino...

Viví por un corto tiempo en la ciudad de Maracaibo cuando inesperadamente recibí la llamada de mi madre detallando que mi novio la había llamado desde Londres –él vivía allá por motivos académicos– tenía todo listo para casarnos. Al escuchar esto me puse fría, no era lo que deseaba en ese momento. No lo había planificado de esa manera, yo quería estudiar pero sin duda alguna el impacto que sentí, la mezcla de miedo y respeto condicionado no me permitió decir absolutamente nada. No pude expresar lo que verdaderamente quería hacer con mi vida, cumplí instrucciones por miedo. Sin anhelarlo Tuve que regresar a la Capital.

El viaje en avión con destino a la ciudad estuvo complicado, se presentó una situación emergente que obligó al capitán de la aeronave a regresar para aterrizar nuevamente en la misma ciudad donde habíamos despegado con la advertencia que presentaba fallas técnicas, no podíamos despegar sino hasta el día siguiente. El Universo me daba una señal que no supe canalizar en ese momento, me estaban dando una oportunidad de quedarme en esa ciudad y no ir a ningún lado. El miedo me inhabilitó de tal manera que no me permití sentir lo que deseaba hacer; después del susto igualmente viajé al día siguiente. Llegué a casa de mi madre para contraer matrimonio por medio de un poder legal con el hermano del novio porque él no se encontraba en la ciudad. Fue una celebración extraña, una boda sin el novio y representado éste por su hermano. Dos semanas después me fui a vivir a Portsmouth-Inglaterra.

Este viaje lo analizo hoy en día y me maravillo de las experiencias que me brindó el Universo. Indudablemente estaba dormida y no presté atención a las señales. Sólo percibía lo que mi mente traía y ésta brincaba de un pensamiento a otro, caminaba sin saber el destino que estaban tomando las cosas.

Inicié el viaje rumbo Londres, salimos de Maiquetía en la noche, al tener un lapso de más o menos cinco horas volando, la naturaleza mostraba sus cualidades. Una tormenta se avecinó obligando al Capitán cambiar la dirección, nos informó que recibía instrucciones de cambiar la ruta de vuelo hacia Lisboa, aterrizaríamos en el aeropuerto de esa ciudad para evitar la tormenta. Una vez en tierra firme no nos permitieron bajar de inmediato, porque había huelga en el aeropuerto, solo serían atendidas las emergencias, por tanto estuvimos alrededor de dos horas esperando que el Capitán negociara nuestro descenso a las instalaciones para tener acceso y satisfacer necesidades básicas como comida e ir a los sanitarios. En ese aeropuerto estuvimos hasta el día siguiente, no conocíamos la hora de despegue, dependíamos de la mejoría del tiempo y el fin de la huelga. Llegó el momento de continuar la ruta inicial con unas cuantas horas de retardo, todo se había planificado para llegar a Londres el día jueves en la tarde y celebrar la boda religiosa el sábado. En vista del retardo inesperado hubo que cambiar todo y esperar dos semanas más. El futuro esposo había viajado a otro lugar y regresaba en una semana, esto me permitió esperar la llegada a Portsmouth de la hermana de una amiga. Ella vivía en otra ciudad de Londres donde estudiaba Inglés, así me acompañaría por unos días y no estaría tan sola en el momento del matrimonio eclesiástico.

Evidentemente nuestro proceso de estar dormidos no nos permite comprender las señales del Universo, andamos por el mundo sin percibir hasta que «despertamos», las señales no las había recibido y la mente tampoco se apaciguaba para poder observar lo que debía, así que entre una cosa y otra estaba en el mundo de los dormidos.

Ya había pasado todo, finalmente me había casado. Mi amiga se había regresado a su lugar de residencia, estaba sola porque el afanado esposo tenía que hacer unos cursos fuera de la ciudad; tuve en ese momento la oportunidad para entender que ahora yo debía hacer algo no sabía qué, no obtenía respuestas a mis preguntas, pensaba ¿y ahora qué? Esto me descontroló mucho, todas las noches estaba pensando y sintiendo cosas. Durante el día dormía casi todo el tiempo.

Esta situación me llevó a experimentar contactos con las personas de otro plano. Primero comencé a verlos, luego pude conversar con ellos durante la noche, formando parte de mi vida diaria. Quizás me atrevería a decir que tenía dos vidas, una en este plano dimensional donde estaba muy dormida y otra vida en la noche en otra dimensión donde estaba despierta-consciente compartiendo con las personas que estaban en otros planos, esta realidad me permitió poco a poco profundizar en mi comunicación en este nivel. Ellos deseaban por diversas razones comunicarse conmigo y yo también necesitaba comunicarme con ellos así que podía verlos y escucharlos perfectamente. En muchas oportunidades conversábamos sobre varios temas, me fueron instruyendo para aceptar esa experiencia y poder hurgar en ella. Igualmente tuve regresiones inconscientes, despertando así una curiosidad por encontrarme, comencé a preguntarme cómo habrían sido mis otras vidas; si realmente existía otra vida después de finalizar ésta; si era cierto lo que decían mis nuevos amigos transparentes que yo había vivido en Inglaterra en otras vidas; esto me llamaba la atención y me preguntaba constantemente quién había sido yo en esas vidas; dónde podían estar mis familiares; en cuál cementerio me habían sepultado; cómo habrían sido mis muertes. Así que comencé a llenarme de tantas preguntas y no recibía respuestas. Me motivé a investigar sobre las experiencias de otros mundos, me organicé y comencé visitando casi todos los cementerios del poblado donde vivía y sus cercanías, seguía mi intuición a diario y podía hablar con los familiares de otras vidas, por esta actitud me decían que estaba agonizando de locura pues nadie me creía. La mayor parte del tiempo estaba sola, podía indagar el mundo que estaban mostrándome, el cual me tenía maravillada.

Un día como muchos otros seguí mi percepción alentada por los seres que me hablaban. Guiada por mi intuición di un paseo que me permitía sentir y ver asimilando la experiencia para envolverme en ella, pude llegar a una calle que me era familiar, conocía el lugar donde estaba a pesar de ser la primera vez que lo visitaba. Caminé por la vía y si saber cómo lo hice encontré un pequeño lago, estaba segura que lo conocía, continué caminando hasta llegar a otro parque. Tenía certeza de lo que hacía, esto me permitía descubrir cada vez más, reconocí el lugar y llegaron recuerdos a mi mente que había vivido en ese lugar. Caminé por la calle dejándome llevar por lo que sentía, alertada por las señales que recibía, encontré una calle que tenía una subida ligera, ésta me llevo a una más angosta en donde no podían transitar carros, era de piedras perfectamente pulidas por el roce de los zapatos, me detuve frente a una casa pequeña de dos niveles. Mi corazón latió fuertemente, manifesté sentimientos que me indicaban que estaba parada delante de una casa muy familiar, mis impulsos me pedían que entrara pero no podía hacerlo porque daría fuertes razones para que me juzgaran por estar desequilibrada así que no me quedó más que sentarme en la acera del frente mirando la casa. Lloré muchísimo. Una patrulla policial se paró justo delante de mí, no sé si la llamaron los vecinos del lugar o fue por rutina. Lo primero que me dijo el policía fue: "usted no puede sentarse en la acera, está prohibido", al darse cuenta que estaba llorando desconsoladamente preguntó si me sentía mal o si había sucedido algo, en mi escaso inglés respondí que estaba confundida, había caminado sin darme cuenta donde vivía, me había extraviado y no sabía cómo llegar nuevamente de regreso. Les mostré una libretica donde tenía anotada la dirección del apartamento y amablemente me llevaron a casa advirtiéndome no salir sin tomar mis previsiones.

Cuando entré al apartamento mi pensamiento brincaba de una pregunta a otra, estaba tan desconcertada que lloré hasta dormirme.

Este viaje a Inglaterra, me hizo descubrir un mundo fascinante, nadie lo veía ni lo oía, sólo yo y los seres que me acompañaban, ellos me hablaban desde que tenía uso de razón. Las amistades que conocí no tenían esa particularidad de percibir lo mismo como para creerme. Pasaban películas por mi mente, de escenas vividas en ese país pero en otra época, eran escenas vividas que producían sentimientos encontrados, esto me alentó a continuar con la búsqueda hasta llegar al punto de iniciar una pesquisa de mis vidas pasadas porque estaba segura que había vivido ahí pero en otro momento de la historia, en algún lugar de esa misma ciudad. Donde me encontraba, las películas mentales y los sueños me movían a diario, descubría escenas de mi vida de aquellas reencarnaciones, tanto que llegué a pensar que estaba volviéndome loca.

Un día llegó una invitación para tomar té en casa de la vecina, ella era la dueña del antiguo castillo que habían remodelado y convertido en apartamentos, en uno de ellos vivíamos. Al entrar al salón principal de la casa quedé maravillada, estaba parada delante de una obra de arte inmensa, era un retrato pintado al óleo de una de las personas que me visitaban del más allá ¡Increíble! Era la misma persona que yo veía, con quien hablaba a diario, no pude disimular hasta que le pregunté a la dueña:

– ¿Quién es él?

–Es el primer dueño, él mandó a construir este castillo. Vivió muchos años aquí, hasta que falleció–respondió–. Me contaban sus historias que pasaron de generación en generación, decían que tenía un carácter difícil, pero era un hombre de grandes sueños. Como verás los cumplió.

Terminó la narración riéndose y luego agregó: "eso nos contaba mi padre".

Un frío extraño recorrió mi cuerpo de pies a cabeza. Estaba fascinada con la historia; era verdad, él si existió. Para poder entender lo que estaba viviendo tomé el té rápidamente, me despedí y subí corriendo al apartamento y comencé a llamarle, al verlo sentado frente a mí en el reposo de la ventana comencé a realizarle una serie de preguntas. Necesitaba las respuestas y él solamente mostró una pequeña sonrisa. Calmadamente fue respondiendo lo que mi mente tenía entre una y otra interrogación, hasta que me quedé dormida.

Mi compañero de otra época —así le llame— se había comprometido a caminar conmigo para visitar varios lugares que estaban cerca de donde vivía. Me dijo que sería interesante, él me había invitado en reiteradas oportunidades pero el miedo a ser juzgada como demente me aplacaba. Después de saber quién era, me daba cierta tranquilidad porque confirmé que realmente existió en una vida pasada, esto me permitió tener confianza y acompañarlo a ese paseo, me indicó que podía tener recuerdos al ver los lugares pero él no podía decirme nada; animada por esta inquietud caminé junto a él hasta llegar a un sitio que me colmó de sensaciones inexplicables ¡Todo mi cuerpo se erizó! Inmediatamente aseveré que yo conocía ese lugar. Llegaban destellos a mi mente que me traía un sinfín de recuerdos, estaba segura que si caminaba por detrás de esa calle encontraría un parque que tenía un lago con muchas flores. Emocionada caminé hacia la parte trasera de la calle para mi sorpresa encontré lo que ya sabía (no sé cómo podía recordar). Observé un banco de madera en el que sabía que me había sentado en muchas oportunidades, los pájaros libremente visitaban el parque como móviles naturales que adornaban el jardín, sentada en la banqueta disfrutaba del lugar como si en muchas ocasiones ya lo hubiese hecho, llegaron recuerdos y sensaciones hasta que me sentí muy triste. Lloré, sentía nostalgia por lo vivido en ese lugar en otros tiempos, en otra vida; sentí que había tenido una vida sentimental difícil. Sentí soledad y tristeza, cada emoción me llevó a reconocer que esa ciudad en algún momento fue mi lugar. Luego de experimentar quise regresar al apartamento. Descubrí que estaba sola, mi amigo había desaparecido ¿Quién me señalaría el regreso? Nuevamente estaba pérdida.

Era la segunda vez que ocurría lo mismo, tuve que pedir ayuda a un policía que amablemente me guió, caminé según sus indicaciones hasta llegar al apartamento, me acompañaba una tristeza que no era mía, estaba muy triste y pensativa, no lograba descubrir el por qué. Entré a mi cuarto y lloré desconsoladamente hasta quedarme dormida otra vez...

Lo que había experimentado me motivó a realizar nuevas búsquedas para percibir sensaciones de otras vidas y encontrarme de nuevo. Visité tantos lugares como pude, en algunos espacios percibía más sutiles las sensaciones que en otros, me dispuse salir a diario en mi exploración. ¿Qué era lo que buscaba? ¡No lo sabía! pero algo me decía que caminara, que no parara mi recorrido. A los pocos días recibimos una carta informándonos que debíamos mudarnos a Liverpool (la tierra de los Beatles), sin deseos de hacerlo tuvimos que emprender el cambio a esa ciudad. Tuve miedo de no seguir viendo a mis amigos, los únicos que me comprendían sin juzgar.

Las experiencias no terminaron como temí en algún momento, las llevé conmigo al mudarme a Liverpool. La soledad, la tristeza y los pensamientos que jugueteaban en mi mente me abrumaron ocasionando caos en mi vida, les permití que reaccionaran haciendo impacto en mi cuerpo físico; éste a gritos me hablaba y yo lamentablemente no le escuchaba, como consecuencia inevitable somaticé todos los pensamientos−emociones−sentimientos en enfermedad, como desenlace final tuve una intervención quirúrgica. Gracias a Dios todo salió bien. Aunque me sentía muy sola tuve siempre personas que me apoyaron, en principio como no hablaba bien el idioma inglés el hospital consiguió dentro de su personal una enfermera que hablaba español. Ella era muy profesional, me acompañaba en los momentos que el médico realizaba la revista en las mañanas, luego me visitaba al terminar su turno demostrándome su bondad y animándome a continuar con fortaleza para recuperarme porque lloraba demasiado.

Me operaron en el centro Women´s Hospital, estuve hospitalizada por un periodo de 20 días. Me visitó diariamente un médico con fisonomía hindú, tenía su cabello negro peinado con un pequeño afro, sus ojos eran muy brillantes, su piel canela resaltaba a través de su larga bata blanca, la visita las realizaba cerca de las cinco de la mañana y me despertaba al abrir la puerta, se paraba en la entrada de la habitación, me veía, sonreía y comentaba solamente que todo estaba bien, sonreía nuevamente y se retiraba. Su presencia me trasmitía mucha paz sin embargo no me daba tiempo de preguntarle quién era. Al llegar la visita diaria del médico tratante le preguntaba si podía decirme quién era ese médico que me visitaba tan temprano, para mi sorpresa su respuesta no fue la esperada... Ningún otro médico había pasado a verme, siempre pedía explicación de la visita del médico hindú pero no me prestaban mucha atención, decían: "no hay médico hindú". La enfermera me recomendaba que descansara. Lo cierto es que estas visitas diarias fueron hasta el último día que estuve en ese hospital. A partir de ese instante, apenas con 19 años de edad, comencé a sentir una especial simpatía por las personas de origen hindú, en Inglaterra hay muchos pero nunca me encontré nuevamente con ese médico especial que producía paz interior con tan solo verle. Nunca más lo vi, ni siquiera cuando iba a las consultas de control después de la cirugía, pude encontrarlo, quería saber quién era, su rostro sonriendo jamás se borró de mi mente. Mi recuperación fue muy lenta, razón por la que fui muchas veces al hospital, me causaba inquietud saber por qué su bata era blanca más larga de lo normal, le pregunté varias veces a la enfermera que hablaba español, me veía con preocupación por la terquedad de encontrar al médico hindú que nadie conocía, ella insistía solo en mi descanso, no lo pude encontrar en ese momento. Jamás olvide su rostro. El tiempo me tenía una prueba y esperaba su mejor momento para ofrecérmela...

Regresé a mi ciudad natal para mi recuperación total. Todos referían que mi estado de salud era porque estaba sola y no me adaptaba a vivir en el extranjero, eran excusas para no decirme simplemente: "¡estás loca!". Pocos meses después me fui a vivir a Italia, donde sucedieron las mismas experiencias que disfruté en Inglaterra, esta vez decidí estudiar el idioma para no tener tanta dificultad de comunicación. Estuve año y medio en Italia hasta que nos notificaron que debíamos regresar, la noticia me afectó mucho. Por primera vez me sentía muy bien en un lugar pero el destino jugaba su turno.

Nuevamente la confusión tocó mi vida, evidentemente creada por mí aunque no lo distinguía de esa manera. Quería estudiar pero no tenía apoyo para hacerlo; a mis padres no les parecía oportuno, ya era una mujer casada y debía estar en la casa para atender el hogar. Mi esposo en ese momento estaba en Inglaterra y se venía de regreso esta vez en barco, durante la travesía debían hacer maniobras y pruebas que tardarían un tiempo en arribar a puerto. Yo debía saber el camino que tenía que seguir; tomé la decisión y solicité el cambio en la Facultad de Medicina, de la Universidad del Zulia sería transferida a la Universidad de Carabobo, en Valencia, para continuar mis estudios. Toda una formalidad se debía cumplir lo que me llevó unos meses.

Finalmente mi esposo llegó de Inglaterra y continuaba frecuentemente con los viajes, seguía pasando mucho tiempo sola, explorando las diversas dimensiones, aprendiendo de varios seres que me entrenaban y escuchando de mis amigas un disco rayado: que estaba loca, la verdad eso no me preocupaba en lo absoluto.

Había logrado inscribirme para empezar las clases, estaba muy entusiasmada por emprender esa nueva meta e incorporarme a la universidad, esperaba el día fijado para comenzar, lo que no sabía es que una cosa eliges y si no corresponde andar ese camino todo va a cambiar en el momento menos esperado.

Llegó el momento en que las cosas cambiarían siendo anunciadas nuevamente; una noche estaba durmiendo, eran las dos de la madrugada cuando me llama un ser hermoso, radiante de luz ¡un ángel! Tenía su cabello largo y platinado, su rostro era hermoso, sus ojos me transmitieron paz y seguridad, él se acercó a la cabecera de la cama para entregar su mensaje, llamándome por mi nombre.

—Laura, estás embarazada. Es un regalo de Dios, una niña llegará a tus brazos para compartir esta experiencia, ella te eligió como madre, todo será perfecto—dijo.

Me desperté en la mañana recordando el mensaje.

— ¡Estoy embarazada! ¡Qué alegría! Va a ser una niña.

Esto no estaba en mis planes pero me alegró mucho, un bebé crecía dentro de mí ¡Era maravilloso!

Después del anuncio esperé un mes para hacerme los exámenes, me sorprendí cuando me dieron el resultado negativo, no existía la ecografía. Estaba confundida, me dijeron que estaba embarazada y además me sentía embarazada pero los exámenes diagnosticaban lo contrario. Era el perfecto saboteo mental que necesitaba para jugar con mi fe. Había manifestaciones físicas que me confundían (por ejemplo me venía la menstruación), eso lo experimenté durante tres meses, por esta razón sumado a varios exámenes de orina que me realicé dieron como resultado negativo. Llamé al médico le expliqué todo y él descartó el embarazo; un día me desperté porque sentí ese ser vivo que estaba dentro de mí, tranquilicé mi mente para ampliar las sensaciones, algo ocurría en mi interior. Nuevamente llamé a mi médico tratante, le manifesté que me sentía embarazada, supongo que pensó que estaba loca, respondió con la paciencia que le caracterizaba: "Laura, eso no es porque lo sientas o pienses, debes hacerte una prueba en sangre para un mejor diagnóstico". Él era mi primo, confiaba en su decisión. A la mañana siguiente fui al laboratorio para realizarme el examen de embarazo en sangre, esperé ansiosamente el resultado que estaría listo en la tarde, pasé el día con la incertidumbre, pensaba que si era negativo me dirían loca nuevamente. Llegada la hora fui al laboratorio y apenas la secretaria me vio entrar mostró una sonrisa que confirmaba el resultado diciendo: "aquí está su resultado, la felicito". ¡Mi corazón saltó de alegría!, di gracias a los seres que me guiaban, cada vez se fortalecía más mi creencia y fe en ellos, además de la alegría por la noticia.

Al tener la prueba positiva consideré prudente ir a la Capital desde la ciudad donde residía para empezar con el control del embarazo, nadie mejor que mi primo para atender mi caso, él era Médico Gineco-Obstetra, había atendido a mi hermana y a muchas de mis primas, razón por la que me trasmitía la seguridad que necesitaba. Una vez en la consulta llegó el dilema de cuánto tiempo tenía de embarazo porque había estado menstruando irregularmente. Mi primo no se preocupó por eso, me dijo: "Quédate tranquila que así son las mujeres en su primer embarazo, tienen tantos deseos de salir embarazada que se embarazan psicológicamente. Toma tu tratamiento, ven a tus consultas fijadas y vamos viendo el desarrollo del mismo". No me convenció mucho pero lo acepté; transcurrieron cinco meses, yo no estaba conforme con el tiempo que calculaban del embarazo, según mi tiempo yo tenía más meses de lo que él me decía. Tras una larga charla con el médico, para que me tranquilizara, se decidió practicar otro examen así saldríamos de dudas sin embargo este examen debía fijarse para otro día. Me dio la cita para la semana siguiente a fin de practicar la amniocentesis, para ese momento era uno de los diagnósticos más confiables; me realicé la prueba y el resultado tardaría unos días, tenía que quedarme esperando hasta que me confirmara el resultado, él se comunicaría inmediatamente conmigo al tenerlo.

Esperé ansiosamente hasta que recibí la llamada añorada, la secretaria me decía que debía ir al consultorio al día siguiente, todo esto fue una verdadera sorpresa para muchos, el médico determinó que era cierto, tenía más tiempo de lo que se pensaba, la prueba arrojo madurez pulmonar casi a término, me faltaban máximo dos semanas. El médico se sorprendió tanto que consultó con su colega, le llamaba la atención que no tenía casi nada de barriga, era muy pequeña para el tiempo que determinó el examen sin embargo él confió en su resultado; por otro lado creo que su intuición le ayudó a fluir, recomendó que buscara todo y me quedara en Caracas porque así estaba más cerca de la clínica a la hora de cualquier cosa que pudiera sobrevenir.

Me fui al día siguiente a mi apartamento, era un viaje de dos horas y media desde la ciudad donde estaba, buscaría mis cosas y las del bebé, acompañada por mi padre, él en todo este proceso fue muy especial conmigo. Estuvimos tres días en el apartamento y regresé a la gran espera de los maravillosos acontecimientos.

El tiempo transcurrió rápidamente, no tenía síntomas de parto por lo que la decisión del médico tratante fue inducirlo, no se podía esperar más, debíamos evitar cualquier riesgo. Una vez hospitalizada mi médico me advertía que el proceso era lento, la inducción de parto empezaba rompiendo la membrana, me explicó que debía esperar hasta empezar con los dolores y al aparecer los primeros síntomas le avisara para comenzar a colocarme el suero para acelerar o inducir el parto, debía ser paciente por ser primeriza y daría a luz al bebé en horas de la madrugada, es un proceso que tomaba su tiempo, todo esto con la finalidad de no preocuparme; igualmente habló con mi padre, recordándole que los abuelos se ponían nerviosos y él debía estar tranquilo, todo saldría bien.

Estuve muy tranquila durante toda la mañana y parte de la tarde, no sentía nada diferente a lo que había estado sintiendo durante el embarazo. A las 4:00pm. siento deseos de expulsar algo, lo extraño era que no tenía ningún dolor. Mi experiencia al respecto se versaba en lo que había visto en las películas donde las mujeres gritaban, lloraban y se quejaban fuertemente y yo no tenía ninguno de esos síntomas; para prevenir y estar segura de que todo andaba bien le dije a mi papá que por favor llamara al Dr., era bueno que le informara de mis impresiones, así lo hizo y la respuesta fue:

– Quédense tranquilos, eso no es así de rápido. Falta mucho, ella ni siquiera tenía dolores– acotó el médico– para la tranquilidad de ustedes voy a pedirle a un colega que pase a verla.

No pasó mucho tiempo cuando llegó el doctor a examinarme, agitado dijo:

– ¡Ya está en trabajo de parto, está saliendo la bebé! –exclamó. Con una pregunta– ¿No tienes dolores?

Le respondí que no. Llamó a las enfermeras y empezó la carrera en dirección al quirófano, llamaron a mi médico tratante quien subió rápidamente, él se encontraba en el consultorio dentro de la misma clínica.

A las 5:00 de la tarde del 15 de junio de 1977 se unió a esta hermosa experiencia del planeta azul una niña. Su piel blanca y radiante, su cabello negro como el azabache era largo y frondoso, sus ojos eran de un hermoso gris claro ¡Era tan bella como la propia creación de Dios!

La recibí en mis brazos con todo mi amor, la llamé Yonabeth. Desde ese día le digo frecuentemente: "Hija te amo más porque te conocí primero".

Asombrados, los médicos comentaban lo extraño que era presenciar un parto sin dolor, se sorprendieron también porque el tiempo de parto fue muy corto y sin traumas. La vida era impredecible, estos casos como el mío en particular eran sumamente extraños, el médico en tono de broma me dijo: "cuídate, porque fue todo tan fácil que pronto tendrás muchos hijos", a lo que respondí con mucha firmeza: "no será así, sé que sólo tendré una hija", ciertamente ya me lo habían dicho mis guías.

Muchos años después comprendí que estas experiencias son mensajes de Dios, les puedo confirmar que en ese mismo instante que nació mi hija cambió mi vida, mi intuición, mi sentir y se activó más mi despertar. Sin equivocarme digo que fue la llave que se movió para pasar de un profundo sueño al inicio del verdadero despertar.

Justificándome en esta nueva experiencia abandoné nuevamente los estudios, no tenía quien me ayudara a cuidar a mi bebé. El deseo de ser médico cambió por el de ser una súper mamá, lo que disfrutaba a plenitud. Me sentí realizada al poder atender a mi hija las 24 horas del día, los 365 días al año durante sus primeros tres años y medio de vida.

La permanencia en mi país natal fue de un año y pocos meses porque regresamos a vivir a Italia. Esta vez decidí estudiar para no permitir que la mente me abrumara más de lo necesario, me había fijado metas a nivel profesional y personal porque la vida continuaba aunque avancemos dormidos por el camino que nosotros mismos elegimos. La Ley de Libre Albedrío nos da como bendición para nuestro crecimiento espiritual la elección del camino a seguir por propia convicción.

Nos mudamos a la ciudad histórica y romántica de Roma, a las pocas semanas de estar viviendo en esa ciudad, murió el Papa Juan Pablo I, fue algo que conmovió las bases de los católicos a nivel mundial; una vez sepultado, se inició el proceso para elegir el nuevo Papa, este anuncio esperado por todos los fieles y visitantes de Roma fue bastante noticioso, la salida del humo blanco indicaría que había consenso en la decisión, eligiendo en ese momento al Papa Juan Pablo II. Como vivíamos a pocas calles del Vaticano, salimos corriendo como la mayoría de los fieles hacía la Plaza San Pietro, todos esperábamos ansiosamente que apareciera el nuevo Papa ¡que experiencia tan maravillosa! al salir por el balcón vestido de blanco y dorado y, sin saberlo, esto también fue un regalo de Dios.

Pocos meses después fuimos a la Catedral de San Pietro, en la ciudad de Roma, donde consagraba la misa ese día el Papa Juan Pablo II, verlo fue algo maravilloso, vivir la experiencia fue algo único, tenía cargada en mis brazos a Yonita, mi hija, cuando se acercó el Papa, rompiendo el protocolo establecido como él acostumbraba a hacerlo al principio de su papado, tomándole sus manitas la bendice y nos dice "guarda bella moretta" (mira que bella morenita), fue inesperado para nosotros como para muchas de las personas que estábamos en ese lugar. Al retirarse el Papa se acercó una señora de edad avanzada que había visto todo para comentarme que había sido una gran bendición pues pocas personas la recibían personalmente. Este Papa definitivamente era diferente, quizás estos comentarios no los comprendí al momento pero estaba segura que algo había cambiado en mi vida. Desde ese instante hasta finales del año 1981, visitaba todos los días la Iglesia en la mañana y muchas veces en la tarde. Era mi refugio, ahí liberaba parte de esa gran soledad que mantenía, soledad interna que muchas veces abrumaba mis pensamientos.

Así transcurrieron los días, los meses y los cuatro años en Italia, admirando las imágenes de las iglesias y sus esculturas, empecé a relacionarme con religiosos que estaban en el seminario, me sentía tan identificada con ellos que eran como mi familia, eran instantes de paz, felicidad, que alegraban ciertamente mi ser interno. Amo a Jesús y todo lo que él representa, esa es mi verdad pero en ese momento no lo compartía con nadie. La vida continuaba a pesar de estar en una etapa donde consideraba que no tenía rumbo conocido, las experiencias eran permanentes y debía continuar aunque en el momento en que las vivía, no sabía o no entendía el porqué de la misma.

Terminé los estudios en programación con excelentes calificaciones, quería cambiar mi vida y tomar otras decisiones, por eso decidí regresar a mi ciudad, para buscar inmediatamente empleo. Estaba convencida que en este punto de mi vida me subía a la montaña rusa de experiencias terrenales más grande; subí, bajé y me llené de sensaciones extrañas, unas más placenteras que otras, todas con la única finalidad de alcanzar mi cambio, tal cual como lo viven muchas personas en sus vidas, con el único propósito de alcanzar el camino hacia la divinidad. Es un camino que todos debemos recorrer de diferentes maneras porque así lo elegimos y solo por el hecho de haber sido nuestra elección debemos aceptar vivirlas con amor y no con dolor.

A pesar de la corta edad que tenía, sabía que quería mostrar mi aparente felicidad basada en lo terrenal, estaba consciente de todo lo que sentía y pensaba. Además como lo experimentaba dentro del mundo terrenal que disfrutaba me encantaba esa vida, disfrutaba las cosas a plenitud viviendo en la dualidad pero no dejaba nunca por completo mis encuentros con los guías. Mi terquedad en muchas oportunidades me llevaba a experimentar situaciones difíciles que corregían mi rumbo para terminar haciendo lo que los seres de luz me decían, tarde o temprano comprendía que tenían razón y así retomaba nuevamente el camino indicado por ellos. Lo que no sabía en ese momento era que había un ser especial guiándome, me mostraba su *Pequeña Mano Morena… pero ¡tan grande!* y yo no lo distinguía, tantas veces me había recogido, levantado y reconfortado con su gran amor y yo ciega. Además de ciega, profundamente dormida. Su amor estaba presente, estoy segura que él si sabía, que en el momento adecuado yo lo entendería, conocería y lo amaría por siempre.

Establecida ya en la Ciudad, trabajaba en una empresa durante el día y en la tarde era una súper mamá. Percibía claramente que a mi vida le faltaba algo, no estaba bien, me sentía sola, deseaba cambiar, quería experimentar de otra manera, sentía que ir al trabajo de lunes a viernes, pasear los sábados y domingos no era lo que mi ser quería. Yo deseaba experimentar cosas diferentes, mi relación de pareja no funcionaba pero la sociedad juzgaba duramente si se pensaba en divorcio. Esto me generaba cierto temor ¿qué dirían las personas cercanas?, ¿qué pensarían mis padres? Todo esto me pasaba por la mente como el recorrido de las olas del mar, iban y venían, cada día que transcurría me sentía más sola, sin ningún rumbo, no me comprendía ni yo misma, hasta que dije: "¡hasta hoy! ¡Ya no vivo más así!" Tomé la primera decisión acertada de mi vida activando la Ley Universal, ejerciendo la potestad individual que tenemos por gracias de la Ley de Libre Albedrío, decidí divorciarme del padre de mi hija. No quería seguir bajo el régimen de martingala el cual yo había permitido así que una vez tomada la decisión emprendí una vida llena de esperanzas.

Mi divorcio causó conmoción y miles de acusaciones donde la única culpable era yo, indudablemente en este mundo de dormidos era lo más probable. Tenía una pareja que no asumía el verdadero significado de estar casado, además no me identificaba con la vida que tenía, esa no era yo, era una película que no me satisfacía, tuve que ser valiente, asumir todos los riesgos porque era más importante para mí tomar otro rumbo. Las personas me juzgaron sin saber los hechos o por lo menos haber escuchado ambas versiones de la situación, emitían su punto de vista sin saber la verdad. Me bloqueé a cualquier pregunta que hicieran al respecto, acepté la molestia de mis padres como algo normal y acepté que no me apoyaran en nada que se me presentara por haberme divorciado. Finalizaba un ciclo de mi vida para iniciar otro con muchas expectativas que poco a poco se fueron derrumbando.

Continué trabajando y haciendo mi vida de la mejor manera posible, la soledad me embargaba frecuentemente pero seguía avanzando con mucha fortaleza, inicié la lucha consumista como muchas personas lo hacen, quería comprar mi casa para sentirme más segura y brindarle a mi hija un hogar propio; a través de la Institución donde trabajaba se me brindó la oportunidad de realizar mi sueño, solo debía dar una cuota inicial para poder obtener los requisitos exigidos, razón por la que vendí mi carro y así pude realizar la negociación, en cuestión de seis meses y con la ayuda de mi padre, él siempre me ayudaba como mejor pudiera, realice los arreglos menores para mudarme y por primera vez sentí la pertenencia de un hogar. No era fácil porque quedaba en las afueras de la ciudad donde trabajaba, debía salir muy temprano, a veces se hacía complicado llevar a mi hija al colegio y llegar temprano a la oficina sin embargo Dios siempre nos pone personas que nos apoyan como ellos mejor puedan hacerlo, solo tenemos que aceptarlo.

El año siguiente transcurrió sin permitirme ver más allá de la lucha conmigo misma por sobrevivir dentro de este mundo material. Un ser dormido no tiene consciencia de su experiencia, normalmente se justifica pensando que todo los demás son los responsables de lo que se experimenta. Hasta que llegó la hora, el momento perfecto para iniciar un nuevo camino más profundo y necesario para mi despertar, fueron momentos difíciles, jamás pensé que en tan pocos años se pudiera vivir tantas situaciones, que me darían golpes tan fuertes con la finalidad de romper la coraza tan dura que por patrones y deseos propios tenía; la vida nos muestra estas experiencias para enseñarnos que todo es perfecto, llegan en el mejor momento y siempre Dios está presente, apoyándonos.

Quiero explicar la diferencia entre ayudar y apoyar, es importante aclararla para que comprendan lo que hacen.

«**Ayudar:** es dar o entregarle a cualquier persona lo que tengo o lo que quiero dar sin importar más nada. Solo dar, no importa si resolvió o solucionó el problema y es algo más material que espiritual.

Apoyar: es algo que nace del corazón, es comprender la situación de la otra persona y sentir lo que experimenta, buscando la manera adecuada de presentarle opciones para resolver y darle a la persona el soporte incondicional y esto es más que dinero, es apoyo espiritual y material.»

Como he dicho tantas veces cada experiencia es individual, cada quien va a sentir las cosas diferentes, por supuesto las va a juzgar o señalar según su conveniencia o punto de vista. Lo importante de todo es saber que maravilloso es cuando comprendemos que esa fue la condición que elegimos nosotros mismos para nuestro progreso. Estoy consciente que elegí a mis padres y a mi familia antes de nacer, hoy en día estoy consciente que fue admirable, necesitaba aprender del amor incondicional, evidentemente distinguiría esa debilidad en el hogar donde nací, todo con la finalidad de aprender a amar incondicionalmente. La vida es un juego y hay que aprender a jugarlo, conociendo las reglas es más fácil ganar y cuando logramos verlo todo como una gran enseñanza, vemos la jugada perfecta.

La vida continuaba su ritmo. Vivía en el momento que quizás creí estar estable, tenía empleo, había logrado comprar mi apartamento, ingresé a la universidad para estudiar Leyes en el turno de la noche, mi hija estaba estudiando en el colegio con las Monjas. Eso me daba seguridad, sabía que ella estaba siendo bien educada y cuidada mientras yo estaba en el trabajo o estudiando para superarme, les agradezco a las monjitas su apoyo incondicional en todo momento. Nos veíamos los fines de semana, compartíamos juntas atendiendo sus requerimientos y de vez en cuando compartía con mis amigas, todo planificado para lograr las mejores metas que había diseñado pensando que se materializarían en pocos años; graduarme era uno de mis sueños para aspirar algo mejor; con mucho esfuerzo avanzaba hacia lo que yo creía era la vida, lo que no sabía ni jamás imaginé era que la jugada del destino venía nuevamente a darme una enseñanza en este camino hacía mi despertar, cada vez más severo debía ser el golpe con la única finalidad de romper lo más duro que estaba bloqueando mi amor hacia la humanidad.

Una mañana del día 12 de julio, amaneció como cualquier día lluvioso, el cielo nublado destellaba luces grisáceas señalando que llovería probablemente durante todo el día, el despertador advertía que eran las 5am., hora habitual de levantarme para poder cumplir la rutina diaria y lograr salir lo más pronto posible hacía el trabajo, debía preparar nuestros almuerzos, luego atender a Yonita quien apenas había cumplido ocho años de edad. Ese día la desperté e inmediatamente se precipitó a mis brazos llorando desconsoladamente.

– ¡Yo no voy a salir contigo mami! ¡No lo haré! –repetía una y otra vez. Empezó a contarme– Soñé que hoy tú te vas a matar en el carro, yo no quiero salir contigo. Mami yo vi cuando tú estabas en el carro y otro camión muy grande pasaba por encima del tuyo, los vi dar muchas vueltas.

Estas palabras las repitió con tal convicción, ella estaba segura que sucedería, su renuncia a salir me hizo tomar la decisión de aceptar su petición, finalice diciéndole:

– Bueno hija está bien tranquilízate, te quedas en casa– le advertí que no encendiera la cocina. Esta advertencia la hacía porque le gustaba cocinar y aún era pequeña, ella hacía cada desastre al practicar su arte culinario que temía incendiara el apartamento; de igual manera antes de salir para el trabajo la confíe a mi vecina, Eglee, que estuviera pendiente de la niña, le señalé que se quedaría sola en el apartamento porque no podía faltar al trabajo, le comenté que no iría a la universidad ese día para llegar temprano a casa.

Nunca me arrepentiré de haber dejado sola a Yonita en el apartamento ese día, esta fue otra buena decisión positiva que tomé en mi vida, me enseñó que se debía creer en los sueños, muchas veces nos proveen situaciones para no lamentarnos a futuro y este fue mi caso.

A pesar de la preocupación por dejar a mi hija sola me mantuve pendiente de llamarla y conversar por teléfono para saber cómo pasaba el día, la ansiedad me hacía sentir que el día transcurría lentamente, las horas se hicieron interminables hasta que vi el reloj que marcaba las 5:30 de la tarde –hora de salida para regresar a casa –, llamé por última vez a Yonita para que se vistiera, la invité para que fuéramos a comer algo rico –le encantaba comer–, ella lo disfrutaba tanto que me parecía un buen detalle para que olvidara un poco lo sucedido y además quisiera salir conmigo ya que el sueño que había tenido le limitaba.

Antes de retirarme de la oficina donde trabajaba, me sentí triste sin ninguna razón, mi mente me saboteó diciéndome: *"eso no es nada"*. Podía ser la manifestación interna de la duda en referencia a lo que Yonita me había contado, pensé: *"nada sucederá"*, recuerdo que mientras estaba pensando en eso, sentí un frío extraño que recorrió mi cuerpo, sin embargo no le presté atención, tomé mi cartera, el teléfono móvil, llamé a una compañera de trabajo y le dije que me retiraba más temprano porque mi hija estaba en la casa, nuevamente me invadió un sentimiento de soledad. Seguí con la determinación de llegar a casa lo más pronto posible, tenía un compromiso con mi hija.

Vivía en una ciudad dormitorio quedaba más o menos a una hora del trabajo, al salir a la avenida me percaté que estaba aún lloviznando, el cielo estaba gris, subí a mi vehículo, lo encendí y cada movimiento lo sentía lento, era algo extraño. Nuevamente la sensación de tristeza no la podía superar. Yo luchaba contra ella, no me gustaba estar triste, manejaba en dirección este-oeste, apenas habían transcurrido unos 20 minutos desde que salí de la oficina cuando comencé a entrar en el túnel de la Autopista, comencé a sentir algo inexplicable, percibí una oscuridad extraña, habían lámparas que alumbraban la vía interna pero yo veía todo muy oscuro, al irme acercando a la boca del túnel percibí más intensa esa oscuridad, al mismo tiempo sentí un silencio inexplicable. Tuve sensaciones que nunca antes había tenido, el silencio nunca antes escuchado, me cubrió de pronto una sensación de gozo, de paz, cuando aparece de la nada una luz brillante encima de mí rompiendo el espacio – tiempo en que me encontraba, era la luz muy fuerte pero no molestaba mis ojos al contrario, me complacía verla porque me atraía, sin saber cómo empecé a flotar y cómo abducida por una fuerza no tangible, subí dirigiéndome hacia esa luz que formaba una especie de túnel. Era un lugar desconocido y a la vez, me era bastante familiar, como si fuera el lugar donde estaba mi verdadera existencia, lo reconocí aunque no sabía cómo explicarlo, jamás me dio miedo, solo me dejé llevar. Al mismo tiempo sucedía en esta realidad terrenal algo diferente y difícil de asimilar, detrás del vehículo que conducía, venía un camión de doble remolque que se dirigía en la misma dirección hacía el túnel, hubo un punto de encuentro entre el tiempo, el lugar y el espacio necesarios para activar la causalidad de un hecho o situación, produciendo su resultado para la gran experiencia terrenal.

Al entrar al túnel el chofer que conducía el camión perdió el control de los frenos, al ver que no respondían y que el túnel era el inicio de una bajada, hizo un gran esfuerzo por controlar el camión, al salir del túnel no tuvo tiempo para maniobrar, estaban frente a él varios vehículos que conducían muy lento, casi estaban parados porque otro camión en la misma vía, estaba accidentado del lado derecho donde se estacionan las emergencias viales, este otro camión obstaculizaba el tránsito, el conductor al salir del túnel quiso maniobrar para evitar chocar con el camión accidentado, dio vueltas al volante dirigiéndose directo hacia mi vehículo que era el primero de la fila que estaban bajando, inevitablemente pasó por encima del auto, aplastando por completo el lado del acompañante, estoy segura que si alguien hubiese estado en ese asiento hubiese muerto en el acto, en ese momento que pasó el camión por mi vehículo, yo estaba flotando hacía el túnel iluminado, percibía una paz indescriptible para esta dimensión, estaba fuera del cuerpo físico, siendo este el motivo por el que no sentí absolutamente nada.

Les aseguro que al momento del impacto, yo ya no estaba dentro del vehículo, estaba flotando hacía esa luz hermosa que me permitía seguirla, no sentí impacto alguno, no escuché golpes externos, no tuve ningún dolor, no sentí absolutamente nada. Yo estaba totalmente fuera de mi cuerpo físico, dirigiéndome hacia esa luz radiante que me plenaba de paz, podía ver todo inclusive hacia donde me dirigía, también podía ver lo que estaba sucediendo abajo en el accidente pero no me importaba o quizás no comprendía lo que estaba sucediendo. Esa luz llenaba mi ser de paz y serenidad ¡Qué maravillosa experiencia! No tuve miedo, sentía que alguien me protegía aunque no hubiese nadie visible a mi lado, no me importaba más nada que no fuera prestar atención con todos los sentidos expandidos lo que estaba experimentando.

Finalmente alcancé la luz, pude reconocer el lugar, algo interno me indicaba que lo conocía, no sabía cómo ni por qué pero algo me unía fuertemente a ese lugar, al ver a mis seres queridos que habían partido algún tiempo atrás, se acercaron hasta cierto punto, ¡sentí mucha alegría! quise caminar en su dirección pero no pude entrar, una fuerza extraña e invisible no me lo permitió sólo pude verlos de lejos, vi sus miradas llenas de amor y paz, sonreían al verme. Sin esperarlo apareció una luz hermosa frente a mí que llamó mi atención, esa misma luz se fue transformando a medida que se acercaba en una persona que se dirigía hacia donde yo me encontraba ¡Qué inolvidable momento! Mi corazón se aceleraba. Fui poco a poco distinguiendo quien se acercaba, quedé perpleja, era él, lo reconocí. Parecía increíble estar allí y poder verlo en ese lugar maravilloso, me miró a los ojos, tomó mis manos, sentí una energía que recorrió todo mi cuerpo, eso me calmó, él serenamente dijo mirándome a los ojos, directamente a mi mente: "NO ES TU MOMENTO, DEBES REGRESAR", no lo dijo con palabras, lo escuché en mi mente... Inmediatamente las exaltaciones emocionales aparecieron, expresándome –tal cual era de malcriada– le respondí con un categórico: "¡NO!". Por si tenía dudas le confirmé respondiendo de nuevo: "¡NO QUIERO REGRESAR RECONOZCO ESTE LUGAR!", es el lugar que estaba buscando desde hacía mucho tiempo, nunca antes que recuerde en esta vida he tenido un sentimiento igual o parecido, no quería regresar, no podía hacerme entender lo que debía comprender. Dios, que paciencia y amor me trasmitió, el amor que sentí de él, ese amor inmenso que manifestó no sólo por mí sino por la humanidad. Me fui tranquilizando aunque igual repetí varias veces mi negativa de regresar o salir del lugar, estaba segura que había vivido muchos momentos de mi niñez en ese lugar. Sin querer observar mi comportamiento ante él fui tal cual una niña malcriada delante de su padre, él me tomó con sus manos por la espalda, guiándome como un padre puede llevar a su hija a la razón. Me permitió ver los paisajes, los colores nunca antes vistos porque eran muchos más nítidos y brillantes, las flores hermosas se veían con más vida, como si trasmitieran su energía, brillaban y sus exquisitos aromas se mezclaban emanando olor a flores entre jazmín y rosas, la ciudad que desde lejos irradiaba luz y armonía tenía vida.

Luego me permitió ver lo que sería la película de mi vida. Todo pasaba rápidamente, fueron pocos minutos o quizás segundos no sabría decirles con exactitud, lo que si les puedo decir es todo lo que me enseñó de mi vida, así como todo lo que pude comprender ¡Todo, absolutamente todo! En fracciones de segundos, logré ver tantas cosas juntas y grabarlas en mi mente claramente para siempre, nunca lo olvidaré, esos minutos que vi era toda mi vida y exactamente así ha ido aconteciendo. Me mostró desde el momento del accidente hasta el momento de mi último aliento, luego esparció nuevamente su amor lo cual sentí plenamente llenándome de paz, tranquilidad y comprensión, pudiendo escuchar y aceptar su mensaje, Repitió nuevamente: "no es tú momento", me miró a los ojos y esa imagen de su cara y sus ojos jamás la olvidaré, su energía me irradiaba. Repitió con tanto amor en cada palabra que me decía: "Laura, debes comprenderlo", me percaté en ese instante que sabía mi nombre, esto me impresionó, entonces me conocía, por lo que le pregunté como sabía mi nombre, y seguidamente a esta, inicié una serie de preguntas que él con solo mirarme fijamente a los ojos hasta penetrarlos me transmitía las respuestas. No sé cómo lo hacía pero así lo sentí. Supe que era algo más allá de lo que pudiera vislumbrar. Su amor inundó nuevamente mi ser brindándome tantas emociones juntas que no encuentro palabras para describirlas. Él es AMOR, sólo amor.

–Tú sabes quién soy pero… yo no estoy segura de quien eres tú– dije.

–Jesús– dijo mientras sonreía. Luego me indicó amorosamente– ahora, hija, has comprendido que no es tú momento. Debes regresar, mira hacia abajo.

Al hacerlo era como ver varias películas al mismo tiempo y escucharlas todas comprendiendo cada una; me detuve al ver a mi hija, estaba esperándome un poco nerviosa porque ya era tarde, al ver otra escena observé la del accidente, me vi bañada en sangre, emanaba de mi cabeza ¡Estaba muerta! Había mucha gente alrededor, gran confusión. Escuché cuando él me dijo:

– Observa lo que quieras recuperar dentro del vehículo para que sepas donde está ubicada cada pieza y puedas encontrarla fácilmente, además será la señal de que si estuviste aquí, recordarás todo lo que te lo dije, todo lo que vistes y escuchaste.

Agudicé los sentidos de manera que pudiera asimilar todo lo que debía hacer al regresar a la escena del accidente, observé cómo sangraba mi cabeza, parecía una cascada de sangre donde el yacimiento principal estaba en el centro de ella. La hemorragia no permitía ver mi rostro, claramente pude verme bañada por el mismo líquido de mi cuerpo sin vida y sin brillo, lo veía opaco, no sentí temor alguno por verme de esa manera, observé que los zapatos que usaba los había perdido, no lograba encontrarlos en ninguna parte del vehículo, en ese instante me invadió una sensación de angustia ¿Por qué? La respuesta vino sola ¡No tenía los zapatos puestos! Fue entonces cuando percibí que realmente estaba muerta, me repetí: ¡estoy muerta! Era verdad, todo lo que experimentaba no era un sueño, entonces se confundieron mis realidades, giré hacia él y vi sus ojos fijamente, diciéndole nuevamente: "no regresaré, explícame por qué debo hacerlo ¡Ya estoy muerta! Este es mi hogar aquí me siento bien, veo lo que sucede allá abajo y no me veo bien, mi cuerpo no va a servir ¿Cómo crees que voy a estar? Estoy mal". Entre llantos y quejas, él tuvo mucha paciencia y me mostró su inmenso amor hasta darme la fortaleza suficiente para saber que debía regresar y tener certeza que todo estaría bien, no sé cómo podía mantener una conversación conmigo misma y me respondieran a la vez varias Lauras que estaban interviniendo en este proceso. Una Laura preguntaba; otra respondía; otra orientaba; otra estaba asustada; y otra más consciente armonizaba y daba seguridad, afrontaba las cosas y buscaba la estrategia más adecuada para poder calmarme y regresar. Todo a la vez.

Volví a enfocarme en lo que debía hacer para regresar, la sensación de no tener zapatos era signo de muerte para mí y quizás para muchas personas, así que debía solucionar esto para regresar a la vida. Busqué en el asiento trasero del vehículo donde siempre permanecían unos zapatos de descanso, al buscar dónde estaban los zapatos de descanso, descubrí que habían unos nuevos dentro de su caja, los había comprado días antes y se me había olvidado sacarlos, dije: ¡todo es perfecto! Tenían que ser zapatos nuevos, voy a iniciar una nueva vida, me tranquilicé diciéndome lo que debía hacer al levantarme, debía usar mi cabello como un paño para ayudarme a bloquear un poco la salida de la sangre, buscar la cartera y algunas otras cosas.

Después que alcancé a observar con particular atención pude saber cómo reaccionar, creaba una estrategia para mi regreso, la cual no me tomó mucho tiempo, al lado de ese ser maravilloso que estaba conmigo, Jesús. Le confirmé: "está bien voy a regresar, estoy lista para hacer lo que me digas, aunque no es lo que deseo. Lo hago por mi hija, regresaré. ¿Puedo pedirte algo más?", respondiéndome que estaba bien aunque estoy segura que él ya lo sabía porque toda la comunicación fue mentalmente, dije: "no quiero que me dejes sola en ningún momento, mientras te vea a mi lado haré todo lo que tú me digas". ¡OH, DIOS! No tenía consciencia a quién le hablaba, mi actitud terrenal llena de arrogancia, ni siquiera muerta podía controlarla, estaba inmersa en un profundo sueño pero también a partir de ese instante estoy segura, que el amor inmenso de él me cubrió para iniciar mi despertar, me miró a los ojos diciéndome: "estaré siempre contigo, me podrás ver, hablar, escuchar y sentirme".

Antes de regresar a esta realidad, Jesús me permitió ver su rostro, me miró a los ojos, me mostró su sonrisa, vi su cabello largo que destellaba luz. No olvidaré ese rostro lleno de amor. Él tomó mis manos, sentí su amor, el amor más puro que he podido sentir, cautivada por su ser, invadida por su energía que brotaba de sus manos, me mostró los momentos más importantes que viviría en el futuro, los cuales tenía que superar con mucho amor y aceptación, no me asombraron para nada. Todo quedó grabado en mi mente para siempre, él me afirmo: "sé que lo harás bien confiamos en ti", en ese momento supuse que no los viviría, no les puedo explicar todo lo que pensé o sentí porque es inexplicable, es algo que solo se puede experimentar. Nunca más tuve miedo, sabía que él estaría siempre conmigo y más en los momentos difíciles, esta seguridad quedó estampada como un sello en mi corazón, tuve la dicha de ser privilegiada en conocer a Jesús en el cielo y regresar, saber que él existe, estar a su lado y sentir para siempre su compañía. Esto es real y somos nosotros los que no lo vemos, también sé que este privilegio conlleva grandes responsabilidades las cuales asumí con amor.

Como algo inexplicable, observé todo lo que me permitió ver, no sé cómo pude grabar en segundos tantas realidades, contextos que acontecerían en su mejor momento sabía que aún faltaban por cumplirse las mejores experiencia de mi vida, pero él me reveló que los últimos años sería una mujer verdaderamente feliz. Era cuestión de tiempo, estaría al lado de mi esposo, mi hija y mis nietos, experimentando el «Amor Incondicional» pero, para llegar allí tendría que superar muchas pruebas duras que quizás desgarrarían mi corazón para expandirlo. Algo me decía que lo lograría y así se cumpliría todo, también experimenté conscientemente que la felicidad es una energía que nace en nuestro interior, se manifiesta en las acciones diarias dentro de nosotros mismos, esto no quiere decir que hay que aceptar todas las debilidades de las personas, al contrario hay que decir la verdad desde el amor, irradiándoles la frecuencia que está dentro de las personas despiertas conscientes-conscientes, eso es lo que nos permite ser felices y para alcanzarlo debemos ser valientes…

Mientras tanto, en el plano terrenal se desenvolvían los hechos dentro del espacio-tiempo donde transcurrió el accidente de tránsito que involucraba a un camión doble que perdió los frenos más ocho vehículos particulares con varias personas y dentro de ese grupo estaba yo. Todo era muy confuso, los vehículos que se paraban cerca del lugar a observar e indagar lo sucedido obstaculizaban la llegada de las ambulancias con los paramédicos, era difícil acceder al lugar donde nos encontrábamos, los bomberos fueron los primeros en llegar y la Guardia Nacional ellos lograron entrar circulando por la vía contraria para intervenir en el rescate de las personas lesionadas. Comenzaron con los lesionados que estaban en posibilidad de moverse por sí mismos para sacarlos lo más rápido posible, temían que se pudiera incendiar alguno de los vehículos, luego atendieron a los lesionados que no podían salir de sus automóviles solos, hasta que llegaron al lugar donde me encontraba.

Fui la primera en recibir el impacto del camión y la última en ser rescatada, los bomberos pensaron que estaba muerta, no sabían lo que estaba escrito en los designios divinos, Dios había enviado a un ángel a redimirme. Así identifiqué al funcionario de la Guardia Nacional que se acercó a atenderme, me vio bañada en sangre y comenzó a pedir ayuda, gritaba repitiendo una y otra vez: "¡ayúdenme, creo que no está muerta!". Hablaba en voz alta y yo podía escucharle, además de sentir sus pensamientos, repetía gritándole a los bomberos: "¡ayúdenme! Es una mujer joven. ¡ESTÁ VIVA!" Pedía ayuda sin dudar, necesitaban cortar el techo del vehículo pues al pasar el camión por encima del auto se había compactado con el asiento del copiloto partiendo los dos asientos, eso fue lo que me salvó ya que se formó una especie de gruta donde estaba, era un espacio mínimo donde pude quedar acostada, el guardia me movía para intentar sacarme sin saber que estos movimientos me traían rápidamente de regreso a esta dimensión, pasé el túnel en caída libre, oía desde lejos que él decía: "¡no está muerta... no está muerta...!"

La primera sensación que tuve fue desconcertante, no sabía dónde estaba ni quién era, me preguntaba qué pasó, creí gritar diciendo: "¡¿Díganme, que sucedió?!". Él no respondía porque realmente no me escuchaba, yo creía hablar pero aún estaba arriba, creía poder comunicarme con la mente, no sabía que había pasado y creí estar soñando. El guardia se asustó al ver que me movía, de inmediato alertó a las personas cercanas para que le ayudaran a sacarme, él seguía gritando. Una y otra vez con la angustia propia de esos momentos, me daban instrucciones para que mantuviera la calma mientras ellos rompían el techo del vehículo. En ese tipo de situaciones todo sucede como una película en cámara lenta –al menos, yo lo vi así– no sabía que había pasado, ¿acaso salí de mi cuerpo antes del accidente? Él insistía diciéndome: "quédese tranquila, usted está muy mal. No hable, tiene mucho tiempo aprisionada, la vamos a sacar". Siguió pidiendo ayuda a las personas que estaban cerca. Nadie colaboraba no apoyaban porque tenían miedo, comencé a sentirme más aquí y las sensaciones se precipitaban, a la vez estallaba una fuerza interior llena de rabia que se confundía con una gran descarga de adrenalina. Esa fuerza inesperada me permitiría vivir, alguien avisó a los bomberos cuando se estaban retirando del lugar que había alguien más vivo y al escuchar esto regresaron en carrera para ayudar al guardia nacional, traían las herramientas necesarias para romper el techo del auto y poder quitar lo que me mantenía prisionera y atascada.

Una vez liberada, el guardia me tomó en sus brazos, nunca he sentido tanto amor manifestado de una persona extraña en esta vida, él quería protegerme y cuidarme para que no sufriera, me indicó: "quédese acostada en el suelo, está muy delicada de salud", sentía temor al verme casi muerta, lo que él no sabía era que estaba llena de una inexplicable energía como regalo divino, al salir del vehículo no sentí dolor ni miedo, inmediatamente comencé a poner en práctica la estrategia que me había planteado allá arriba. Me recogí el cabello, lo coloqué hacia mi frente para retener un poco la sangre, me levanté ayudada por ese ángel que Dios me puso en el camino. Para su sorpresa en vez de acostarme en el suelo esa fuerza inexplicable me permitió levantarme y entrar al vehículo nuevamente con la única finalidad de buscar las cosas que necesitaba siguiendo los pasos planificados allá arriba. Primero, encontrar las cosas personales importantes que había visto desde el cielo mí arma que estaba entre el pedal del freno y el acelerador, el teléfono estaba del lado izquierdo debajo del asiento, todo esto significaba protección personal, luego busqué mi cartera pensando que necesitaría identificarme en algún momento. Por último, busqué los zapatos que había visto desde arriba, era muy importante para mí. Mientras hacía esto el guardia me trataba de convencer para que me quedara acostada, salí del carro y me coloqué los zapatos nuevos, fue la manera de decirme a mí misma « ¡Estoy viva! ». Comprendí un tiempo después que al colocarme los zapatos mi mente proceso el estar viva, identificaba tener zapatos como símbolo de poder caminar y seguir avanzando en esta vida, son como acondicionamientos mentales o juego de señales que dan mensajes internos a las personas.

El guardia nacional que me ayudaba quedó paralizado al ver mi reacción de ingresar al automóvil en las condiciones que me encontraba para buscar mis pertenencias, quizás no lo comprendía. Era de noche, la luz era deficiente, al salir del vehículo y levantarme el guardia vio el arma en mi mano que brillaba, las personas que estaban en el lugar al verme bañada en sangre con mi arma en la mano salieron corriendo asustadas, decían: "¡se volvió loca va a matar al chofer, corran!", evidentemente eran sus pensamientos no los míos. Para mí significaba responsabilidad, el chofer del camión al verme desapareció y con él muchos curiosos, se oía de lejos entre gritos decir: "¡se volvió loca quiere matar a alguien!". Entre tanta confusión no le di importancia a lo que decían, le pedí al guardia que me sacara.

Ya estaba lista para irme a una clínica, si me quedaba iba a desmayarme por la pérdida de sangre. Él no sabía qué hacer conmigo, trató de persuadir que le diera el arma y el teléfono móvil insistiendo muchas veces hasta que claramente le dije: "¡no insistas más!" No la entregaría a menos que fuese un familiar mío, o un compañero de trabajo conocido. Le invité de la mejor manera que pude a que se ocupara de buscar un vehículo para mi traslado, debía salir de ahí inmediatamente. El tono de voz de mando, tan seco y arrogante combinado con seguridad, le mostró lo que debía hacer e inmediatamente accedió a cumplir mi solicitud, supongo que al evaluar que mi vida corría peligro era mejor sacarme del lugar para evitar algo peor, saltó la defensa que está como separación de las dos vías de la autopista con la intención de detener un vehículo que fuera en dirección a este. Pasó otro ángel, un señor en una camioneta pick-up de color blanco, lo recuerdo perfectamente ya que esos detalles los había visto desde el cielo, se paró ofreciendo ayuda para trasladarme al hospital más cercano, entre todos ellos me ayudaron para brincar la defensa que separaba las vías de la autopista, era un poco alta y en el estado en que me encontraba no era fácil hacerlo pero lo logré hasta que me senté dentro de la camioneta, el ángel que me rescató también se montó en la misma camioneta, jamás me olvidaré del apoyo que ellos me brindaron, sobre todo el de la Guardia Nacional, el ángel como le he llamado por desconocer su nombre –Dios los bendiga y proteja por siempre–. Estoy segura que en algún momento nos vamos a encontrar nuevamente, lamentablemente no tuve información de su lugar de trabajo o sus nombres, les llamo "ángeles". Dios les permitió pasar por ese lugar en el momento indicado.

Durante el traslado al hospital él continuaba pidiéndome que me mantuviera despierta para evitar desmayarme, le respondía con la mirada queriéndole decir que hacia un gran esfuerzo por lograrlo. Mis palabras dejaban ver que estaba ardiendo de rabia, no sé por qué. Quizás fue la manera de seguir en pie y no desmayar o no sé si es que la adrenalina da esa sensación.

La noche estaba muy oscura, aún lloviznaba, la ciudad era un caos total por el embotellamiento que se forma cuando llueve. Tomamos la autopista dirección oeste-este, al llegar más cerca de la ciudad, se encendió la luz del teléfono móvil que indicaba que estaba recibiendo señal para llamar, no dudé en comunicarme de inmediato por esa vía, hice varios intentos hasta que obtuve respuesta, me pude comunicar con un compañero de trabajo. Avisé que había tenido un accidente pero la central que recibía la comunicación le llegaba entrecortada, no comprendían lo que les explicaba porque aún había cierta interferencia. Lograron captar que me trasladaban al Hospital, dentro de la confusión mental que tenía, no recuerdo claramente lo que comente del accidente, quizás pensaba una cosa y decía otra; al recibir la información del accidente conectó con otro compañero de trabajo que inmediatamente respondió por la misma vía preguntando qué era lo que me había sucedido, dentro de lo que podía enlazar en mis pensamientos, respondí que estaba toda herida. Tenía confusión entre mis cuerpos, el físico tendía a empeorar por la pérdida de sangre, el mental estaba desbocado igual que mis emociones ya que ésta experiencia era un gran impacto para el cuerpo emocional; cada uno tenía sensaciones diferentes y esto lo percibía perfectamente, responder no era fácil para mí, sólo anuncié que iba en dirección al Hospital, terminé explicando: "creo que estoy muriendo por un accidente", no tenía capacidad de decir más nada.

Como suele suceder en estos momentos de confusión al repetir la información respecto al accidente y por conflictos de lenguaje interpersonal junto el mensaje recibido se va modificando, comienza una algarabía en cuanto a lo que había sucedido, mi compañero, junto a otros compañeros se trasladaron de inmediato al rescate, surgieron varias instrucciones juntas que cumplirían las personas allegadas a medida que aclaraban la situación.

Mientras esto sucedía, yo estaba trasladándome en la camioneta Pick-Up, íbamos a la altura de la avenida principal, faltando como a unos 20 metros de distancia para llegar al Hospital, le advertía al chofer que no aguantaba más que se apurara, estaba a punto de desmayar. Yo no quería que esto sucediera, temía perder el control de lo que estaba pasando, creía que si me desmayaba no regresaría, estaba consciente de la pérdida de sangre en relación con el tiempo trascurrido desde el accidente, sabía que había pasado por lo menos una hora y media o quizás más desde el impacto, así que tome la primera decisión acertada, les exigí bajarme del vehículo y caminar hasta el hospital, para llegar había muchos vehículos parados, era imposible moverse por otro accidente que había ocurrido en la vía, les dije casi ordenándoles a estos ángeles que me permitieran bajar de la camioneta, estaba en capacidad de caminar. Esa furia interna aún permanecía conmigo y era lo que me fortalecía adormeciendo mi cuerpo para no sentir dolor, él respondió que eso no era prudente, se asombraban de mi fortaleza, le dejé ver que no estaba consultando con ellos, ya lo había decidido o quizás era lo que internamente me estaban señalando los seres de luz que me acompañaban, por lo que casi me lanzó del vehículo. Sin mediar palabras resolvieron que bajara, el guardia accedió a acompañarme y ayudarme a caminar, veía lejos el hospital a pesar de la corta distancia que había, tenía la sensación de estar flotando, sentía que cada uno de mis cuerpos se dirigían por separado a lugares distintos, ellos iban por un lado y yo estaba en otro, estoy segura que esta fue la primera vez que pude percibir, quizás sentir o experimentar que tenía varios cuerpos, además cada uno quería decirme algo diferente, expresándose a su manera, como no sabía que existían pues estaba confundida.

Después de un gran esfuerzo pude ingresar al hospital, al llegar veía correr a las enfermeras, el hospital estaba colapsado con los pacientes que por rutina tenían, además de los que habían ingresado por el mismo accidente. Este es el único hospital de emergencias de esa zona, al verme una enfermera fue en mi auxilio, me senté en una silla y fue a buscar material estéril para limpiarme un poco. Apareció una doctora muy joven, se mostró nerviosa, sus manos temblaban, me puso en las manos una gasa para que la colocara sobre mi cabeza y limpiara la sangre, no se había percatado de que la gasa no era suficiente. Cualquiera notaría que las manos de la doctora temblaban y evidentemente la gaza no serviría de mucho, su nerviosismo la delató, no pudo seguir conmigo, solo me indicó que debía esperar al médico especialista y rápidamente se retiró sin esperar respuesta alguna. Regresó la enfermera para colocarme un suero, repitió que debía esperar al médico especialista, agregando que me debía atender un neurocirujano, le insistí que me iba a desmayar pero era poco lo que podían hacer las personas que estaban presentes o mejor dicho hicieron lo mejor que pudieron, lo que estuvo en sus manos.

Gracias a Dios todo lo que experimenté en este encuentro con la doctora –que era muy joven–, lo pude entender mejor muchos años después cuando mi hija, Yonita, era estudiante de medicina. Ella decidió hacer unas pasantías en el mismo hospital, la consciencia universal se encargó de darme satisfactoriamente la respuesta que llegó 12 años más tarde en el mundo real, entendí que no hay ni tiempo ni espacio, el momento adecuado es perfecto siendo ahora mi mejor aliado. El tiempo es mágico. Aprendí ahora que con paciencia espero que transcurra y llegue el mejor momento de recibir las respuestas, he tenido que saber esperar. En mis preguntas, en mis videncias, en mis consejos, tuve que saber esperar porque el tiempo siempre me respondió.

También comprendí que la paciencia es un «Don de Sabiduría». La doctora que me atendió en el hospital en el momento del accidente era una estudiante de pasantías iniciando la carrera, no tenía ninguna experiencia, quizás sería su primera guardia, esta era la razón por la cual no pudo reaccionar adecuadamente. Quizás era la primera vez que veía un trauma de esa magnitud, el doctor por supuesto no estaba en el hospital, seguramente hacía guardia pero se acostumbra llamar a los especialistas si realmente era justificado, a esto se le agregó el tráfico que había ese día. Le era imposible llegar a tiempo a cualquier persona, los demás integrantes médicos en su mayoría residentes del hospital estaban en caos atendiendo el exceso de pacientes, quizás estaba sobrecargada la capacidad de respuesta para estos casos, atendían a los que llegaron primero, no había suficiente personal para atender a los demás que llegamos después como fue mi caso.

En espera del médico especialista permanecí sentada en una silla en la entrada de la observación. Solo habían colocado un suero, literalmente me estaba desangrando sin ayuda física de ningún profesional de la medicina, comenzaron a llegar mis compañeros de trabajo. El primero en verme, su sorpresa fue tan grande que inmediatamente dijo:

—Laura, hay que trasladarte no podemos esperar por nadie.

— ¡Sácame de aquí! –respondí mientras me paraba.

No sentía dolor en absoluto, no sentía las lesiones en mis piernas ni en el pecho ni los brazos, menos las de la cabeza. Sentía que me desmayaría, no quería que esto sucediera, todo el dolor que pudiera sentir estaba dormido primero en mi mente extendiéndose hacia todo mi cuerpo. Sentía que podía salir y caminar, por esta razón un compañero de trabajo comenzó a organizar todo para ayudarme, le pidió a otro compañero y a mi asistente que estaban llegando —y de quienes hablaré más adelante— que me sacaran del lugar, ellos sin mediar palabra se pusieron en acción para el traslado, mientras tanto yo permanecía en un estado adormitado. Lo cierto era que estaba en un sueño profundo, todos mis cuerpos como mi mente, este sueño profundo era también espiritual y lo comprendería unos cuantos años más tarde.

La alternativa más cerca fue trasladarme a una Clínica cercana. Ya era de noche, el tráfico estaba en su mejor momento por ser la hora en que la mayoría de las personas salían de sus empleos, esto ocasionaba mayor colapso el cual se incrementaba por la lluvia entre las sirenas de ambulancias y las cornetas Iniciábamos el camino hacía donde nos dirigíamos, todo parecía una película, se exaltaba la falta de colaboración de las personas del entorno, todos los curiosos querían saber quién iba dentro del vehículo, además de querer averiguar qué había sucedido, por qué había tanto escándalo, otros de ellos ni se movían de sus automóviles a pesar de advertir la emergencia, lo que obligó a mi compañero junto a otros amigos que acompañaban mi traslado a bajarse de los vehículos y correr delante de nosotros apartando los vehículos que no se movían para permitir avanzar en una carrera de emergencia. Le daban golpes con la mano a los vehículos pidiéndoles que abrieran espacio para poder pasar; a mitad del camino comencé a ver todo más borroso, mi asistente quien me acompañaba, me pedía que respirara para calmarme, yo sentía que me estaba yendo nuevamente de este espacio-tiempo, tenía una sensación agradable, mi cuerpo flotaba, lo que escuchaba lo entendía pero como la voz venía de muy lejos, escuchaba que hablaban lento, algo extraño. No sabía lo que me acontecía, cada uno de mis cuerpos quería tomar direcciones diferentes, un cuerpo me decía: "mantente despierta, sé fuerte"; otros ya estaban queriendo ascender e irse de nuevo, todo era confuso.

Después de la compleja travesía logramos llegar a la clínica. Al moverme, mi asistente para bajarme del vehículo me hizo regresar rápidamente a esta dimensión, entramos por emergencia, los médicos comenzaron a demostrar sus habilidades y destrezas profesionales, en ese momento llegó a mi mente algo importante: ¡Yonita! Estaba esperando por mí, al ver a mi compañero y amigo, le pedí que se encargara de buscar a mi hija y se la entregara a mis padres avisándoles lo sucedido, él le pidió a otro compañero que en compañía de mi asistente y amiga, fueran a buscar a mi hija y la llevaran a casa de mis padres y que les dijeran lo que había sucedido sin alarmar mucho para que no se preocuparan. Mi asistente conocía más a mi hija que los otros compañeros, de ésta manera la niña podría estar más tranquila.

Durante el camino para buscar a mi hija habían decidido entre ellos contarle que su mamá no podía ir a buscarla porque se había presentado una reunión a última hora, esto era frecuente en la oficina, por lo que les había pedido que realizaran el traslado y la llevaran donde sus abuelos, creían que mi hija lo aceptaría así de fácil por el simple hecho de que ella sabía que mi trabajo era impredecible, la sorpresa para ellos fue cuando descubrieron que la niña tenía otras condiciones y ellos tampoco sabían lo que había sucedido en la mañana antes de salir al trabajo. Al verlos comenzó a llorar, —no quería abrir la puerta—, sentía que eso era mentira, ella sabía que yo no estaba bien, ella lo había soñado.

— ¡Mami tuvo un accidente, está muerta! —repetía. Ellos se impresionaron tanto que decidieron decirle la verdad, haciéndole entender que debía abrir la puerta, así le podrían explicar mejor todo lo que sucedió.

—Tu mami no está muerta. Repetía mi asistente. Luego de persuadirla, ella aceptó dejarlos pasar al apartamento, una vez dentro le contaron parte de lo sucedido, le confirmaron que había tenido un accidente, pero que no estaba muerta solamente tenía algunas lesiones de cierta gravedad. Mi asistente que era la más cercana a ella le decía: – cuando el médico dé la orden, yo misma te llevo para que estés con tu mami.

Con eso la calmó un poco sin embargo Yonita en el fondo preservaba sus dudas. Ella tenía un carácter difícil, además que su sueño-videncia la perseguía. Transcurrido el tiempo llamaron para confirmar que se había realizado el traslado de mi hija a casa de mis padres informándoles lo que había sucedido, me sentí más tranquila, pensé en ese momento: "si me desmayo ya está todo controlado", como me lo mostró en el cielo Jesús, era tan controladora que ni aún en esas condiciones confiaba en las acciones de los demás. No sé qué pensaba en ese momento, dudaba de la gracia divina y de su perfección.

En la clínica las cosas fueron relativamente más rápidas que en el hospital, una vez en la emergencia, llamaron al médico neurocirujano quien fue sincronizado por la causalidad, nuestro tiempo y espacio eran los mismos en el momento perfecto, él iba saliendo al mismo instante que yo llegaba, solo se devolvió, así como el médico cirujano, al recibir el llamado del caso inmediatamente se trasladó directo a la clínica; ambos estaban al mismo tiempo-espacio, cuando yo estaba siendo ingresada al lugar.

Mis padres encomendaron a mi hermano menor para que fuera a ver qué había ocurrido, ellos no pensaban que fuera tan grave, Tato tenía 15 años y estudiaba en la Secundaria, estaba llegando a la casa, cuando recibieron la noticia le pidieron que se encargara de investigar que había pasado y cuál era la situación; mi hermano atendiendo la circunstancias se trasladó a la clínica con los mismos compañeros que habían llevado la noticia, al entrar a la sala de emergencias nunca pensó que estaba tan mal, hizo algunas preguntas pero le recomendaron que esperara hasta ver el diagnóstico todo para evitarle que me viera en esas condiciones y no se impresionara. Él insistió tanto en entrar que el médico aceptó, lo conmovió el impacto. Al verme llena de sangre por todas partes, con tubos y conexiones que no le permitían saber quién estaba acostada, se desmayó. Esto lo marcó por muchos años, él no podía ver sangre porque se desmayaba, tuvieron que sacarlo cargado y reanimarlo, luego lo sentaron en una silla hasta que mi padre llegó.

Mientras todo esto acontecía yo estaba en un estado de inconciencia-consciente, sabía lo que pasaba, al mismo tiempo yo hablaba o mejor dicho gritaba pero nadie me escuchaba, era como si no estuviera en ese lugar, mi cuerpo emocional se alteraba, exigía y nadie podía oírme. Comenzaron los diagnósticos, una vez recibidos y estudiados los primeros resultados de los exámenes decidieron trasladarme al área quirúrgica a fin de solucionar el trauma de mi cabeza y controlar la hemorragia, no supe cuánto tiempo transcurrió desde el momento del accidente hasta que salí del quirófano. Para mí fue infinito. Me despertaron en recuperación para trasladarme a terapia intensiva, tuve varias convulsiones en el transcurso de todo el proceso, al salir del quirófano pude ver de lejos a mi padre con una expresión de angustia en su cara, pero con una leve sonrisa haciéndome saber en silencio que todo estaba bien. A su lado estaba mi pareja que compartía conmigo en ese momento, compañero, amigo y otro ángel más que Dios colocó a mi lado para que compartiera esos momentos difíciles de mi recuperación, él me dio fortaleza y me enseñó que era mi experiencia, ninguna persona debía asumir ese problema que no fuera yo misma, en el momento me dolió muchísimo y no lo comprendí, luego agradecí infinitamente su gran amor manifestado, sus palabras fuertes fueron tan oportunas, siendo todo perfecto. Alcancé a ver el reloj que colgaba en la pared del pasillo hacia terapia intensiva, eran las 2:40 de la madrugada, mi cuerpo extenuado se durmió.

Al día siguiente vino a visitarme un Maestro de luz, vestía una bata blanca larga, tenía un rostro angelical, irradiaba sabiduría, amor y paz. También era digno de respeto, algo habló que escuché de lejos, no entendí mucho lo que decía. Inmediatamente mi mente saltó a su manera ¿será que estoy otra vez allá? ¡qué bien!, mentalmente le pregunté: "¿Quién eres?", evidentemente no podía hablar, esperaba respuesta fabulosas, quizás que dijera, San Pedro o un ángel aunque dentro de mí creía haber vuelto al cielo, él dio su bendición a su manera y habló no con palabras sino con la mirada, al final sonrió diciendo: "Soy el Maestro David Ferris", respondí en mi mente de manera graciosa: "¡qué bien, estoy aquí de nuevo!", la única manera que podía expresarme motivado a los dolores y el trauma evidente que no me permitía hablar, así que entre señas como podía, quise decirle que se parecía a San Pedro, él sonrió, con señas me pidió que me quedara tranquila, sé que me dijo algo que no entendí al momento, quizás eran rezos o mantras, lo que si les puedo decir es que a partir de ese momento comencé a sentirme más en esta dimensión, luego al recuperarme pregunté por él y me dijeron que era el Gran Maestro de la Fraternidad Universal, acompañándonos hoy en otro plano, Dios lo bendiga.

A la semana del accidente y tras la insistencia de mi hija de querer verme, el médico permitió su visita. Mis padres la trajeron a la clínica para nuestro encuentro, —ella no se quedaría tranquila hasta verme—, cuando entró a la habitación y me observó detenidamente su expresión la delató, su cara decía todo lo que sentía, le daba miedo besarme. Me tocaba los pies con mucho cuidado, me veía mostrando su asombro el cual no supo disimular a pesar de las instrucciones de mis padres, hasta que se arriesgó.

– ¿Mami, qué le hiciste a tu cabello? – preguntó. Se preocupó al ver que me habían dejado sin cabello, tenía casi toda la cabeza raspada y una venda cubría una parte nada más, me miró con compasión – tranquila, mami–, ya vas a estar bien. Yo te voy a cuidar.

No dejaba de ver mi cabeza cubierta por las vendas, detallaba el drenaje que salía del centro de la misma y colgaba hasta reposar en la cama con otra sonda que colgaba hacia el piso, totalmente hinchada, los ojos que casi no eran visibles. Todo mi cuerpo era un hematoma multicolor creo que todas las personas que me visitaban se impresionaban al verme porque su expresión los delataba, era difícil ocultarlo. Muchas veces pedí un espejo y nunca me lo quisieron facilitar, también les pedí que me tomaran fotos para verme y nadie fue voluntario. Unos meses después, viendo la televisión, Yonita me señaló una momia que salió en un programa de televisión, y dijo: "Mami se parece a ti cuando estabas en la clínica", eso me dio risa pero entendí que se impactó fuertemente.

Pasaron los días. Las visitas estaban restringidas por el médico debido a mi estado de salud, los primeros días hubo un desfile de personas conocidas que querían verme, ellos solo podían dejar su mensaje y aprovechaban el encuentro para hablar entre los que se conocían. Mientras pasaba el tiempo me encontraba bajo los cuidados de mi comadre Zahira y la pareja con quien compartía en ese momento quienes se turnaban las guardias diurnas y nocturnas haciendo su mayor esfuerzo, hasta que llegó el momento que cada quien debía continuar en sus actividades. Yo no sabía dónde me encontraba, permanecía en una sensación como si estuviera flotando; no recuerdo mucho lo que pasaba, dormía con medicamentos durante casi todo el día y la noche, así fue durante las primeras semanas, además de los calmantes para los dolores que ya habían aparecido en todo mi cuerpo; frecuentemente mi pareja y amigo, era quien me cuidaba durante la noche llegaba a la clínica después de trabajar o hacer sus actividades diarias, compartía conmigo contándome algo de lo que hacía durante el día, mantenía sus sentimientos totalmente cerrados en su interior, era una persona cabeza dura, quien a pesar de mi estado debilitado de salud no se permitió romper su coraza o armazón, creyendo protegerse para no dar amor incondicional, razón que lo mantuvo solo los primeros días de ese proceso a mi lado. Luego retomó su vida y se alejó. Nunca olvidaré sus palabras cuando me dijo: "el accidente es problema tuyo no mío, tú debes resolverlo o tu familia pero yo no puedo más.". Al oír sus palabras rompió mi corazón, en el fondo comprendí que era verdad, era mi crecimiento, tanto mi salud como los problemas que se generaban de ello debía atenderlos yo misma. Él perdió la oportunidad de amar incondicionalmente con solo apoyarme mientras mejoraba. Permanecí los últimos días en la clínica con mi gran amiga, hermana, compañera de juventud y comadre Zahira, que por Ley de Causalidad ha sido testigo de la mayoría de mis experiencias, ella siempre me acompaña en los momentos más difíciles, estoy segura que fue una promesa hecha en otras vidas y aún permanece trasladándose en el tiempo y en el espacio Gracias Comadre lo has hecho muy bien.

Tenía varios días hospitalizada resistiendo los dolores, los cuales no podía definir bien que me dolía más, si el cuerpo físico, mis sentimientos o mis emociones; mejoraba un poquito un dolor y salía otro diferente, sanaba una situación sentimental, surgiendo otra. Así fueron transcurriendo mis días, mi recuperación era lenta. Un día le pedí a Zahira que por favor abriera las cortinas y las ventanas, quería ver el cielo, sentir el aire, saber que había en el planeta Tierra, sentir los rayos del sol... Para mí era importante, ella me complació abriéndolas y se sentó a mi lado, como siempre comenzaba hablando de las diversas oraciones que practicaba, para cada problema de la vida recomendaba un rosario o una oración especial, hablaba en esta oportunidad de la Caminata de la Virgen de la Encarnación, como no podía hacer otra cosa la escuchaba sin hablar, por supuesto me era imposible ni siquiera mover la lengua, me dolía todo, absolutamente todo el cuerpo. Este se había despertado para indicarme todo lo que debía corregir pero aún en mi ignorancia ni lo advertía, me parecía que habían estado dentro de una gran máquina para lavar, que me habían dado golpes por todos lados, ingresé a una lavadora para limpiarme, purificarme, liberarme con energía divina. Era un remolino de purificación que necesitaba para despertar y avanzar un paso más.

Al abrir las ventanas apareció como magia divina una hermosa paloma blanca que entró a la habitación y voló alrededor de la cama, nos miró a las dos, voló por encima de la cama dejando caer una pluma blanca justo en el medio de mi pecho a la altura de mi corazón, siguió volando hasta pararse en el borde de la ventana, nos miró y se despidió con un baile que parecía un ritual, daba vueltas sobre ella misma, mi comadre quedó embelesada por lo que había visto, exclamando con asombro: "¡Laura, es la bendición del Espíritu Santo que vino a ti!" En mi proceso sólo pensé como lo hacen las personas profundamente dormidas, y como lo acostumbraba a hacer frecuentemente en esa etapa de mi vida, lo cual entiendo ahora que es normal entre estas personas, para aquel momento dije: "¿Qué tiene que ver la paloma con el Espíritu Santo?". No comprendí el hermoso mensaje que el universo me brindaba, sin embargo al transcurrir el tiempo fui asimilando poco a poco, despertando hasta concebir que hay que estar atento a todo porque todo tiene un significado, son símbolos o señales que nos envían para anunciarnos algo. Por ello pido perdón la ignorancia oscureció la realidad.

Agradezco inmensamente a las personas que estuvieron presente en esta experiencia, los que me auxiliaron, los que me diagnosticaron, los cirujanos, las enfermeras, los funcionarios que intervinieron, los obreros que aseaban, los que me daban de comer, los que me daban ánimo para no decaer, así como también agradezco a todos aquellos que no me apoyaron, no comprendieron y los que me abandonaron ¡Todo fue perfecto! Muchísimas gracias y bendiciones a cada uno. ¡Dios los plene de amor incondicional! Todo fue perfecto.

Llegó el momento de salir de la clínica, había transcurrido un mes y medio del accidente, ante la junta médica pedí que me permitieran irme a casa, no soportaba más estar en una habitación, o me daban de alta o me escapaba. El médico tratante sonrió al escucharme plantear mis condiciones ¡o salgo o me voy!, así de sencillo, él con una leve sonrisa aprobó mi salida recomendándome que si me sentía mal regresara, tomé esa decisión ya que debía afrontar el camino a seguir y ver cómo podía cumplir mis responsabilidades.

Tenía una hija y un hogar, era madre soltera, sin apoyo familiar, o mejor dicho me ayudaban a su manera, todos opinaban lo que debía hacer pero ninguno fue capaz de escucharme desde su amor para saber lo que deseaba emprender, tenía que despertar a otra realidad que no aceptaba en ese momento; no solo me vi, sino que me sentí sola, junto a mi hija de ocho años, con toda la responsabilidad de una mujer divorciada que se le sumaba no tener capacidad para poder moverse, ni caminar, no coordinaba bien los movimientos, con un collarín rígido en el cuello, una férula que abarcaba toda la pierna izquierda, con el cuerpo entre una gran mezcla de colores verde, rojo, morado, azul, negro, producto de los golpes que todavía producían dolor y me maquillaban para impactar, tenía fracturada dos costillas, fracturas en varias vertebras de la columna cervical, igualmente la pierna derecha hinchada por los golpes, lesionado un pulmón, fisura de cráneo, algunas convulsiones; además del impacto me habían tomado más de 300 puntos en mi cabeza, entre otras cosas menores, me salían vidrios de todo el cuerpo, los cuales expulsaba sola, todo esto aunado a dolores permanentes tanto físicos como emocionales, los cuales no sabía cuales dolían más, estos dolores variaban de lugar e intensidad, mi deseo de salir se mezclaba con miedo y soledad que sacudían mi vida nuevamente; de igual forma descubrí que todas las personas continuaban con su vida y rutina, era lo más normal. Yo estaba ahí sin saber qué hacer, con el apoyo y compresión que me brindaba mi hija a su corta edad, ella era suficiente para consolarme, decía: "Mami no llores más todo va a estar bien, cuando yo sea grande voy a ser médico para curarte y cuidarte".

Yonita se interesó en aprender cómo inyectarme pues debía cambiarme y hacer la rutina diaria para que no sufriera tanto dolor. En todo este juego se fueron unos ángeles y llegaron otros para apoyarme, mi vecina Eglee y su madre Julia que causalmente era enfermera, con toda la disposición de amor, enseñaron a mi hija a ser mi enfermera particular y así poder cumplir el tratamiento sobre todo en las horas nocturnas o cuando Julia estaba de guardia en el hospital. De esta manera mi hija decidió iniciar la trayectoria profesional como médico – hoy día es Médico Cirujano Pediatra, egresada de la Universidad Central de Venezuela, (Hospital Universitario Luís Razetti) de Caracas–, estoy firmemente convencida que esa es su misión, a pesar de estar en su proceso de despertar, camino que cada quien debe recorrer y estoy segura que en cualquier momento lo logrará.

Para superar lo más difícil del proceso de recuperación, lo mejor era descansar, estando consciente que no debía pensar tanto porque eso me perturbaba, debía aceptar la experiencia indispensable para avanzar en este cambio de vida, hasta que poco a poco fui asimilando mi evolución en el plano físico-terrenal, también fui observando los sucesos externos de mi vida como actos tan terrenales, la situación que se entabló en los tribunales me afectaba por lo complicado del escenario, el juicio que se instó producto del accidente, donde la corrupción corroía el proceso, el abogado defensor había negociado con la otra parte para abandonar el caso ¡Todo por dinero! Además, las presiones que ejercían los nuevos jefes en mi empleo; sus exigencias imponían que me incorporara al trabajo, amenazaban con buscar la manera de sustituirme, siendo padre y madre no podía quedar desempleada. Tuve que ir en contra de las recomendaciones médicas de mantener reposo incorporándome al trabajo, lo que realicé por etapas, primero medio tiempo, luego por tres días a la semana, donde soporté los dolores para poder defenderme con una pierna inmovilizada, el collarín en el cuello para las cervicales y una sutil faja para soportar las lesiones del cuerpo que aún tenía hinchado. Así fui incrementando mi actividad progresivamente hasta cumplir con la jornada completa. En toda esta carrera, ya percibía que no era la misma persona, me molestaba la actitud de mi familia, el comportamiento del entorno y de los amigos o quizás del mundo que creía conocer. No me debilité −al contrario−, esas actitudes me fortalecieron al hacerme comprender que era mi proceso y que debía superarlo, fui recuperándome de las lesiones, el dolor de la columna no cedía, algo cambiaba dentro de mí que me permitía percibir más la ausencia de amor en las acciones de las personas, sentía que la existencia del cielo era real y esto es lo irreal.

Me sentía incomprendida, me preguntaba el por qué. Al mismo tiempo que mejoraba mi salud, mis dones de videncia, intuición y percepción también iban perfeccionándose, así que era muy fácil saber lo que venían a hablar conmigo, si decían mentiras, si jugaban con mis sentimientos, prácticamente yo podía ver lo que nadie veía, escuchaba lo que nadie escuchaba, sentía lo que nadie sentía, lo que me conmovía era saber cómo pensaban los demás...a veces no podía creer que una persona se comportara de esa manera, comencé a despertar y esto es un proceso que lleva su tiempo, lo que si tenía bien claro era que los dones con los que había nacido se habían incrementado notablemente y tenía una razón de ser.

Por otro lado me afectaba la ausencia de recuerdos de una parte de mi vida, la otra parece que no existió jamás, esto me motivó a asistir a una consulta con un médico psiquiatra, le expliqué que solo recordaba lo más reciente de mi vida, sobre mi niñez, juventud y adolescencia solo tenía leves recuerdos pero la mayoría los había olvidado, el doctor tras varias entrevistas diagnosticó que era normal este proceso de recuperación, poco a poco recordaría la mayoría de las cosas. Era cuestión de tiempo.

Con apenas veintinueve años de edad, no tenía consciencia que el Universo estaba encargándose de mí despertar, como el mejor padre y madre que existieran, cuidando que todo fuera perfecto para este crecimiento y recuperación. Todo fue relativamente rápido. Descubrí que cada quien tiene un camino por recorrer, muchas veces se puede cruzar en el camino de otras personas y disfrutar momentos, esto puede ser para toda la vida o puede ser por unos instantes. Comprendí que el dolor que cada quien siente, nadie más lo puede apreciar porque la profundidad de la herida es diferente para cada quien, así como el tiempo necesario para sanar también es diferente en cada uno de nosotros, comprendí que cuando algo termina hay que dejarlo ir porque simplemente terminó. Internalicé que una fuerza superior dirigía mi vida desde que nací y sobre esto no tenía dudas, ellos estaban presentes en cada situación aunque no los viera, permanecían a mi lado de manera especial, yo lo percibía y dentro de mi proceso continuaba recorriendo el camino directo hacía mi despertar.

En el transcurso de mi recuperación muchas personas aparecieron, unas me ayudaron a mejorar, el médico acupunturista, el terapista, los sanadores, las personas que me cuidaban y atendían, busqué todos los métodos o alternativas naturales para mejorar, inclusive cambié mi alimentación hasta convertirme en vegetariana por recomendaciones del médico homeopático, todo esto de alguna manera me ayudaba, otras personas me juzgaban y criticaban pero otras ni sabían que todavía existía.

En los momentos más difíciles de mi recuperación pude ver la luz, llegó a mis manos un libro que ha sido como mi «libro de cabecera», lo leí, lo estudié, lo volví a estudiar tantas veces como fuese necesario. Comprendí y experimenté que mi vida había cambiado. Su autora es Louise L. Hay, se llama **"Usted puede Sanar su Vida"**. No he encontrado ningún otro libro que me alimente como lo hizo ese. Todavía lo leo y continúo su aprendizaje, lo recomiendo a todos los que tienen un proceso de salud para que entiendan dónde está la fuente de ese proceso. Lo recomiendo con los ojos cerrados, si se comprende la enseñanza, se logra cambiar la vida de las personas enfermas como fue mi caso. Después de leerlo comencé a ser otra persona mucho más sana, me hizo comprender que era profundo el trabajo que se debía realizar dentro del proceso de recuperación debido a las heridas emocionales tan fuertes. Esto hay que observarlo, no hay otro camino para sanar.

En el trabajo también llegaron los cambios nombraron un nuevo equipo Directivo, comenzaron cambios en las normas, —muchos trabajadores que estábamos viviendo esa situación se preocupaban —, era el único recurso para mantener a nuestras familias. Estoy segura que mi amado Señor, desde el cielo me protegió, me sostuvo con su *Pequeña Mano Morena… pero ¡tan grande!* para que mi debilidad no me permitiera caer en depresiones, Dios se encargó de que viviera lo necesario para mi evolución, dentro del proceso de comprensión, trasmutación y liberación, para la meta del Despertar.

Aproximadamente seis meses después de incorporarme con normalidad al trabajo, llegaron otras experiencias que debía superar, nunca creí que coexistiesen de esa manera las pruebas, pero estoy segura que las cosas suceden por alguna razón y esta son perfecta, diseñadas con precisión para romper lo duro de la coraza que aún quedaba, cada vez el golpe era más fuerte, era la manera de terminar de liberarme de esta irrealidad adversa.

Nunca pensé haber tenido una situación así en esta vida, porque en otras quien sabe que hice que quizás ahora se repetía para evolucionarlas, seguramente deje una acción incorrecta pendiente en el pasado y esta se traspasó en el tiempo-espacio a este presente para que ahora asumiera la consecuencia y evolucionara mi karma.

Esto lo analicé equivocadamente en ese momento, sin darme cuenta estaba involucrada en una situación que me llevaba a estar a la orden del Tribunal, sin haber hecho nada ilegal. En ese momento no tenía conocimiento o no comprendía que existían situaciones que se pudiesen presentar solo para saldar una deuda karmática, no es fácil aceptarlo y como digo, siempre contamos lo que nos pasa o lo que nos hacen, pero nadie vendrá a contarnos lo que ha hecho, simplemente por aparentar lo que no son o porque sencillamente no se recuerdan de sus vidas anteriores, estas cosas no son fácil de comprender o asimilar, pero esta nutrido por la justicia divina quien ejerce su poder en su mejor momento para cobrar la pena.

Fui trasladada a una celda, mientras las averiguaciones se llevaban a cabo, sin embargo dentro de ese lugar encontré personas que actuaban diferente, ellos se convirtieron en una red de ángeles que me cuidaron durante el mes que estuve en ese lugar, nunca me faltó comida a pesar de las prohibiciones, ellos se las ingeniaban para proveerme de todo y hasta más de lo requerido. En esta oportunidad mis amigos y familiares no querían verse involucrados ni perjudicados, mientras yo internamente tenía fe y seguridad que todo saldría bien, alguien me cuidaba en todo este proceso, esa *Pequeña Mano Morena,... pero ¡tan grande!* Intervenía sin darme cuenta de su presencia, a la final el tribunal decidió trasladarme a la cárcel de mujeres, donde estuve detenida durante mi proceso judicial donde se me había calificado el delito de Instigación a Delinquir, delito que no determinaba cárcel por ser delito menor, además que debía demostrarse el acto público o testimonio de las personas que certificaban el hecho delictual, pero este no fue mi caso, estas acciones legales las comprendería luego al iniciar los estudios de derecho. Me preguntaba porque había pasado todo, o mejor dicho como había sucedido todo y no le encontraba respuesta alguna, todo surgió tan rápido que no me dio tiempo para pensar sino cuando ya estaba en la cárcel, sabía que tendría una respuesta oportuna pero sería en su mejor momento. Siendo el tiempo mi mejor aliado, se manifestaría para llegar a mí la respuesta correcta, muchos años después.

Mi ingreso ordenado por un tribunal a la cárcel fue emitido para el recinto donde permanecían las presas calificadas de alto riesgo, (mujeres-hombres) algo que jamás me hubiese imaginado que conocería. En ese lugar apareció otro ángel, estaba preso y sumergido en la oscuridad, se me presenta identificándose como un caballero me dio su nombre, ese nombre no lo olvidare jamás mientras viva en este plano:

—Tranquila yo te cuidaré. Ven conmigo— dijo al verme. Me ubicó en su celda.

— ¿Por qué estoy presa con hombres?

—Somos mujeres-machos, mejor no preguntes más nada. Sé que tú eres sana, por eso te cuidaré—respondió con una sola carcajada. Se quedó mirándome y agregó— te pareces tanto a mi hermana, ella es muy buena, por eso también buscaré la manera de trasladarte al piso de abajo donde están las mujeres, tengo una amiga en esta cárcel, quizás nos ayude, quédate tranquila, yo sé lo que hago.

No entendí lo que me decía, lo asimilé poco a poco. Me dio unos golpecitos en la espalda para tranquilizarme, y agregó:

—Tranquila yo sé lo que hago. Cálmate y procura dormir. No salgas de aquí sin mi compañía, ellos me respetan, saben quién soy.

Estuve tres días en la habitación bajo su protección, dormí muy poco, no tenía apetito, solo podía ir al baño cuando me cuidaban, lo poco que descansé fue con sobresaltos; al tercer día él logró mi traslado al segundo piso donde estaban las mujeres recluidas, me bajaron a una habitación con una mujer que conocía bien todo el sistema porque tenía varios años presa. Ese mismo día se corrió la noticia de que había sido cambiada a otro nivel, creo que de haberse sabido que me querían cambiar mi vida hubiese corrido peligro; esto me hizo comprender las intenciones de las detenidas en ese piso, donde fui salvada por él para no vivir una situación peligrosa, como siempre digo Dios sabe como hace las cosas y es perfecto realizándolas.

Tengo firme convicción que Dios jamás abandona a sus hijos, los cuida siempre, sin importar la circunstancia que estén viviendo, su *Pequeña Mano Morena... ¡pero tan grande!* siempre interviene aunque no la veamos.

Las experiencias vividas para ese momento de mi vida eran iguales a las preguntas que me hacía ¿Por qué a mí? ¿Por qué me acontecían situaciones tan duras de experimentar?, quizás internamente sabía que en el momento perfecto despertaría con una respuesta clara, precisa y oportuna.

Con todas las experiencias vividas era normal y hasta valedera mi tristeza, dentro de un proceso reflexivo interno, además del sentimiento de soledad que me abrigaba, no sabía de mi hija, mi familia no aparecía por ningún lado ni tampoco los esperaba. Sabía que no irían a verme, no querían comprometerse con los abogados. Mi familia creyendo solventar la situación, llamó a una abogada conocida que vivía en otra ciudad (esta ciudad está bastante distante de la capital, como a 10 0 12 horas en auto), todo para evitar gastos pero evidentemente no hizo mucho, por eso yo solo estaba en las manos de Dios.

Aún no entendía su gran amor divino y su manera de hacer las cosas, todo esto lo comprendería muchos años después, cuando desperté y vi su rostro, el rostro más hermoso en este mundo terrenal. Esta historia se las contaré más adelante como descubrí que Dios está aquí con nosotros y nos cuida siempre, especialmente en los momentos más duros de la vida, aunque no admitamos esa verdad.

Dios había puesto nuevamente a una persona en mi camino para apoyarme, él aparecía de nuevo al enterarse de lo que estaba pasando. Me visitó el primer sábado de mi estadía en ese lugar, era el día de visita para las detenidas, dijo que no me preocupara pues estaba buscando alguna solución, estaba seguro de mi inocencia, buscaba una salida que fuera segura.

Los días pasaban observando experiencias jamás imaginadas, con seres de un sub-mundo oscuro, difícil de comprender sumergidos en su totalidad en un profundo sueño, y la gran mayoría sin deseos de despertar. Dios me dio fortaleza para avanzar en el camino y levantarme para continuar, procesos duros que golpeaban mi cuerpo emocional.

Para poder tener paciencia y tranquilidad comencé a rezar el Rosario a la Virgen, quería estar cerca del cielo y poco a poco se comenzaron a unir otras mujeres detenidas que deseaban encontrar un camino, hasta que formé un grupo de oración con las compañeras de celda y cada tarde a las 3:00pm, nos reuníamos a rezar el rosario a la Virgen María, nuestra Madre. Esto me ayudó a cambiar el panorama por completo de lo que vivía a diario. Empecé a ver lo bonito y bondadoso que tenían cada una de ellas, estaba maravillada porque mi tristeza había desaparecido, no me sentía abatida, mi día transcurría aconsejando a las demás, escuchaba y comprendía sus contrariedades, creaba dinámicas de grupo para apoyarlas a sentirse mejor, les ayudaba a coser, a pintar, a armar muñecos de peluche, cocinábamos en grupo y realizábamos un sinfín de actividades, sentía que a pesar de la situación por la que estaba atravesando en ese lugar se manifestaban bellos sentimientos, palpé la carencia de amor, empecé a enseñarles cómo podían sentir sus verdaderas emociones, cómo expresar lo hermoso que tenían represado y oculto, cubierto por una coraza que les daba aparente protección como defensa interna pero en el fondo les bloqueaba su auténtica esencia.

Conocí las injusticia de la vida terrenal, también comprendí la manifestación de la "Ley de Causa y Efecto", la cual se podía manifestar en cualquier tiempo y espacio, por eso no es fácil aceptar las evoluciones que nos corresponden. Todos somos seres hermosos y espirituales, en un proceso de evolución y liberación que sólo Dios es capaz de explicar en su momento oportuno. Hice a un lado mis complicaciones para ser soporte de mis compañeras y apoyarles en lo que fuese necesario ¡Me sentía llena de vida! Sentí que no importaba lo que experimentaba, lo importante era cómo aceptaba y comprendía a las demás personas, hasta el punto de olvidarme que estaba en una celda, lo importante era lo que estaba dejando ahí sembrado en cada una de ellas.

Fueron muchísimas las pruebas superadas en ese hermoso lugar donde viví durante tres meses y medio, doy fe que en ese lugar fue donde encontré el cielo dentro de la tierra. Quisiera contarles todas y cada una de las experiencias superadas allí pero no es la intención de este libro sólo quiero narrar las experiencias que marcaron mi cambio hacia el despertar para una gran transformación en mi ser, estoy segura que fue la forma sutil que esa *Pequeña Mano Morena… pero ¡tan grande!* utilizó para llenarme de humildad, en el desconocido camino que debía iniciar donde se materializan cambios maravillosos, unificando los aprendizajes como unos puntos mágicos de partida a una vida llena de amor incondicional.

Era costumbre la visita de los religiosos en las cárceles del país, se realizaba como apoyo esporádico para alimentar el alma. Un día busque ese alimento para mi alma y solo encontré un arduo interrogatorio sobre toda mi vida, esa persona hurgó pregunta tras pregunta con la intención de encontrar todas las imperfecciones necesarias para su dictamen final, no comprendí la situación porque era yo la que debía expresar mis pesares. Las preguntas inquisidoras sólo fueron para justificar su falta de amor, esto exaltó la creencia del Dios castigador que tenía como doctrina, prejuzgando lo malo; al final de su retórica intervine para concluir con una inocente pregunta:

– ¿Ya termine?

–NO–respondió cínicamente aduciendo– la experiencia aquí, me indica que todas las presas afirman lo mismo, su inocencia porque no quieren decir la verdad pero ellas le piden a Dios, tú haz lo mismo, pídele a Dios y arrepiéntete de tus pecados.

Ante esos fundamentos yo me quedé perpleja. Un ser que trabaja para Dios en esa misión de amor era incapaz de ver la parte de luz y amor que todas poseíamos, a lo que me dije a mi misma: "ciertamente él no ha visto a Dios, yo si lo he visto, lo sigo viendo, lo escucho, Jesús me guía, sé que él quiere algo para mí, que debo descubrir aquí adentro, por esta razón no estoy triste, no me siento mal, no lloro; ni permito que ninguno que venga a visitarme lo haga, porque ciertamente estoy muy bien, le doy amor a todas mis compañeras, les ayudo y les comprendo, eso es lo que Dios quiere que haga, usted no sabe amar a nadie, solo critica o juzga sin saber la verdad, porque la verdad solo es de Dios y él puede ver todas nuestras vidas, acciones y omisiones".

Después de este tropiezo comencé a descubrir muchas cosas que empezaron a manifestarse dentro de mí, viendo lo bueno de todo y en todos, repitiéndome constantemente "Jesús, confío en ti", –pero ahora te necesito más–, necesito de tu presencia, porque en la tierra no hay nadie como tú, solo juzgan sin saber, por eso me entrego a ti en cuerpo, pensamiento y alma, no existirá nadie más en mi vida para hablar y compartir todas mis experiencias, guíame con tu *Pequeña Mano Morena… pero ¡tan grande!*". Creo que fue la primera vez que empecé a sentir en mi corazón, en mis pensamientos, en mis palabras y en mis acciones lo que él quería que yo comprendiera.

El guía espiritual cerró su corazón al amor incondicional hacía el prójimo, él irradiaba miedos, dudas y temores, también estaba preso en busca de amor, deseo que hoy día él lo haya comprendido, agradecida estoy también porque él contribuyó para que yo avanzara en mi experiencia y continuara el camino hacía mi despertar, por esta razón le doy gracias y pido a Dios que lo bendiga.

Mis días eran rutinarios pero colmados de gran enseñanza, me plegare a estas enseñanzas para que comprendan como fui despertando de ese sueño que nos plena de ignorancia, un día para doblegar poco a poco las capas más duras de mi orgullo y de mi ego, mientras disfrutaba de la segunda visita en el retén judicial con las pocas personas que me acompañaban, llegó Ana, Dios la tenga en la gloria, ya trascendió de plano, nosotros la llamábamos cariñosamente Anita; llegó como a las 11:30 de la mañana cansada y sudada con una fuerte crisis de asma, ese era su padecer – ella había sido la nana de mi mamá – , luego que mis padres se casaron, ella siguió con la familia, y al nacer nosotros permaneció siendo nuestra nana, había mostrado siempre especial cariño por mí, decía a todos que yo era diferente...al verme le brotaron inmediatamente las lágrimas en sus ojos, un manantial se desbordaría dejando ver el dolor y la tristeza por la situación, percibí su gran dolor lo sentía en mi corazón, eran reales sus sentimientos, la tomé de las manos, la miré a los ojos diciéndole:

– No llores, Anita, –yo estoy muy bien– estoy viviendo manifestadas experiencias, son maravillosas, se que Dios ha querido que sean así, –aquí estoy aprendiendo mucho– lo que no me gusta es la comida que nos sirven, sin embargo me las arreglo, siempre me proveen alimentos las compañeras que tienen cocina en sus celdas, nunca me falta alimento –Ya no vas a sufrir por eso, voy a traerte el almuerzo a partir de hoy todos los días– respondió mientras me abrazaba con una sonrisa disimulada.

Le di las gracias pero le advertí que no era necesario, ella estaba deteriorada por el tiempo, cansada y enferma para tener ese trajín, no quería que se preocupara tanto, además su dolor por verme allí era notable, ella no comprendía las razones que me llevaban a decirle que estaba muy bien. Anita no tenía recursos económicos, era muy pobre, vivía de lo que le podía dar alguno de sus hijos, para animarla un poco conversamos de otras cosas hasta que llegaron mis tías, ellas eran hermanas de crianza de mi madre, las quise muchísimo, Tía Olga, Tía Ofelia y Tía Chesira, quienes ya no están en este plano con nosotros ¡Dios les plene con su amor en el cielo! son merecedoras de ese contacto divino, venían tristes, consternadas y temerosas, jamás habían pisado una cárcel, estoy segura de que esa actitud fue valerosa, una gran demostración de amor hacía mí. Hablamos de muchas cosas sobre todo de Dios, al final de la tarde se fueron más tranquilas viendo todo lo que estaba experimentando apegada a Dios, mi fe me llenaba de paz, sobre todo mi tía Chesira, oraba para que todo se solucionara, hoy todas están en el cielo acompañando a Dios estoy segura porque eran excelentes discípulas. También llegaron dos amigos que eran esposos, su entrada al salón fue graciosa, observamos a alguien que caminaba con unos zapatos que le quedaban inmensos, de pronto esa persona asomó su cara al salón y para sorpresa de todos era mi amiga que no le permitieron ingresar al recinto penal con zapatos de tacón, por esta razón decidió ponerse los zapatos de su esposo quien calzaba casi el doble que ella, eso nos dio mucha gracia y nos reímos mucho, alegrando un poco la conversación. Compartimos todos juntos hasta llegar la hora de despedirnos, mostrando cada una de ellas su tristeza, les di fortaleza diciéndoles que estaba muy bien pues mi consciencia estaba libre. Al quedarme sola percibí cómo las personas son temerosas de acompañar a alguien en un proceso de este tipo, razón por la que muchos conocidos no me visitaron; aunque hubo personas que yo no sabía que eran mis amigos, sin embargo ellos lo demostraron compartiendo conmigo fuera del horario establecido para visita a fin de proteger el cargo que desempeñaban en ese momento, uno de ellos, siempre me visitaba fuera de las horas establecidas, igual los compañeros de trabajo más cercanos a mí se las ingeniaron para visitarme en horas fuera de visita.

Los días pasaban y siempre eran las mismas caras las que veía durante mi recogimiento en aquel lugar, mi familia me apoyó en esta situación sólo desde el miedo y entendí sus carencias de compasión; mi hija estaba teniendo sus propias experiencias, pues no lograba canalizar lo que estaba atravesando en ese momento, su carácter era muy difícil, inquieta e indomable. Preguntaba a diario hasta querer vencer la respuesta ¿dónde está mi mamá? Entre el internado, mi situación y mis padres, ella tenía un verdadero aprendizaje pero con una gran riqueza para su propia evolución, la cual espero comprenda, perdone y sane en su momento perfecto, porque así es la vida en esta dimensión.

Quiero narrarles una experiencia que desgarro una capa dura de romper, pero fue el golpe tan preciso que logro romperla por completo desde su raíz.

Un día Anita llegó con el almuerzo como a las 12:30pm, un poco más tarde de lo acostumbrado, ella tenían que llegar antes de las 11:30 de la mañana para evitar conflicto con las funcionarias de custodia. Con suerte ese día la dejaron entrar; me explicó que se había tenido que venir caminando desde su casa, porque lo que tenía de dinero lo dispuso para prepararme el almuerzo; sólo había podido conseguir dinero para hacerme un poquito de comida, esto le apenaba muchísimo puesto que su costumbre era traer suficientes alimentos y así compartir con las que no tenían. Le di las gracias y tuve que regresar rápidamente a mi dormitorio, con mucha hambre me dispuse a comer, y...

Ahí estaba la *Pequeña Mano Morena... pero ¡tan grande!* en su mejor jugada, él lo tenía todo dispuesto para mi aprendizaje. Al ver la comida no lo podía creer con tanta hambre y lo que había en la vianda era atún en salsa y arroz. Anita sabía que no me gustaba, la primera reacción desde las emociones e inconsciente, fue decir: "¡no, no como esto, no me gusta el pescado!", –nunca me gustó–, su sabor era algo repugnante para mí, especialmente por el aroma que desprende, definitivamente no era compatible conmigo. Reafirmé mi pensar, diciéndome repetidas veces ¡no lo comeré! Inmediatamente al rechazar la comida comenzó un proceso interno maravilloso, algo se estimuló dentro de mí. No sé si era culpa pero me abrumó de tal manera que empecé a llorar desconsoladamente, descubrí que no valoraba ni me importaba el esfuerzo de las demás personas, en ese instante que lo asimilaba una voz me susurró: "Vale más tu terquedad y orgullo que todo lo que ha hecho Anita por ti". Regresé al instante en que la vi llegar, respiraba con dificultad por su enfermedad, ya crónica el asma, todo su cuerpo humedecido por el sudor, ella había tenido que caminar como tres horas desde su casa para llegar al lugar donde me encontraba, como si no bastara con esto se tenía que regresar igualmente caminando. Con total propiedad puedo asegurar que tampoco tenía comida, pues había tomado el poco sustento que le quedaba para proveerme de alimentos. ¡Tuve pena conmigo misma! Algo desgarró la coraza que cubría mi corazón y lloré muchísimo. Lo sentí a pesar de no comprenderlo, desde lo más profundo de mi ser juré que más nunca en mi vida rechazaría ninguna comida.

Lloré, me avergoncé de mi egoísmo y proceder, pero nació esa humildad en mi ser a partir de ese momento me alimento con lo que Dios tenga dispuesto a proveerme, no es necesario que me guste o me agrade, no hay exigencias de mi parte, lo importante es que Dios provee todos los días mi alimento, por ello le agradezco diciendo: "Gracias, Señor, por proveerme tus alimentos, gracias por todas las personas que intervinieron en esta cadena de providencia divina, gracias, Señor, por tu gran misericordia al proporcionar alimentos al que no tiene", comprendí lo importante de valorar a las personas y jamás hacerle a otro lo que no me gustaría que hicieran conmigo, y desde ese instante revivo esa experiencia para mantener mi compasión viva. Esto jamás lo olvidare quedo marcado en mi corazón como una gran señal del despertar.

Aprendí ese día a pedir por los alimentos de los más necesitados; siempre en mi casa le proveo alimentos a quien llegue, jamás niego un plato de comida a nadie y les ofrezco lo mejor que tenga para alimentarlos, sin importar si nos quedamos sin alimentos para nosotros, porque sé que Dios proveerá lo necesario. Quisiera reflexionar algo más, al principio empecé a comer y después recordaba agradecer y bendecir los alimentos, me inquietaba esta situación, posteriormente me invadía el sentimiento de culpa, luego comprendí que lo importante era saber que Dios era mi proveedor en todos mis alimentos, los del cuerpo y los del alma, con fe y confianza en él, así poco a poco incorporé el agradecimiento por todas las cosas en mi vida, al solo abrir mis ojos digo, Gracias, Padre, un gracias desde mi alma con una verdadera intención.

El proceso en los Tribunales se había extendido porque no tenía abogado que asumiera la defensa del caso, no tenía los recursos para sufragar los gastos necesarios, las personas que me acompañaban en este proceso no sabían que hacer; mi familia no se hacía cargo porque la parte material para ellos siempre ha sido de difícil visión, no asumirían una responsabilidad de esta magnitud, su mensaje había sido que yo debía resolver mí problema y por eso debía vender mi apartamento, muebles, equipos eléctricos, o bienes que poseyera; no comprendieron que las cosas no eran así de fácil —estaba presa—, no podía hacer nada que no fuera estar en ese recinto. Al principio me sentí muy mal, no lograba discernirlo, si yo había sido incondicional con ellos cuando mi padre había experimentado un paso similar pues él también estuvo en prisión, estuve trabajando para mantener a la familia por un buen periodo de tiempo, no vislumbraba el por qué de su abandono. Eso me dolía mucho pero nada es eterno, superar las pruebas para avanzar era lo mejor que podía hacer y así lo hice.

Sin tener otra salida me encomendé ciegamente a Dios, elevé muchísimas oraciones a la virgen por su intervención, rezaba el rosario todas las tardes junto a las otras prisioneras que tenían disposición para hacerlo, le pedíamos que mediara para resolver la situación, siendo nuestra madre divina ella sabía nuestras necesidades, me entregué a ayudar a las presas del recinto carcelario, les aconsejaba, les guiaba a través de las cartas que podía leer hábilmente por mis dones, bastó que acertara la salida de una muchacha que estaba detenida en la habitación de al lado de la mía, para que todas fueran a verme y a preguntarme que veía en sus destinos y futuro, todo sucedía como por arte de magia mientras yo solo me ocupaba de mi trabajo espiritual. Lo demás lo dejaba en manos de Dios, me olvidé que necesitaba buscar un abogado, todos mis problemas los dejé a un lado y sólo apoyaba desde el amor incondicional a mis compañeras detenidas. Buscaba la manera de comprender su dolor y apoyarles para que cambiaran hacia un camino diferente.

Alrededor de la una de la tarde del sábado 09 de Mayo, estaba reposando luego del almuerzo recostada en la cama, cuando comenzó a aparecer una niebla entre escarchas y estrellitas en el ambiente. Pensé que sería por tener tanto tiempo sin salir. Ya habían transcurrido dos meses en ese recinto, más un mes que estuve detenida en la policía. Pasé las manos por mi cara, estrujé mis ojos, observé de nuevo, había más y más escarcha bailando junto a la niebla que se estaba formando, era como una especie de nube densa, cuando maravillada de lo que presenciaba comencé a oler un aroma a flores que armonizaba toda la habitación, era una mezcla entre rosa y jazmín, este olor era conocido para mí, sin esfuerzo alguno apareció una figura resplandeciente muy hermosa que me trasmitía paz. El cuarto se impregnó de ese aroma a flores, lo podía identificar, no sentí miedo, pregunté: "¿quién eres?", me miraba con la ternura que sólo una madre pueda expresarle a su hija, ver su suave sonrisa tranquilizó mi pensamiento, pude escuchar con los oídos del corazón, palabras que jamás podré repetir de igual manera. Su mensaje quedó grabado en mi mente, sucedían dos cosas al instante, me hablaba internamente y a su vez se proyectaba una película en mi mente, como una pantalla visual, me mostraba las personas que iba mencionando, era como una manera de reafirmar lo que me decía, también dijo que me amaba y que todo saldría bien, los seres de luz estaban encargados de resolver la situación de la mejor manera, me advirtió que para el día miércoles 13 de mayo, después de la celebración del día de las madres, me llevarían al Tribunal, debía nombrar una abogada que reconocería al verle sus ojos, eran verdes como el mar —bien extraño el color de sus ojos, me permitió verlos en la película que me mostraba—. Ella resolvería todo, para el día miércoles 13 a las 5:00 de la tarde estaría saliendo en libertad, debía primero dar gracias a Dios por ese aprendizaje tan bello, después iría a buscar a mi hija, ella sabía quién era ella, me dio indicaciones que me correspondía seguir, me dijo que debía estudiar leyes, ella me señalaría el momento oportuno para iniciar los estudios, me insistió que no olvidara esta petición, agregando que todavía venían pruebas fuertes que sabría recorrer, todo resultaría bien, insistió en que viviría los últimos años de mi vida muy feliz y en paz, rodeada con seres que realmente me amaban; también reveló que me casaría nuevamente con un hombre maravilloso, muy espiritual que me acompañaría, me daría mucha fortaleza en las etapas difíciles. Me advirtió que el llegaría a mi vida, no tenía que buscarlo. Repitió varias veces que debía perdonar a las personas que habían intervenido para que yo viviera esta experiencia, me dijo varias veces la Justicia Divina se encarga de todo, no es el hombre el que puede hacerlo, esto debes comprenderlo.

– Recuerda, Laura, todo llega en su momento, y ese momento es perfecto. Pon tu fe, esperanza y credibilidad solo en Dios, únicamente en él, pues jamás te defraudará.

– ¿Por qué estudiar Leyes?

–Ese es tú sendero, siempre estaré contigo. No podía faltar la duda ni el saboteo mental, por lo que le respondí muy terrenalmente:

–No tengo recursos para estudiar, mi familia no me apoyará.

–Todo vendrá en el momento perfecto–finalizó con una suave sonrisa–. Hija, te amamos, Dios te bendice, recuerda que mi hijo estará siempre contigo. No lo olvides.

Comenzaron a brillar las escarchas en un nuevo baile, subían y bajaban a su ritmo, hasta que poco a poco fueron disipándose, el ambiente quedó impregnado de paz, mientras yo quedaba sumergida en un profundo sueño.

A las tres de la tarde fueron por mí para rezar el rosario, al levantarme vi que habían escarchas por toda la habitación, les conté parte de lo sucedido a las compañeras que rezaban conmigo pero tuvieron una reacción diferente ¡creían que estaba loca! Decían que en un lugar así nunca aparecería la Virgen. Mi corazón estallaba de alegría y tenía grandes deseos de ver a mis tías, ya que una de ellas era Mariana y le gustaba rezar muchísimo, quizás podría orientarme mejor en cuanto a lo sucedido.

Al día siguiente estaba deseosa de recibir la visita de mis tías, apenas llegaron les comenté toda la experiencia con ese maravilloso ser de luz y ellas solo me respondieron que continuara rezando y que era mejor no comentar lo sucedido a más nadie, que esperara a ver qué pasaba en los próximos días, mi curiosidad aumentó pero no podía hacer más nada, para mis tías todo lo que estaba pasando era nuevo y quizás les producía mucho miedo...

Espere que los días transcurrieran hasta que llegó el momento anunciado, el domingo 10 de mayo (día de las madres), hubo un homenaje para nosotras en la cárcel como regalo, **DIOS** me premió con una cesta de comida que rifaron y gané, la cual compartí con una de mis compañeras, ella había comentado con tristeza antes de la rifa que jamás se había ganado nada, ese era su sueño ganarse algo, entonces yo le dije: "pues se cumplirá tu sueño, si me la gano, te doy la mitad de todo lo que me gane, así tú también ganarás". Para sorpresa de nosotras, gané la cesta de comida y compartí muchas cosas con mi compañera de celda, le di más de la mitad porque ella tenía un bebé y lo necesitaba más que yo ¡esto me hizo sentir verdaderamente feliz!, la expresión de su rostro al ver cuánto le regalaba, no tenía precio. Este fue el primer instante de mi vida en el que comprendí que la verdadera felicidad del ser humano es poder ver felices a nuestros semejantes. Me pregunte porque se nos había olvidado esto.

En la noche del día domingo pasaron la lista de las detenidas que serían trasladadas al Tribunal y sorprendentemente estaba el mío. En la mañana muy temprano desperté, me arreglé, y como poco solía suceder nos trasladaron a primera hora porque éramos pocas mujeres las que iríamos a los Tribunales.

Al llegar a la sede del Tribunal, todo surgió rápidamente, mi mayor sorpresa fue que el mismo escribiente que llevaba el caso (ahora es abogado), tenía conocimiento de todo, sabía que era una jugada, me alentó a tener fe, insistiéndome que la verdad siempre sale a relucir en su mejor momento, ese joven estudiante de leyes fue quien me recibió, me llamó, permitiéndome entrar al recinto del tribunal y organizó todo para que me sentara en el escritorio donde me entrevistarían, mirándome fijamente a los ojos los cuales me mostraba con una disimulada expresión de alegría interna, me recomendó que nombrara un defensor público, alego que ningún abogado tomaría el caso, por no tener recursos —claro está— era imposible que él me dijera que me quería ayudar y que él sabía la jugada planificada por mi amigo. Ellos habían fijado una estrategia y una de ellas era nombrar un defensor público; todo estaba listo, algo en sus ojos me hablaba directo al corazón, sentía su compasión en mi caso y él quería hacer lo mejor que podía sin perjudicarse, porque evidentemente no me podía contar más nada, solo actuar acorde a sus funciones.

– ¿Esa persona me ayudará de verdad? Dicen que tienen muchos casos– le pregunté con ciertas dudas.

–Ahí está la Abogada Defensora, es la que esta vestida con chaqueta y falda de color verde claro.

Cuando la ubiqué resaltaron sus ojos azulados con rayas grises, así como el mar, iguales a los que me había mostrado la admirable Virgen cuando me visito en la habitación del recinto ¡todas las dudas desaparecieron de inmediato! –Sentí paz– me tranquilicé y aprobé la solicitud del defensor público. Como ella era la que estaba presente en el tribunal aceptó de inmediato ser mi defensora. Me dijo: "quédate tranquila, estudio el caso, luego pediré tu traslado nuevamente para diligenciar". No entendí el término que utilizó pero me fui inexplicablemente tranquila, tenía en mi mente lo que la Virgen me había dicho que sucedería y solo creía en ella, estaba segura que ella no se equivocaría en lo que me había dicho unos días antes.

El día martes no supe nada y durante todo el día miércoles transcurrió de la misma manera, sin noticia alguna, no se escuchó ningún rumor de pasillo como siempre rondaban cuando iba a salir alguna detenida, algo decía en mi corazón que todo estaba bien. La Virgen había aparecido en mi cuarto, había señalado el miércoles como el día de mi libertad, eso me lo repetía mentalmente para tener fortaleza, entonces ese era el día que algo maravilloso sucedería, no tenía dudas sobre ello, yo creí ciegamente en su mensaje porque nunca me han fallado.

Siendo las 5:00 de la tarde, subió la funcionaria encargada del Régimen Femenino, me llamó mostrándose con una actitud de contrariedad, dijo: "recoja todo se va" ¡casi me desmayo!, mi corazón comenzó a latir fuertemente, recogí mis libros de oración, el televisor porque no era mío y debía entregarlo, dejé todo lo demás para las que lo necesitaran, me despedí dándole fortaleza a quienes se quedaban e invitándolas a continuar con el rosario diariamente; a las 5:30pm. estaba fuera del recinto penal, una voz interna me dijo: "estoy contigo no tengas dudas, te acompañaremos en este nuevo camino". No fue fácil salir porque no sabía que me deparaba la vida, sin embargo me sentí fuerte y avancé en la dirección que me correspondía retomar.

Fui a darle gracias a Dios en la Iglesia de Santa Teresa, frente a la imagen de Jesús de Nazareno, luego me dirigí a buscar a mi hija en compañía de un amigo quien me fue a buscar cuando salí de la cárcel, cuando llegué al colegio donde estaba internada mi hija, la alegría y el miedo se confundieron pero mi fortaleza me guiaba. Cuando la vi, la cargué en mis brazos.

— ¡Estamos juntas otra vez, te amo mucho, te extrañé!

—Mami yo sabía que tu vendrías— repetía con alegría— ¡ella me lo dijo!

— ¿Quién es "ella"? —pregunté.

Con mucha picardía me tomó de la mano, invitándome a seguirla discretamente.

—Ven conmigo para que la conozcas, vamos a buscar una carta que le escribí. La escondí para que las hermanitas que me cuidan no me regañaran—dijo. Entré al Colegio por la puerta principal, pero me dirigí al patio donde estaba "ella", como la llamaba Yonita, entramos en silencio y dijo— Ella me habló esta mañana, diciéndome que tu vendrías hoy por mí, le prometí que si era verdad iba a estudiar muchísimo, saldría con las mejores notas, ella me sonrió respondiendo que todo estará bien, también dijo que me amaba y me protegería siempre, ves que es linda, es la Virgen de la Milagrosa.

Fueron las palabras de Yonita que se unieron a las de aquella persona especial que apareció en el cuarto y al ver la imagen no pude contener las lágrimas, brotaban solas de mis ojos, ahí estaba ella representada en la imagen de La Virgen, exactamente igual a la que había estado en el cuarto donde apareció por primera vez, no tenía palabras para mi hija. La abracé fuertemente y la guié a la salida del colegio, es hora de irnos.

— ¿Mami estas triste?— preguntó Yonita apenas entró en el carro.

—No estoy triste estoy feliz, ahora nuestra familia creció, Ella siempre va a estar con nosotras y jamás nos va abandonar—respondí. La miré y le di un beso con todo mi amor.

Quería llevar a mi hija conmigo pero era miércoles y tenía clases, además de la promesa que ella hizo a la Virgen de que estudiaría mucho más, no quiso venir conmigo, sino que la buscara el viernes temprano para que almorzáramos juntas. Se bajó del automóvil feliz, y me recordó que fuera temprano a buscarla, para mí fue mejor porque no sabía que iba a hacer, ni hacía donde me dirigiría.

Salimos del colegio en dirección al este camino a la urbanización donde vivían mis padres, quería visitarlos, aunque estaba segura que su reacción no me iba a sorprender. Toqué el timbre y salió mi madre, inmediatamente reaccionó como era de esperarse, apenas me vio, abrió la puerta a medio camino, entregándome dos bolsas y diciéndome: "toma las cosas que tienes aquí y las de tu hija, es mejor que te retires rápidamente, no puedes quedarte aquí, no queremos problemas con la justicia, no vengas por un tiempo, resuelve tu situación", mostró el miedo en su cara, concluyó diciendo: "llama por teléfono para arreglar cuentas de lo que he pagado por tener la responsabilidad de tu hija", esta actitud definitivamente me dio fortaleza para emprender mi vida en compañía de los seres que me acompañaban y que estaban a mi lado en todo momento.

No les puedo negar que me fui desconcertada, se desgarró mi corazón nuevamente, hasta pensé: "esta no puede ser mi familia", salí sin saber qué hacer, no tenía dinero, no tenía empleo, estaba manchada ante los ojos del mundo terrenal, me veían culpable de lo que su pensamiento les alimentaba, me pregunté por qué actuaban así. No recordaban que cuando mi padre estuvo en prisión, fui la única que trabajé y todo el sustento era para manutención de nuestra casa y para protegerlos, ahora que estaba en situación similar y necesitaba el calor y apoyo de mi familia me echaban a la calle. Mi corazón no tuvo respuestas, solo dolor. Me dije: "tengo que seguir, Dios no me va a faltar", así me lo dijo la Virgen cuando me habló, aseguró que todo iba a salir bien, además que pronto encontraría un camino. Cada dolor profundo rompía más las corazas de la ignorancia hacia el despertar.

Mi amigo me acompañaba en ese momento trasladándome con su vehículo a donde tenía que ir, pero él también pasaba por una situación difícil. Estaba desempleado, no tenía donde vivir, de manera que acordamos, que quizás juntos podríamos resolver la situación y comprendernos mejor para salir de este atolladero, por lo que esa noche decidimos irnos a vivir a mi apartamento, dentro de mi pensamiento habían muchas reservas de esta relación, por lo que habíamos ya experimentado anteriormente como pareja no había sido muy armonioso pero tenía que hacerlo, no existía otra salida en ese momento, además comprendí que algo debíamos vivir para sanar los karmas que quedaron pendiente en esa relación.

Al día siguiente debía presentarme en el Tribunal a firmar el beneficio que había sido otorgado por el tribunal, hasta que el expediente subiera al Tribunal Superior para resolver la solicitud de apelación, yo no entendía nada de esto pero firmé algunos documentos acompañada por la Defensora, quien hoy día es mi amiga. Dios le bendiga, y la siga dotando de sabiduría y amor por la justicia. Ella me citó a su despacho, asistí a la hora prevista, era para explicarme la parte procedimental, lo cual tampoco entendí mucho en ese momento, mi mente llena de problemas no me permitía escuchar más de lo indispensable, "pronto se va a solucionar todo" y esto fue lo que me quedó grabado, "te voy a llevar a hablar con el Juez superior para que le cuentes tu versión de los hechos, pero antes debes explicarme todo", le conté mi verdad del caso y luego acordamos ir a los dos días al Tribunal a entrevistarnos con el Juez Superior, otro ángel que Dios tenga en sus brazos porque ya trascendió de plano, él en ese momento fue muy receptivo, le pude narrar toda mi experiencia, sólo recibí como respuesta sabias palabras y argumentos, estimulándome a seguir adelante hasta alcanzar nuevas metas.

Emprendí un largo camino, sin tener miedos a expresar por todas las vías necesarias lo que me había pasado, estuve meses buscando ser escuchada y que resarcieran los daños que me causaron. Fui a la prensa, a la televisión y no hubo repuesta de ninguna institución pública que declarara al respecto, solo se pronunció el Tribunal Superior liberándonos de toda culpa, declarando "Averiguación Terminada" en lo que refería a mi caso.

Entregué nuevamente esto al universo para que en el momento que corresponda me recompense por todo, ya el tiempo me responderá porque así es la vida, de eso estoy segura, si no es en esta vida será en la próxima, pero la Justicia Divina siempre comprensa todo en armonía con el universo.

Esta maestría de la vida, generó cambios profundos en mi, con dirección a un «despertar» inimaginable, descubrí al tener mi libertad que la consciencia es la que encarcela, entendí que las personas que están fuera de la cárcel están más presas de sus pensamientos, deseos, miedos y ambiciones que lo que yo estuve dentro de una cárcel real, también comprendí que lo que martiriza a las personas es su propia consciencia que crean ante la culpabilidad de sus propias acciones y reacciones, ya que sin duda; todas las personas del mundo están conscientes de lo que es correcto o no, así que el que vive en el mundo de la mentira, su consciencia lo apresa y el pensamiento lo nutre de enormes saboteos para que permanezca en ese nivel de vibración, al estar en esa frecuencia vivirá en la cárcel de la oscuridad mental aunque esté libre, hasta que decida despertar y corregir hacia el mundo de la verdad, del amor incondicional y la paz, siendo este el único camino para el verdadero despertar.

Viví días muy difíciles, me atrevería a decir que mucho más difícil que cuando estuve en prisión, no lograba concebir el rechazo de la gente ¿Por qué se dispersaban quienes consideraba mis amigos? ¿Por qué la falta de comunicación, aceptación, comprensión y compasión de mi familia terrenal? ¿Por qué la soledad y las críticas? Lloré en silencio mucho más de lo que pude llorar en mi estadía en la cárcel; estoy segura que pensaba las 24 horas del día en lo mismo, era un torbellino de pensamientos que no me permitía estar más allá de ellos, aún estaba presa de mis pensamientos, como lo está la mayoría de las personas que no han despertado, seguía inquieta en una búsqueda espiritual con un grave error, todo lo veía desde lo externo, creía que los demás debían ayudar, apoyar o quizás ser mas solidarios para buscar soluciones a los problemas, esto era verdaderamente inalcanzable y difícil de comprender, mis pensamientos desataban momentos de agresividad - impulsividad. Es difícil expresar lo que sentía, me dominaba el saboteo mental, me preguntaba repetidas veces, si yo había ayudado a mis padres en sus momentos difíciles, a mis hermanos, a mis amigos por qué estaba sola. No encontraba respuesta razonable, no justificaba las acciones de indiferencia y frialdad de mi entorno, no tenían compasión, hasta que tomé la mejor decisión de toda mi vida. Me entregué nuevamente a Dios, esta vez fue diferente porque comencé a aceptar que debía cambiar mi forma de pensar y aceptar la situación sin rencor o rabia, desde el amor y el corazón. Debía ingeniármelas para producir dinero y poder mantener a mi hija y mi hogar. Viví momentos inesperados pero Dios nunca me abandonó, me fue llevando de su *Pequeña Mano Morena pero ¡tan grande!* con una sutileza única, estaba segura que en el momento oportuno me respondería todas las preguntas que le había formulado, el tiempo tuvo su gran jugada y Dios me respondió oportunamente muchos años después esas preguntas una a una.

Pude aclarar cualquier duda al respecto; la principal fue respondida a través de un mensaje de texto que recibí enviado por una amiga el día 15 de julio, a la 1:06 pm., Vivía en una ciudad del interior, a esa hora llegó a mi celular el mensaje, fue tal el impacto que me hizo comprender todo, quiero compartirlo textualmente con ustedes:

"Hablando con Dios, le pedí de todo corazón que te cuidara en todo momento y él me respondió: "En la tierra mis Ángeles se cuidan solos, si ellos no saben levantarse por sí mismos, no pueden ayudar a levantar a los demás...".

¡Quedé perpleja! Fue como si me hubiesen regresado al momento de las crisis y me retornaban rápidamente al momento actual, entendí... suspiré. Descubrí que la vida es un juego y hay que saber jugarlo, es ahí cuando encontramos la clave de nuestro crecimiento espiritual, es un proceso individual de cada quien y para mejor comprensión, la evolución la tenemos que hacer nosotros solos apoyados en nuestra verdadera fe. En lo que respecta, a estas experiencias se fueron uniendo otras para crear lo necesario para mí despertar de consciencia hacia el amor incondicional, una transformación para mi crecimiento interno, comprendí también que debía soltar todo ese dolor y dedicarme a cumplir las instrucciones recibidas en la visita de la virgen.

Estas circunstancias, me llevaron en un momento y tiempo diferentes de mi vida. A comprender que los ángeles que estamos envueltos en una capa de energía negativa que rodea al mundo creada por los pensamientos y deseos negativos de los seres humanos, conocida como efluvia –, nos afecta y más aún si tenemos misión en la tierra, debemos recorrer un arduo camino, es como una limpieza depurativa para desprendernos de todo lo que nos limita, internalizando que somos seres de luz, con una misión que cumplir para salvar a la humanidad, para tener la capacidad de hacerlo debemos salvarnos primero nosotros mismos, pasar por el fuego que depura intensamente nuestras acciones erradas para despertarnos hacia el amor incondicional, una vez conscientes seremos capaces de trabajar para el despertar.

Aún veo a las personas dormidas, siento pesar porque no comprenden lo hermosa que es la humanidad como género, observo las limitaciones que tienen en ayudar a la salvación de nuestra raza para dirigirse hacia el camino de la verdad, la compasión y el amor incondicional, sin manipular pero estoy segura que lograremos ese cambio.

Conseguí una salida la cual no era lo que deseaba pero era la única vía que pude encontrar. Decidí vender el apartamento donde vivíamos para evitar perderlo y con el dinero recibido logré mudarme a otra ciudad dormitorio cerca de la Capital, así podría emprender un cambio que realmente no sabía cómo se presentaría pues no me sentía bien con la pareja ni con lo que estaba haciendo. No podía hacer más nada, sólo tener fe que las cosas cambiarían en el mejor momento. Iniciaba una vida en otro lugar con pocas expectativas con una gran fuerza para luchar por las metas que me había fijado la divinidad de las cuales no tenía dudas.

Al mudarme inscribí a Yona en 6to grado, cerca de la casa en un colegio que me recomendaron. Buscaba enormemente equilibrar mi vida, pero muchas veces sentía que entraba en un torbellino incomprensible para mi, vivía en un mundo que nadie conocía, con frecuencia me sentía confundida, llegué a pensar si era yo la que estaba equivocada o si eran los demás que estaban ciegos y no lograban ver mi mundo, buscaba vías alternas para avanzar, así que con una parte del dinero que recibí de la venta del apartamento, invertí en un local donde puse un pequeño negocio y mucho esfuerzo para progresar. Además en la casa preparaba algunas comidas para venderlas por encargo, panes, tortas y salsas, también limpiaba las casas de las personas que necesitaban ayuda y les cobraba por día, con una amiga manufacturábamos cubre camas (cobertores) y pañitos de mesa para vender. Me convertí en una hacedora de todo para sobrevivir, esa situación me agotaba física y mentalmente porque tenía que realizar muchísimo esfuerzo para poder percibir lo mínimo, muy pocas personas se interesaban en comprar para ayudarme, tuve que decidir como mejor alternativa trabajar en el local que tenía, comencé a pintar y hacer orfebrería, pasaba los días haciendo cosas y pensando que no estaba haciendo lo que realmente quería, ese era un punto negativo para mi avance.

En varias oportunidades había ingresado a estudiar en la universidad pero por una causa u otra tenía que suspenderlo, las respuestas arrojaban señales diferentes; así pasaron un poco más de dos largos años, hasta que una madrugada se apareció esta vez en sueño, la Virgen de la Milagrosa, la misma advocación que apareció en la habitación cuando estaba detenida. En el sueño la vi llegar a mi casa, me bendijo y luego de impregnarme con su amor maternal, dijo: "ya está bueno de tanto pensar, tienes que actuar, es el momento, Laura, debes levantarte mañana muy temprano. Debes ir a casa de tus padres, habla con tu padre a solas, pídele que te busque una beca para que inicies tus estudios, deja de pensar que no te lo van a dar, no te permitas más esos pensamientos negativos. Estamos contigo. Haz lo que te digo, ese es tú camino, déjate guiar".

Desperté llorando, vi el reloj y noté que era muy temprano, hice todas las labores diarias muy rápido para que mi hija saliera al colegio y poder dirigirme a casa de mis padres, tuve que dominar los miedos a sus rechazos y mordiéndome lo que me quedaba de orgullo, tenía mucho tiempo que no iba a verlos, evidentemente por la reacción que habían tenido cuando los visite recién salida de la cárcel; ellos me habían pedido que no fuera más para su casa, omití toda esa situación para cumplir el mandato divino, para mí lo más importante eran las instrucciones que recibía de esa mano divina que me guiaba, La Virgen me pidió algo, yo solo debía cumplir su mandato. Tomé valor y me presenté en casa de mis padres, a pesar de todo el saboteo mental que jugaba a manipularme pero al final pude controlar, al llegar a la casa todo fue perfecto para poder hablar a solas con mi padre. Cuando llegué mi mamá aún estaba durmiendo, le expliqué que siendo él profesor de la universidad podía averiguar si existían posibilidades de conseguir una beca, ya que quería estudiar. Le pedí que me ayudara, él me miró mostrando que no estaba muy a gusto pero respondió: "déjame ver qué puedo hacer porque no es fácil, recuerda que es una universidad privada. No conozco el sistema para las becas. Voy saliendo a la universidad, si me esperas aquí yo regreso al mediodía para almorzar y de una vez te digo qué averigüé", eso me hizo suspirar, la otra parte difícil era permanecer en la casa de ellos por ese tiempo. Debía hacerlo.

Mi padre movido por esa energía especial, accedió al menos a preguntar, se fue porque debía dar clases, mi mamá bajó de su habitación, al oír que él se iba; al verme se asombró pero me invitó a permanecer si deseaba esperar hasta que él regresara de clase, así podríamos almorzar juntos. Mientras esperaba debía cumplir con la rutina que mi mamá imponía siempre en su casa, la cual no era nada fácil, creo que fue una de las mañanas más largas de mi vida, los saboteos jugaron conmigo bloqueando toda creación, cada minuto parecían horas, hasta que sentí el carro de mi papá que entró al garaje, mi corazón brincaba en ritmos diferentes, mi mente estropeaba jugando conmigo de la peor manera.

Hasta que entró a la casa mi papá comentando su asombro por lo que había sucedido, sentándose directo en el comedor para almorzar conmigo cuenta lo sucedido, relata que él había llegado muy temprano y aún tenía tiempo para ir directamente a la sede administrativa a fin de averiguar lo referente a las becas, por causalidad se había encontrado con la profesora que manejaba la parte administrativa en el pasillo del estacionamiento que da hacia la administración. Ella era la persona a quien él podía preguntarle, ya que tenía mucho tiempo trabajando en la universidad, mi papá le plantea lo de la solicitud para estudiar de los becados y ella le respondió con otra pregunta.

– Profesor, ¿me puede decir para quien es la beca?

–Para una hija que tiene una situación difícil, no puede pagarse la universidad.

–No se preocupe, profesor, les voy a ayudar a resolver esto, ¿tiene el número de cédula de su hija? – respondió enérgicamente con la personalidad que la caracterizaba como una mujer pro-activa y decidida. Causalmente mi papá lo tenía, la profesora agregó– vamos a mi oficina y le explico.

Al entrar se sentaron a conversar.

–Yo hago la lista de los estudiantes becados es parte de mi trabajo y se lo doy al Vicerrector Administrativo hoy para otorgar las becas, incluyo a su hija en la lista de última, y si me firma la lista con la copia que le voy a dar, su hija se dirige a la universidad ubicada en la nueva sede, se inscribe y ya solucionado el problema– terminando la exposición con una interrogante– ¿le parece, Profesor?

Mi padre asombrado aceptó sin hacer ningún otro comentario, acordaron que al terminar las horas de clases él regresaría para saber si el Vicerrector Administrativo había firmado.

Al cumplir con su horario de clases, mi padre fue inmediatamente a la oficina de la profesora para averiguar si había una respuesta, ella al verlo llegar se alegró, respondiéndole: "profesor, todo esta listo, le escribo los requisitos que debe cumplir su hija", además le indicó los documentos que ella debía consignar esa misma tarde o a primera hora del día siguiente, todo se tramitaría por la sede nueva, mi papá no podía creer lo fácil que había sido todo. Al terminar su relato, me entrega la copia de la lista donde estaba mi nombre ¡quedé fría!

Un ejército de ángeles trabajó para que todo estuviera en armonía, me sentí plena de alegría, el pensamiento que se encargaba de los saboteos me recordaba que no era así de fácil, quizás iba a ser complicado inscribirme. Aún faltaban pasos para estar dentro de la universidad, alimentada por mis miedos y dudas, le pedí a mi papá que me acompañará, él conocía muy bien la universidad. Así el proceso podría ser menos complicado. Recibí la respuesta que yo necesitaba escuchar ¡no era posible! él ya había hecho todo lo que estaba a su alcance, de ahí en adelante tenía que continuar yo si quería estudiar, además de eso la profesora advirtió que tenía que mantener buen promedio de lo contrario podía perder la beca. Nuevamente me atemorizaron los pensamientos a sabiendas que mi autoestima estaba en un sub-suelo, me llené de preguntas ¿sería capaz de alcanzar buen promedio? Yo haría el mayor de los esfuerzos para alcanzar ese objetivo.

Al terminar de hablar con mi padre llena de temores, indudablemente propicios para que el saboteo mental hiciera su trabajo decidí irme de una vez a la universidad para indagar cómo era el proceso de inscripción. Llegué, me dirigí a la taquilla de información y al preguntar me informaron lo que yo necesitaba oír, alimentada por mis temores internos, me confirman que no me podían inscribir puesto que aparecía una deuda pendiente que debía ser cancelada para poder incorporarme, si no tenía como solventar debía dirigirme al departamento de informática para solucionarlo, dependía de la opinión del jefe de Informática; en ese momento tuve que dejar a un lado los miedos y pensar correctamente: "Bueno ¿qué pasa? ¿Por qué tengo estas sensaciones? La Virgen anoche me dijo que todo lo arreglaría, así que voy a hablar con esta persona, dejando todo en las manos de Dios, yo debo encargarme de lo mío". Tomé una respiración profunda, caminé hacia el segundo piso donde quedaba la oficina de Informática; cuando subía las escaleras del primer piso, sorpresivamente me encuentro con un amigo que compartió conmigo cuando viví en Roma teníamos unos cuantos años sin vernos pero apenas me vio me reconoció. Me abrazó demostrando alegría y sinceridad al verme, preguntándome que estaba haciendo por allí, reforzó preguntándome si necesitaba algo, le dije que jamás pensé encontrármelo en ese lugar, su actitud era gentil, sentía su buena disposición, le expliqué lo que me sucedía y él sonrió diciendo: "Dios está de tu lado hoy. No te preocupes, Laura, yo soy el Director de Informática, eso es fácil, si está la orden de inscripción no tienes nada que pagar. Beca es beca, déjame la carta que te dieron. Debes venir mañana porque voy saliendo y ya cerré la oficina, ven mañana y me buscas a las 9:00 de la mañana que todo va a estar resuelto". Le di las gracias y me retiré pensando que todo era un sueño ¿cómo había sido tan fácil?, esa *Pequeña Mano Morena pero ¡tan grande!* tenía todo planificado, y yo lo había dudado. Al retomar el camino a mi casa, inicié una conversación con la Virgen, además de agradecerle por todo, también le hice una serie de preguntas porque las dudas me seguían atormentando, las cuales evidentemente fueron respondidas en el tiempo y espacio correspondiente.

Al día siguiente fui a la universidad y nuevamente Dios se manifestó como creación perfecta. Ya todo estaba resuelto, me dieron la hoja donde constaba mi inscripción en la sección "A" del turno de la tarde, y así lo acepté, di gracias a todos los que intervinieron en esta cadena para iniciar los estudios en la universidad, estaba consciente que al incorporarme a las clases, una nueva etapa de crecimiento se manifestaría en mi vida. Nadie me había dicho que sería fácil, lo que si me habían dicho era que debía creer para ver, no debía ver para luego creer, las cosas espirituales tienen un principio y este principio se llamaba "Fortaleza Espiritual", **FE**.

Mudarme a otra ciudad me permitió dar rienda a diferentes actividades, comencé por un pequeño local, el cual vendí para iniciar mis estudios en la universidad. El apoyo de los primeros tiempos por parte de mi pareja se habían convertido en una farsa de intereses, con poca frecuencia nos comunicábamos, él tenía otra persona con la que compartía, yo debía tomar decisiones para emprender una vida diferente basada en la verdad y el amor incondicional. Comprender esto fue una cosa y accionarlo fue otra; motivado a la falta de empleo y baja autoestima que me estropeaba mental y emocionalmente de forma permanente, no me explico cómo logré estudiar los primeros años de la carrera viviendo en dos mundos, uno que me llenaba de paz y tranquilidad, el cual deseaba con todo el corazón, el mundo espiritual, rechazado por todos o mejor dicho por el pequeño entorno que tenía y su negativa a aceptarlo, siendo la razón principal para alejarme de ellos; y el otro, la vida irreal que compartía en una sola agonía y sufrimiento, el mundo terrenal que es maravilla para la mayoría de las personas y parece embelesarlos. No sabía qué hacer pero la *Pequeña Mano Morena pero ¡tan grande!* estaba moviéndose para hacerme comprender que cambiaría el panorama.

Una mañana una buena amiga que estuvo al tanto de todo mi proceso, quien me apoyó incondicionalmente y estaré agradecida por siempre— sabía que debía buscar empleo para solucionar algunos conflictos, ella me presentó a una colega con la finalidad de ayudarme a buscar un empleo por horas. Esta colega conocía a muchas personas, ella era una mujer muy activa y social, a pesar de que no era fácil conseguirlo ella hizo lo mejor que pudo mientras tanto yo elevaba plegarias a Dios para recibir sus respuestas. Al poco tiempo recibí una llamada telefónica de la Dra. para decirme que me había conseguido unas horas de clases en el área de computación tres veces a la semana en un colegio privado de raíces italianas, le parecía bien para mí ya que eso era lo que había estudiado en Roma, me dio toda la información para que fuera a entrevistarme en el colegio lo antes posible, así comencé un cambio de actividad, era algo más que me decía que todo mejoraría, también era una observación para tranquilizarme.

Iniciar la nueva rutina me produjo agotamiento, me levantaba a las 4:30 a.m. para dirigirme al trabajo, entraba a las actividades a las 6:30 a.m., salía lo más rápido que podía del colegio, mientras conducía rumbo a la universidad almorzaba un sándwich, salía de las clases de leyes en la tarde a las 6:15 p.m. y regresaba a la casa en las horas más difíciles del tráfico de la ciudad, en dirección a mi casa, razón por la que debía atravesar toda la ciudad del este al oeste. Esto me tomaba aproximadamente tres horas de camino, lo cual era agotador por las colas que se hacían siempre en la autopista, para luego tomar la carretera, lo que generaba aproximadamente tres horas diarias de viaje, llegando casi siempre a las 9:30 p.m., eso si tenía suerte y no llovía, ya que podían ocurrir derrumbes en la carretera. Frecuentemente llegue después de esa hora, ya en el apartamento me ponía a preparar la clase que daría al día siguiente, luego a estudiar lo que había visto en la universidad, también preparaba lo necesario en la casa para las actividades del día siguiente. Era una rutina fuerte.

Los sábados y domingos tenía que estudiar, limpiar, planchar, lavar, cocinar dejar arreglado lo de toda la semana, estar pendiente de las tareas diarias de Yona, además de recibir constante humillación de la persona profundamente dormida con la que compartía en ese momento, era difícil rezar y meditar como me gustaba, tenía pocos momentos de paz y tranquilidad, produciéndome estrés ardiente, el cual estaba cerca el momento de estallar en llamas. Esto me llevaría de nuevo a vivir una experiencia maravillosa, mi cuerpo avisaba que algo no funcionaba bien, aclamando un cambio, por ello no tardó en pronunciarse contundentemente.

Un sábado en la mañana desperté sintiéndome muy mal, pensaba que me iba a dar un infarto, realmente estaba agotada, le dije a mi hija y a la persona que hacía las veces de mi compañero quien compartía pocos momentos del día conmigo que me sentía muy mal, ellos hicieron caso omiso, me pidieron que les hiciera el desayuno; Yona quería que la llevara a un curso que tenía todos los sábados, tuve que ser fuerte para manejar hasta la ciudad. Mientras Yona tomaba su curso la esperé dentro del carro buscando recuperarme un poco, al finalizar subimos directamente al apartamento, eso tomó como una hora aproximadamente. Entré al apartamento sintiéndome realmente mal, perdí el control de los esfínteres, casi me desmayé pero hice un gran esfuerzo en mantenerme, me fui al baño a vomitar, me bajó la presión arterial, solo me quedó pedirles que me trasladaran a la clínica, ahí conocía a un médico de confianza. Cuando ellos me vieron descompensada pidieron ayuda a un vecino para sacarme, motivado al malestar no podía caminar, me llevaron a la clínica, entrando por emergencia.

En la clínica las emergencias se atienden un poco más rápidas aunque no necesariamente den un diagnóstico acertado, fui recibida por una doctora, al examinarme enalteció lo dormida que estaba, diciendo que mi malestar solo eran nervios y estrés, me indicó reposo y calmantes para los nervios, ordenando que me retirara.

Algo me estremecía internamente diciéndome que no era así, esa *Pequeña Mano Morena pero ¡tan grande!* me retenía en el lugar, no me permitió tomar la decisión de salir de la clínica y gracias a él por las experiencias vividas anteriormente ya había empezado hacer caso a esa voz interna que me guiaba, era muy obediente al recibir mensajes o indicaciones de mi amado Jesús, lo aceptaba y prevalecía por encima de cualquier otra cosa, así que le recomendé a mi hija que llamara al Dr. Que me había atendido antes, le explicara todo y le dijera que estaba en la sala de emergencia, ella así lo hizo. El Doctor no tardó en llegar a la emergencia, era un médico muy carismático, me examinó y respondiendo mis preguntas con asombro dijo: "Laura que bueno que no te hayas movido de aquí, porque tuviste un estallido esplénico de un nódulo tiroideo con hemorragia interna, es delicado", debía precisar el diagnóstico con los exámenes necesarios para el descarte. Indicó un eco tiroideo, ordenándole inmediatamente a la enfermera que lo solicitara, también exámenes específicos de laboratorio y rayos X, debía esperar los resultados para tener más precisión en el diagnóstico, mientras llegaban escuché al médico reclamarle a la doctora que me recibió por su diagnóstico apresurado y las responsabilidades que tenía al respecto.

Al recibir los resultados me hospitalizaron en una habitación con reposo absoluto, di gracias a Dios por haber aprendido a escuchar, fue mi salvación, una nueva oportunidad de vida me había otorgado Dios. Al tener todos los exámenes el médico me informó que debían controlar el derrame interno para poder operarme, no podían hacerlo hasta que se detuviera la hemorragia, para lograrlo debía estar de reposo absoluto sin pararme ni caminar, ese reposo me sirvió para tomarme un tiempo en silencio y reflexionar todo lo que había sucedido, porque quienes estaban a mi lado les importaba poco, no habían entendido que me sentía realmente mal, ellos me habían manipulado para que los atendiera sin importarles absolutamente nada, eso lo reflexioné por varios días.

A los cinco días de hospitalizada, aproximadamente a las 4:30 de la mañana, sentí pasos, alguien había entrado a la habitación, me despertó. El cuarto tenía poca luz, el brillo que emanaba de él me permitía verlo, me examinó sin dejarse ver bien el rostro y dijo con firmeza: "hoy te operamos, todo va a salir bien, debes mantenerte en calma". Le oí desde lejos, se retiró, dejando ver la luz y su bata blanca muy larga. Eso me extrañó.

Ésta escena se fijó en mi mente, aún después de tantos años cierro los ojos y puedo ver lo que sucedió en ese instante, sus apariciones son fotografías eternas que se fijan en mi mente. Me dormí de nuevo hasta las 7:00am. Llegó el médico que me trataba diciendo: "todo se normalizó, así que hoy te operamos a las 10:00 de la mañana más o menos", afirmé. Le dije que ya lo sabía porque un médico me había examinado en la mañana muy temprano, me interrumpió sin dejarme terminar mis palabras: "sería en sueños porque nadie lo sabía, voy a programar todo, a consultar con los cirujanos para fijar la operación". Me quedé pensativa, pero no dije nada. Me operaron y todo salió perfecto. Tres días después a la misma hora, 4:30am, apareció nuevamente la luz, al dejarse ver estaba con un flux negro, se quitó su sombrero me miró a los ojos y me dijo: "ya estás bien, hoy te vas a ir pero debes cuidarte, todo mejorará en tu vida", en ese momento pude ver que era el Dr. José Gregorio Hernández. ¡Dios que bendición!

El médico tratante habló conmigo dando ciertas recomendaciones, el estado de estrés en que me encontraba, la situación sentimental - emocional que tenía desde hace mucho tiempo, todo esto me había llevado a la crisis y debía tranquilizarme. Me dio de alta bajo reposo absoluto para que pudiera recuperarme, también me alertó de posibles recaídas si no realizaba cambios y lograba sosegarme. Debía tomar decisiones y vivir diferente, sus palabras me llevaron a reflexión durante un buen tiempo, veía que era poco lo que podía cambiar mi vida, para poder hacerlo debía planificar cuidadosamente el mismo y ese sería un nuevo norte.

Luego que terminó de darme las indicaciones; le comenté que sabía quién era el médico que me visitaba en la mañana muy temprano, al darle el nombre, me respondió: "¡claro él es mi colega y soy su fiel devoto, por eso trabajamos juntos!", también me comentó que varios pacientes le habían dicho lo mismo, eso me tranquilizó porque él me había entendido, su respuesta me hizo comprender por qué era un médico tan especial. Regresé a mis actividades y gracias a Dios no perdí la oportunidad de presentar los exámenes parciales que habían finalizado, los profesores me reprogramaron los días con otras personas que justificaron las faltas y así terminé el tercer año de la carrera.

Me tomé unas vacaciones a fin de descansar y reflexionar las palabras del médico las cuales no dejaban de resonar en mi mente, sobre todo comencé a internalizar lo inexplicable que pasaba dentro de mi, tenía un sentimiento interno diferente a lo que me perturbaba el pensamiento; nuevamente analizaba todo lo que había vivido desde que era muy pequeña, como mis sentimientos se movían por toda la película de mi vida, para ese momento yo creía entender pero realmente solo percibía la falta de armonía, mi pensamiento no se ajustaba de ninguna manera a lo que sentía mi corazón, de eso si estaba muy consciente, tenía que decidir un cambio, un cambio profundo donde prevaleciera mi sentir, generara paz a mi pensamiento, coherencia en mi hablar y equilibrio en mis acciones para preservar mi paz.

Así que tomé decisiones como nunca antes las había tomado. Esta vez nacían desde las profundidades de mi ser interno, sentir que eso era realmente lo que quería hacer y al pensar en ello me sentía muy bien, un gran peso salía de mi pensamiento al solo proyectar lo que deseaba en mi vida, estaba completamente convencida que lo que Dios quería de mí era que tomara decisiones que me alimentaran de paz, y por primera vez supe lo que quería hacer, no era importante saber si era o no lo acertado. Mi corazón latía armoniosamente cuando definía cual sería la actitud que seguiría y para toda esta materialización debía ser valiente.

Fijé una estrategia y sin detenerme la cumplí, inicié las actividades universitarias del cuarto año de la carrera, tenía una compañera con la que compartía los estudios, ella era del interior del país. Le propuse apoyarnos mutuamente, pues ella tenía problemas de residencia, y yo tenía problemas económicos, así que le ofrecí que compartiéramos la vida de estudiantes, junto a mi hija, pero antes de dar ese paso tenía que resolver definitivamente algunas situaciones que obstaculizaban el progreso de mi vida en todos los aspectos e incidían enormemente en mi paz espiritual; por estas razones prefería vivir sola afrontando la vida de otra manera, no como lo venía haciendo. Tuve que solventar algunos inconvenientes personales para que mi compañera, una joven hermosa, por la edad podía ser hija mía o quizás lo fue en otra vida, compartiera con nosotras sin sospechar que todo esto era un juego de esa *Pequeña Mano Morena… pero ¡tan grande!* que me protegía y me guiaba hacia el amor eterno.

Actué correctamente y tomé una de las mejores decisiones de mi vida lo que me permitió vivir en paz junto a mi hija y mi compañera, emprendimos un cambio de vida, fue un profundo trance espiritual para avanzar en mi despertar, comencé a leer la Biblia, veía a Jesús en todas partes, era maravilloso. Sentía la cercanía de otros seres de luz que me acompañaban, ellos hicieron acto de presencia y yo ya había tomado la decisión de no separarme jamás de ellos, comencé a recibir enseñanzas directas de mi amado maestro, Jesús. —Mi Gran Maestro Jesús, en ti confío—, vestido con su túnica blanca, me hablaba, me disciplinaba en mis actividades diarias, con ejemplos e historias me hacía comprender muchas cosas que quizás no había logrado ver antes. Lo veía en la universidad, durante todo el día él me acompañaba, me orientaba en los exámenes, en las clases, lo veía parado en la puerta del salón de clases, en el pasillo, en la casa, realmente en todas partes. Recordé su promesa desde el cielo, *"siempre estaré contigo, me podrás ver cuando lo necesites"*, también sabía que alguien más estaba presente, lo sentía pero no reconocía su rostro, así que me expresaba diciendo Jesús solo tú en mi vida… pero créanme estaba realmente equivocada.

Todos mis cuerpos estaban en su proceso de cambio gradual, adaptándose para dar inicio a la transformación hacía un nuevo despertar pero el cambio no es de un solo golpe. Son procesos que se cruzan unos con otros para llegar a un resultado final que se verá cuando se transcienda de plano en la evolución gradual que debemos cumplir para alcanzar nuestro crecimiento espiritual, siendo el plan a cumplir en este hermoso planeta.

Por primera vez en mi vida comencé a sentir que respiraba, me llenaba de una energía que promovía mi paz, eso me tranquilizaba, además de comenzar a tomar las decisiones de lo que realmente quería hacer con ella, esto fue la apertura para empezar a discernir realmente el propósito de mi vida. Evidentemente las cosas no son inmediatas, hay que saber que todo es un proceso bien planificado por la divinidad.

El tiempo lo manejamos nosotros mismos si tomamos consciencia de lo que debemos modificar o corregir rápidamente, entonces el universo se manifiesta, si por el contrario no tomamos consciencia y alargamos el proceso, el universo no se activa y queda en espera, razón por la que muchas personas me dicen que no les va bien o les cuesta lograr las metas o sus deseos, mi posición al respecto es clara, les pregunto siempre a las personas en las consultas si realizaron los cambios correspondientes a su vida o por lo menos a tener consciencia de ellos, la respuesta frecuente en estos casos es que no tienen tiempo o no han podido, o están esperando que les cambie la vida para ellos cambiar, de esta manera es difícil alcanzar lo deseado, todo está dentro de nosotros mismos. Debemos activarnos por completo para recibir el 100 % de lo que deseamos, si no lo hacemos no podemos exigir nada que no sea directamente proporcional a lo que damos. La verdadera intención es lo que prevalece y ese 100 % no es de lo que queremos hacer sino de lo que planificamos comprender y transformar en nosotros, además de lo que decidimos que dejaríamos para el bienestar de la humanidad.

Finalmente mi camino de esfuerzo llegaba a una primera recompensa... Me graduaba de abogado. Un peldaño más que subía con seguridad, eso era lo que me indicaba mí amado Jesús y mis guías dentro del proceso hacia el despertar, mi corazón resonaba con ellos, lo había logrado pero ahora no sabía qué hacer. Eran sentimientos revueltos que me decían: "falta mucho por caminar este es un primer piso, no debes pararte aquí hay que seguir" pero internamente me sentía parada en un precipicio.

Pocas personas compartieron conmigo la alegría de graduarme. Estoy segura que Jesús estuvo presente, lo veía sonreír expresando con su mirada estar satisfecho de mi progreso. El 26 de octubre de 1994 recibí de manos de mi padre el título de abogado, obteniendo el segundo puesto dentro de mi promoción.

Como Dios une varios actos para que puedan ocurrir las causalidades, había encontrado unos meses antes del acto de graduación a uno de los compañeros de trabajo que me habían rescatado en el accidente, ya había cambiado de empleo. Me alegró verlo por el agradecimiento que les tenía, les invité a compartir la fiesta de grado además de darle una tarjeta a él le pedí extender la invitación a su compañero que ellos seguían viéndose y habían mantenido la amistad todos esos años, por lo que le entregué otra el otro compañero. Él me dijo que esta persona estaba trabajando como Gerente en una entidad bancaria, le llamaría para invitarlo, pero la realidad fue que me quedé esperándoles porque ninguno de los dos llegó a la celebración. Sin embargo el equipo de seres del destino que trabajan para Dios, son muy creativos y perfectos, harían reajustes para que se cumpliera como se había diseñado. Esa *Pequeña Mano Morena pero ¡tan grande!* tenía todo listo, nadie mejor que él para saber el momento adecuado para un compromiso celestino.

Disfruté el baile de graduación hasta alta horas de la madrugada, compartí con mis compañeros, mi comadre y su esposo, quienes no podían faltar a esta celebración. Esa noche pernocté en su casa, ella siempre me ha acompañado en las buenas y en las difíciles, creo que la van a liberar del pacto que hizo en otras vidas conmigo para apoyarme, porque lo ha cumplido muy bien, así que dormí en su casa para evitar viajar tan tarde a mi apartamento.

Como la vida sigue dándonos oportunidades para que los hechos causales se manifiesten, estaba frente a una nueva situación totalmente inesperada para mí, desde que me gradué había tomado la decisión de reestructurar toda mi vida hacia el norte diseñado, con la finalidad de cumplir mi plan de vida, comenzaba a generar cambios, estabilizarme como profesional y también mejorar mi vida personal, logrando adquirir lo necesario para ello. Además ya capacitada en leyes debía ayudar a quien lo necesitara; con mi óptica de experimentar la vida, había muchas personas que necesitaban ayuda y no tenían recursos para pagar por ellos, de manera tal que estaba ocupada en varias actividades. Una de ellas, la cual me satisfacía enormemente, era dictar talleres en la cárcel de mujeres, a fin de estimular a las presas a cambiar su vida, que percibieran de buena manera que había estado en la cárcel primero como procesada y ahora regresaba como abogada, era un ejemplo para ellas.

Una vez que registré el título, comencé la rutina del libre ejercicio de la profesión, había transcurrido como dos o tres semanas después del acto de grado cuando me dirigía a los Tribunales a realizar unas diligencias. Una amiga ofreció llevarme en su automóvil hasta un lugar de la ciudad hay podría tomar el metro, eran unas cuantas calles donde abundaba restaurantes y comercios, también tenía acceso a los buses y taxis, tomaría desde allí cualquiera que me conviniera en dirección al centro, era un día muy bello ¡el sol resplandecía destellante!, no recuerdo la fecha exacta, solo sé que era el mes de noviembre. Me levanté como frecuento hacerlo, dándole gracias a Dios por todo y con la mejor disposición de pasar el día feliz, llegué temprano mucho antes de la hora que pensaba, por lo que decidí no ir directo a los Tribunales sino que me desvié para tomar un café y desayunar en una panadería del boulevard. Cuando me sorprender al oír mi nombre, una persona que tomaba el desayuno en el restaurante del frente me llamaba, de momento no reconocí la voz pero sabía que era mi nombre, por segunda vez repitió el llamado subiendo el tono de voz para que le prestara atención, en ese momento pensé que sí era conmigo. No reconocía a ninguna de las personas que veía, al girar nuevamente pero en otra dirección ahí estaba el personaje con un traje verde obscuro, camisa blanca, una corbata que combinaba muy bien, era aquella persona que me había ayudado cuando el accidente automovilístico, él me había trasladado a la clínica y luego había buscado a mi hija para llevarla a casa de mis padres.

Casi 9 años después los agentes del destino habían planificado nuestro encuentro, lo observé muy cambiado, me saludó demostrando aprecio y complacido por verme, inmediatamente la voz interna que siempre me hablaba, dijo: "ese va a ser tu esposo." Mi asombro fue tal, que respondí en voz alta:

– ¡No, eso sí que no! ¿Cómo me dices que me voy a casar con él?

– ¿Qué insinúas? – respondió él, al no entender qué ocurría.

–Nada, no te preocupes. A veces hablo sola.

Intercambiamos los números telefónicos y nos despedimos. Todo sucedió muy rápido. Tenía que salir de ahí para preguntarle a Jesús quien siempre me guiaba, que me dijera ¿por qué lo había elegido precisamente a él? Lo conocí en donde trabajamos juntos, conocía su fama de mujeriego, sabía que no era una persona estable emocionalmente porque tenía varios hijos, en varias personas que compartieron con él y nunca consolidaron un hogar.

Caminé hacia el metro en una sola conversación con Jesús, recuerdo esa escena de mi vida y estoy segura que si alguien me observó pensaría que estaba realmente loca. Hablaba sola porque más nadie podía ver lo que yo veía, repetía incesantemente no puede ser él, conocía a esa persona y sabía que era de carácter difícil, llevaba una vida muy a su manera, demasiado terrenal, de hecho cuando lo encontré en el café desayunando, estaba esperando a la novia que tenía en ese momento para entregarle un maletín porque se iban esa tarde a la playa; conocí los rumores sobre él, se le calificaba como un soltero que disfrutaba muy bien el estatus, él no pensaba estabilizar un hogar ¡así que refuté, refuté y refuté durante todo el día!

De nada me valió, Jesús sólo me respondió: "hija, esa es la persona espiritual que te comprenderá y te protegerá siempre, la que tu querías a tú lado, tendrás que decidir si lo aceptas o no". Sabía que tenía la potestad de activar la Ley del libre albedrío, continuó diciendo: "el será tu esposo, si tú lo deseas, es el ser maravilloso y espiritual perfecto para tu crecimiento interno", mi respuesta evidentemente estaba ligada a su reputación así que solo respondí: "si tú lo dices, yo lo acepto", como disfrutamos de la gracia de encaminar nuestras decisiones valiéndonos de la Ley del Libre Albedrío tomé potestad de ella y decidí rápidamente aceptar lo que me dijeron a pesar de no estar convencida de lo que tendría que hacer. Sabía que no era fácil esta decisión porque definitivamente se acercaba otra nueva experiencia a mi vida, con toda seguridad era perfecta para poder avanzar en mi crecimiento interno, esto me movería de tal manera que debía comenzar a practicar mucho más los conocimientos. Fácil era decirlo, lo complejo era practicarlo para que formara parte de la rutina de nuestra vida, las decisiones son internas cuando nacen en nuestro verdadero sentir, si deseamos algo, y en nuestro sentir hay temores dudas o negativas al respecto, no se dan las circunstancias ni se puede producir un resultado favorable.

A los pocos días de tomada mi decisión interna, me llama al celular, su nombre es **Joel González**. Su llamada fue para invitarme a salir, quería que cenáramos para iniciar el plato navideño ya que estábamos en víspera de navidad, también quería que conversáramos de tantas experiencias vividas durante esos años sin vernos, después del accidente.

Acepté su invitación para compartir una agradable velada, esa noche nos encontramos en un restaurante; al llegar él ya estaba esperándome como todo un caballero fue muy amable y gentil, disfruté mucho toda la conversación, llena de recuerdos de cuando trabajamos en el mismo lugar; a pesar de lo alegre del momento lo sentía muy triste, lo que percibía me motivó a preguntarle ¿por qué estaba así? ¿Qué le sucedía?, la energía que emanaba lo decía todo, tristeza. Me miró, lo pensó y luego respondió: "algún día conversaremos sobre el tema.", le insistí que cuando quisiera podía visitarme a mi casa, mi ímpetu de ayudar nunca lo podía frenar ante nadie.

Dios siempre nos da la oportunidad de cambiar nuestra vida, jamás nos abandona, nosotros somos los que nos separamos de él, le recomendé que pidiera ayuda a Dios, respondió fríamente: "siempre lo hago" y cambió el tema de conversación hábilmente, dejé el agua correr porque sentí que no deseaba hablar en ese momento de lo que le sucedía.

¿Cómo fue que empezó todo? Quizás nosotros mismos no lo sabemos, cuando Dios actúa todo se mueve de una manera perfecta para que se cumpla su creación en armonía con el Universo y sus Leyes Universales, milagros que llegan a nuestras vidas. Sólo hay que aceptar los designios Divinos.

Luego de este primer encuentro, iniciamos una bonita amistad, mientras Dios actuaba cambiando su vida, a los dos años de compartir como amigos pasamos a una nueva etapa de compartir como pareja. Las experiencias no fueron fáciles pero si enriquecedoras para nuestra evolución y despertar.

Todo se hace posible cuando las manifestaciones de nuestro ser interno se expresa aceptando y entendiendo lo que decidimos evolucionar en esta vida, reconociendo que es un camino elegido por nosotros mismos para permitirnos ser guiados por nuestros maestros y guías protectores, y por último internalizar que nuestras acciones deben únicamente ser desde el amor incondicional, erradicando de nuestras vidas la rabia o la frustración que nos limita para aceptar a las personas tal cual ellas son; es un proceso que involucra grandes cambios internos y externos, comprender todas estas enseñanzas de vida es muy fácil, lo difícil es permanecer en la práctica diaria del amor incondicional y precisamente es el trabajo que venimos a realizar a esta dimensión..

Cuando vemos cambios creemos que ya está todo consumado, realmente no es así. Llega a nuestras vidas otras situaciones que nos van a enseñar que debemos seguir cambiando, evolucionando. Esto es un camino sin descanso, sólo llegan las recompensas al final de cada aprendizaje superado, las cuales igualmente debemos comprender; tengo la firme convicción que hasta el último momento de nuestras vidas, inclusive segundos antes de expirar, tenemos la oportunidad de evolucionar situaciones para alcanzar el amor incondicional.

Mi vida tenía avanzado un corto camino nutrido por una enriquecedora experiencia, una etapa había terminado abriéndose otra nueva, la cual creía que sería tranquila pero se encargaría ella misma de mostrarme que siempre que se avanza hay también pruebas que superar, tal cual la universidad, terminamos un año escolar e iniciamos un nuevo año, con diferentes profesores, materias y evaluaciones, inclusive aparecen compañeros de estudios diferentes para comenzar nuevas alianzas. Así es la universidad de la vida.

Dios me permitió iniciar una experiencia de vida en compañía de una pareja maravillosa, quien por su lado, tenía un mundo de experiencias también, por alguna razón él había pedido al universo tener una compañera espiritual y Dios le había respondido sus plegarias.

Nunca olvidaré la tarde del 31 de Diciembre. Me había ido a la playa para disfrutar del mar. Estaba en compañía de mi hija y unos compañeros de ella de los Bomberos Universitarios, quienes habían hecho un grupo para pasar las vacaciones navideñas en un ambiente diferente. Disfrutábamos del sol y el mar, compartíamos conversando de diferentes temas, repentinamente sentí un llamado interno que me pedía estar sola, busqué la excusa para retirarme e irme al apartamento vacacional donde estábamos alojados. Entré a la habitación que compartía con mi hija, encendí un incienso pues me encanta el aroma que desprende, eso me relaja inmediatamente, lo necesitaba para despejar la mente de cualquier intención o deseo, me relajé tanto que me dormí; comencé a soñar con una voz que me llamaba por mi nombre. Le escuchaba, no veía quien era pero reconocía esa voz, estaba en la misma playa donde estábamos vacacionando. El sol brillaba, sus rayos no me quemaban ni me molestaban solo sentía su calor, personas caminaban y disfrutaban bañarse en el mar, buscaba la voz que pronunciaba mi nombre, me era muy familiar, aparece sorpresivamente detrás de mí Jesús, sonriendo como él lo hacía siempre. Dijo directo a mi mente: "Laura, hija mía, quiero que retornes el día 2 de enero. Al llegar a tu casa esperas a Joel, él va a llegar a tu hogar para compartir una vida juntos, vivirás pruebas que superarás, recuerda que siempre estaré contigo. No olvides, espéralo; él llegara a ti para siempre, es un buen hombre, quiero que sepas que él me ama de verdad, por eso estarán juntos", cuando iba a replicar se desvaneció. Me desperté sobresaltada, acalorada y sudando, como si de verdad hubiera estado parada bajo el sol, el aire acondicionado no lo sentía en mi cuerpo a pesar de estar muy frío el ambiente, mi mente saltó inmediatamente ¡Dios no puede ser! yo no tenía planes de vivir con nadie ¿cómo voy a hacer?, comencé absurdamente a planificar estrategias para evadir lo que ya estaba planificado por la divinidad. Me decía: "voy a regresar a casa lo más tarde que podamos, así no podré verlo el día fijado y todo pasará", en ese mismo instante recibí una llamada de Joel por el celular. Conversamos un rato, él me pregunto qué día regresaría, respondiéndole que no sabía aún pero al llegar le llamaría, todo mentalmente planificado, no le diría nada sobre mi regreso, desde mi corazón sobresaltado le dije a Jesús: "mi Señor, no sé porque me pides esto pero si él llega ese día es porque tú lo deseas así, mi vida te la he entregado a ti, no he pensado compartir mi vida con ninguna otra persona, pero acepto lo que me dices, solo permíteme que sea en armonía perfecta".

Disfruté de los días que me quedaban, hasta que llegó el día de nuestro regreso a casa, no pudimos salir tarde como lo había proyectado porque un compañero de mi hija debía entrar a trabajar a las dos de la tarde de ese mismo día. Llegamos a Caracas, dejamos a todos los compañeros de Yona en sus casas y nos dirigimos a San Antonio de los Altos, a nuestro apartamento. Llegamos como a las cuatro de la tarde, pusimos todo en orden y al terminar, mi hija dice que quería compartir con sus amigas de la secundaria, se reunirían en casa de una buena amiga de ella, accedí a su petición con la condición que la fueran a buscar y la trajeran a casa, no quería salir a ningún lado, solo quería descansar.

Se fue mi hija con sus amigas, inmediatamente cerré todas las cortinas, apagué todas las luces y me fui a mi habitación a continuar la lectura de un libro el cual estaba muy interesante. Encendí una lámpara pequeña que alumbraba para poder leer, tenía las ventanas cubiertas para no permitir ver la pequeña luz del cuarto desde afuera, las demás áreas de la casa estaban oscuras, todas las lámparas apagadas, era la manera de pasar desapercibida, el celular también estaba apagado, todo acondicionado para que el día 2 de enero terminara sin interrupciones de nadie.

Me acosté a leer, inspirada por la lectura el tiempo transcurrió rápidamente, como a las 11:45pm, me levanto de la cama para ir al baño y cepillar mis dientes, me disponía a dormir, pensé: "Bueno, ya pasó el día, no vino nadie a visitarme, mi sueño no se va a cumplir", creía en ese momento que podía engañar a la divinidad. Estaba equivocada. En pleno disfrute de mi engaño sonó el timbre del apartamento, sacándome de mis pensamientos, pensé: "esa es Yonita, seguro que quiere cambiarse de ropa o le quedó algo pendiente", me dirijo a la puerta y al abrirla casi me desmayo. Era Joel.

Estaba parado frente a mí, sonreía y yo quedé pensativa.

– ¿Cómo supiste que estaba aquí?

–Venía por la carretera y pude ver que estaban todas las luces del apartamento prendidas y supuse que estabas aquí, por ello decidí pasar, quería ver si habías llegado–respondió mientras entraba a la sala sin pedir paso.

¡No salía de mi asombro! Las luces permanecían apagadas, internamente di gracias a Jesús por sus enseñanzas y comprendí que no se le puede engañar, cuando él planifica algo en el cielo ya está dado en la tierra. Cuando él dice que algo se hace, no se puede dudar porque se hará.

Nos abrazamos dándonos el saludo y los buenos deseos por el nuevo año, esa noche fue maravillosa conversamos de muchos temas, él se abrió un poco a contarme sobre sus sentimientos y desde ese día estamos juntos ¡Jesús no se equivoca jamás! esa *Pequeña Mano Morena pero ¡tan grande!* lo diseña todo a la perfección.

Comenzamos una vida sin muchos planes, vivíamos en mi apartamento y Joel de vez en cuando se acercaba a su casa para compartir con su mamá, esos momentos yo los dedicaba a mis meditaciones y a conversar con mis guías ¡era maravilloso! avanzábamos juntos hacia un camino diferente, tenía una visión de la vida incomparable, conocí la vida de Joel, le costaba salir de la energía que le arropaba, aún salía con sus amigos a disfrutar bajo una cantidad de tramas enredadas, las cuales yo sabía, pero quería que él fuera el que decidiera cambiar por su propia voluntad, a veces le aconsejaba que saliera solo, que no estaba haciendo las cosas que le correspondía hacer, pero él no lo veía de esa manera.

Dios me preparaba para la gran prueba.

– ¿Quieres probar tu fe?

–Sí, tengo fe en ustedes y todo lo que digan lo haré– respondí.

–Regala todo lo que tienes, abre las puertas del apartamento regala todo, solo quédate con lo que realmente necesites.

Vi una película que me mostraba todo lo que debía hacer, esa videncia me sorprendió por varias razones, la primera era que no tenía un empleo fijo, Joel acababa de renunciar en el Banco y estaba buscando empleo, les pregunté: ¿cómo vamos a hacer para entregar todo? "Sólo confía en nosotros", respondieron.

Estuve varios días pensando sobre lo que debía hacer hasta que me fortalecí porque en mi corazón sentía lo correcto, esperé a Joel en la noche y cuando llegó le comenté lo que había decidido hacer, él respondió: "si eso es lo que quieres hacer, hazlo. Esas son tus cosas", no respondió muy seguro de lo que quería pero por lo menos ya había conversado con él, ahora me correspondía decirle a Yona lo que haría; con ella era más fácil, según mi parecer, lo que resultó diferente. No estuvo de acuerdo, me criticó, pensó que ahora si estaba volviéndome loca, me mantuve tranquila y serena, ya había tomado la decisión interna desde hacía mucho tiempo. Lo había decidido, le afirmé a Jesús que sería obediente a sus mandatos.

Avisé a todas las personas que conocía y un sábado por la mañana abrí las puertas de la casa y empecé a regalar todo. Fue una experiencia maravillosa, veía como las personas se peleaban por llevarse las cosas y ni siquiera era para disfrutarlas ellos, era con la intención de venderlas para sacar dinero, observé la actitud del ser humano ante esas situaciones y aprendí mucho de ellos.

Al llegar la noche le comenté a Joel lo que había experimentado, cómo se peleaban los amigos por alcanzar algo para venderlo, cuando la intención había sido regalar las cosas para quien las necesitara, estaban tan dormidos que no valía la pena decirles nada.

Al día siguiente comenzó a surgir la magia divina, llamó mi hermano para ofrecerme su apartamento en alquiler porque él se iba a vivir al Norte. Me sorprendí, conociendo a la familia le pedí que explicara bien su ofrecimiento, respondió: "bueno me pagas por estar aquí un poco menos de lo que se pagaría si lo alquilo a un extraño, si me adapto en Estados Unidos te aviso porque vendería el apartamento o si me tengo que venir te diría para que te mudes y me lo entregues de inmediato". Entendí que él buscaba ayuda pero el día que necesitara su apartamento utilizaría todas las herramientas para que se lo entregara sin importarle mis necesidades, a pesar de esto no le respondí inmediatamente, le pedí que esperara, le comentaría a Joel y le llamaría, era la mejor manera que tenía para saber los consejos de mis guías. Al terminar la conversación, escuché la voz que me guiaba decir: "Laura, acéptalo, es una oportunidad para ti también, múdate y al estar en Caracas tienes oportunidad de buscar otra cosa mientras tu hermano también lo hace, él se quedará haciendo una vida en el extranjero, y cuando te pida el apartamento te presionará para que lo hagas rápido, proponle a tu hermano que te mudarás si el contrato es por dos años, ya que por menos no vale la pena, y al terminar esos dos años le entregarás su apartamento". Lo hice de esa manera y lo aceptó, ya que él tenía que irse en dos días, y yo había sido su última jugada, para no dejar solo su apartamento, porque eso le generaría gastos adicionales.

Al día siguiente fuimos a buscar la llave, le entregué el único dinero que teníamos ahorrado, siguiendo las instrucciones divinas que para mí son perfectas, después de una lista larga de instrucciones, mi hermano entregó las llaves, nosotros decidimos mudarnos el fin de semana, tendríamos dos días para arreglar todo y venirnos a Caracas.

El día que pensábamos mudarnos no pudimos hacerlo porque murió la mamá biológica de Joel y quisimos acompañarle en su despedida terrenal, fue algo bien simbólico para nosotros, sentí ese día, que su mamá estaba realmente en paz. Unos cuatro meses antes, le pedí a Joel que fuéramos a visitarla y aceptara hablar con ella sobre lo sucedido, así el entendería más su vida, él me respondió que una vez había visitado a su mamá y ella le había querido contar pero él se negó a escuchar, respondiéndole que eso no era así, era algo que ambos debían hacer. Le insistí y aceptó, pidiéndome que lo acompañara a visitarla, además de conocerla ese día, escuchamos su versión, Joel supo en esa conversación quién era su padre, la conversación la terminó dándole gracias a Dios y diciéndonos: "ahora si me puedo morir en paz, siempre le había pedido a Dios que no me dejara morir sin decirle a Joel lo que pasó", ella se levantó de la silla, abrazó a Joel y luego a mí dándome las gracias por haberla ayudado a que se cumpliera su sueño, ella era una mujer muy espiritual y la vida le había enseñado el camino divino, era muy cariñosa y así le recuerdo. Para mí está era la razón por la que el día de su muerte sabía que estaba en paz. Dios la tenga en su gracia divina.

Al día siguiente del descanso de la mamá de Joel, nos mudamos para iniciar una nueva vida, pensando que todo mejoraría, sobre todo porque podía trabajar más tranquila sin tener que desgastarnos en el tráfico para llegar a la casa o salir de ella. A los pocos días de estar viviendo en la ciudad encontré empleo fijo con una empresa donde me nombraron consultora Jurídica, Joel encontró igualmente empleo en una institución. La situación comenzó a mejorar, sin embargo la relación con Joel no funcionaba muy bien por los patrones que él arrastraba, quería convivir en pareja pero su actitud era de un hombre soltero; sucedieron muchas cosas pero mis creencias me indicaban que era él quien debía querer vivir diferente, si yo intervenía en su cambio lo estaría manipulando.

Una amiga me invitó a pasar unas vacaciones en una ciudad cerca de la playa con mi hija, queda más o menos a ocho horas de la Capital, viajaríamos en automóvil y llegaríamos a casa de la familia de su esposo, me pareció ideal la oportunidad para despejar la mente y darle a Joel espació para que decidiera cómo deseaba vivir.

Planifiqué todo y un día antes de partir le comenté que me tomaría unos días de vacaciones junto a Yona, iría a casa de la familia de nuestros amigos, regresaría en una semana; todo estaba organizado para que él descansara de sus conflictos internos por nuestra relación; esa misma noche le escribí una carta donde le dejé bien claro que lo amaba pero no deseaba vivir en conflictos y le daba la oportunidad para que pensara cómo quería vivir, mi amor era tan grande, que solo deseaba que el fuera feliz, que compartiera con quien realmente lo deseaba y que hiciera la vida como a él le gustaba, mis condiciones de tener una pareja no era lo que estaba viviendo. Fueron líneas cortas invitándole desde mi amor a que reflexionara si deseaba estar conmigo o deseaba regresar a casa de su madre con quien tenía viviendo más de 20 años luego de su primer divorcio y así sería libre de realizar su vida a su manera.

Me fui a disfrutar de las vacaciones en caravana con la familia que me había invitado, llegamos en la tarde, nos recibieron con alegría, el hermano de mi amigo, era muy servicial y agradable, le gustaba mucho conversar, luego de compartir la nueva amistad, por el cansancio del viaje nos fuimos a dormir temprano, logré dormí un poco y como a la una de la madrugada, apareció una mujer de otra dimensión que no me permitió dormir más, ella necesitaba hablar conmigo, era una comunicación de otras dimensiones, insistió tanto que me levantara a escuchar lo que deseaba contarme, que no tuve otra alternativa, busqué ir a la sala para sentarme más cómoda a conversar con ella, empezó contándome que la había matado su esposo en esa casa, un día él había llegado con unos tragos demás y desde que entró habían peleado, él era extremadamente celoso y agresivo, ya en otras oportunidades le había dado golpes maltratándola pero esa noche fue diferente. Amenazó con matarla, ella toda temerosa buscó salir por la puerta detrás de la cocina que daba hacía el patio trasero, me pidió que la acompañara para explicarme como era antes la casa porque esta familia que la había comprado la había remodelado, me mostró donde estaba antes la puerta en la cocina y ahora se veía una habitación; mientras hablábamos las dos llorábamos, yo podía sentir el dolor y la tristeza que estaba reviviendo, me daba cada detalle de los hechos, también como estaba vestida en ese momento: con una camisa blanca y una falda cuya tela de flores era larga, apenas se le veían los tobillos, tenía el cabello largo, al verla a ella me di cuenta que tenía la misma ropa de su último día. Ella en su dolor acostumbraba a sentarse en un cuarto que me mostró donde solo había una mesita con una máquina de coser y una silla, en esa silla, permanecía casi siempre mientras experimentaba su soledad en otra dimensión, me contó que en esa misma silla, también se sentaba la esposa dueña actual de la casa, a llorar cuando se sentía triste por lo que experimentaba con su marido.

Me mostró toda la casa, dándome los detalles de lo que había sido remodelado y que era original, sentí que estaba en dos películas, podía ver tal cual era la casa antes de remodelarla y como estaba después de remodelarse. Al salir por una puerta me mostró que antes había un patio, ella salió por esa puerta y su esposo le había pegado con un palo por la espalda tumbándola en el suelo y siguió propinándole palazos hasta matarla, me señaló el lugar exacto donde había caído muerta, podía ver la escena del crimen, verla a ella tirada en el suelo con la camisa llena de sangre, mi dolor fue tan grande sentía pena por ella! Le pregunté qué quería de mí y cómo podía ayudarla, me tomó de la mano mientras respondía: "No puedes ayudarme, solo has permitido contarte mi verdad, pero si quiero que ayudes a la familia que estas visitando". Nos sentamos nuevamente en la sala, me pidió que hablara con el señor y le dijera que no podía seguir haciendo lo que estaba haciendo, su esposa lloraba en la mesa donde estaba la máquina de coser, se sentaba en la silla a descargar su dolor, él tenía que cambiar porque su esposa era una excelente mujer, me dio muchos detalles de su vida y trabajo, me pidió que apenas se levantará hablara con él, le dijera todo para ver si así le ayudábamos, me dijo que no dejara de creer, ya que no es fácil encontrar personas en esta dimensión que puedan hablar con ellos, al terminar le prometí que cumpliría con sus peticiones, le afirmé que jamás dejaría de creer.

¡Qué compromiso había adquirido! Tenía que cumplir con ella, estaba ahí por algo y ese algo estaba tomando forma, me quedé adormecida en el sofá hasta las 5:30 de la mañana cuando se levantó él señor, me saludó como si me conociera de toda la vida, invitándome a tomar café, lo acepté a fin de empezar a tener un poco de comunicación, para que fuera todo más fácil. Mi personalidad no es la de buscar que me crean, es solo decir lo que había escuchado y visto, comencé por decirle que sabía que en esa casa había muerto alguien, él se sorprendió, su respuesta fueron preguntas, ¿cómo sabes tú eso? ¿Quién te lo dijo? ¿Dónde lo escuchaste?, para calmarlo, le expliqué que yo podía hablar con las personas de otras dimensiones que están en otros planos, que la misma persona que había muerto fue quien me contó todo como había sucedido y por eso no dormí, ella había estado conmigo toda la noche, él me miró y dijo: "¡no creo en eso!". Le expliqué cómo había sido la casa, como había muerto y quien le había encontrado muerta, además le dije lo que sufría su esposa y por qué sufría. Conté toda la experiencia que había tenido, él quedó sorprendido, ¿cómo podía saber todo? y además era verdad. Me pidió que por favor no le contara a nadie porque no se sabía que en esa casa habían matado a una inocente mujer, no quería que su esposa supiera lo que él estaba vivenciando, él iba a cambiar su vida, tendría presente lo que le había dicho, su asombro fue tal que se metió en su habitación, no quiso hablar más en todo el día y no fue a trabajar, todos se preguntaban ¿qué le había pasado? Él jamás se quedaba callado, le encantaba compartir con la familia y juguetearse con todos, al verlo así, todos se preocupaban por su salud, pensando que se sentía muy mal.

Yo mantuve silencio sobre lo que habíamos experimentado, me sentía bien, de esa manera complacería a los involucrados, cada uno de ellos me había pedido que hiciera algo y yo lo había cumplido, lo demás era su trabajo.

Al día siguiente por la tarde me invitó mi amiga con quien viajé a que camináramos un poco, cerca de la casa había un parque muy lindo, en ese lugar podíamos meditar y percibir la energía que era hermosa, salimos al paseo como a las 5:30 de la tarde, para que el calor no nos afectara tanto, porque es una ciudad muy caliente; llegamos al parque, inmediatamente percibí su energía, era muy lindo, tenían una gruta con una imagen de la virgen, enfrente de la gruta había una banqueta de madera, lugar que elegí para sentarnos, primero rezamos el rosario y luego realizaba el agradecimiento diario, cuando apareció la presencia de luz.

Jesús estaba ahí, me bendijo y comenzó a impartir una enseñanza sobre las energías, su manejo y reconocimiento, me dijo que viajaría primero a Perú, luego a México, al superar una prueba viajaríamos a India, también me dijo que Joel llegaría al día siguiente sin avisarme, me estaba alertando para que supiera de su llegada, terminó diciéndome: "habla con él al llegar, lo traes a este mismo lugar y adviértele que si no cambia tendrá una experiencia difícil que deberá superar, él sabrá en ese momento quienes son sus amigos y verá su comportamiento, todo lo que él ha hecho mientras vivía contigo saldrá a la luz, tiene una oportunidad de cambiar, si no lo hace caerá en un proceso que deberá evolucionar, por algo que no ha hecho, pero de esa manera iniciara su cambio", recibí su amor infinito, su bendición y dejando el ambiente impregnado con su aroma de flores entre jazmín-rosas se retiró. Al regresar a esta dimensión me puse a llorar por lo que ya sabía, se lo comenté a mi amiga regresando a la casa, al entrar me fui a la habitación a conversar de la experiencia y a realizar las miles de preguntas que siempre le hacía a mis guías de luz.

Al día siguiente era jueves, ya teníamos varios días de viaje, cuando llegó mi amigo en compañía de Joel para darme una sorpresa, la cual en cierta manera lo fue, cuando inicié el viaje yo pensaba que él tomaría sus cosas y se iría a vivir a casa de su mamá, viviendo con ella podía hacer lo que él quisiera y nadie le pediría explicación alguna de su comportamiento, el haber viajado me indicaba que él quería cambiar y quizás no sabía cómo hacerlo. Nos saludamos y compartimos un buen rato con la familia, en la noche fuimos a caminar al mismo parque por un rato con la intención de conversar sobre nuestra vida y el mensaje que le tenía, Joel escuchó pero no comprendió que su cambio debía ser desde una intención verdadera y no tenía más tiempo, todo esto fue un proceso.

Mi amiga me dijo que si sucedía todo lo que lo había recibido en mensajes, me daría un diploma por mi gran conexión con Dios, lo que debía entregarme cuando fuéramos de viaje a Perú, hacia la magia de Machu Pichu, y así en dos meses cumplió su promesa tuvo que darme el certificado de conexión Divina al ver que todos los mensajes se hicieron realidad.

Viajamos juntos de regreso a la casa y nos incorporamos a nuestras actividades nuevamente, Joel había dejado de llegar tan tarde a casa, había modificado algunas costumbres; luego de dos semanas nos llamó desde México un amigo y el Maestro Esteban para invitarnos a que viajáramos a Perú para que compartiéramos el peregrinaje que se realiza cuatro veces cada doce años, conocido como kumbhamela o kumbh mela –, y ese año era interesante ir a Machu Pichu. Le dije inmediatamente que sí, que iríamos, ya este viaje me lo había indicado la divinidad y para mi estaba todo bien planificado, nos fuimos al encuentro con el grupo que acompañaba también otros Maestros, además de quien nos invitó, estuvo interesante, recibimos enseñanzas y experimentamos como grupo durante nueve días, para luego de haber realizado una limpieza espiritual y física nos fuéramos a Machu Pichu, donde nos quedaríamos un día más para disfrutar de ese mágico lugar, y luego regresamos a Lima para tomar el vuelo de regreso, porque debíamos cumplir con compromisos laborales, parte del mismo grupo continuó su viaje con el Maestro Esteban hacia el Lago Titicaca. Quizás en ese momento no comprendimos las bendiciones que nos brindó el Maestro Esteban con todas sus enseñanzas pero quiero que sepan que el tiempo me hizo comprenderlas y hoy en día lo bendigo y le agradezco que el formo parte de mi iniciación en este camino,… Gracias Esteban Dios te bendiga.

Al llegar a casa retomamos nuestras actividades diarias, entre el trabajo y las responsabilidades del hogar se pasaron los días volando, Joel unos días estaba bien y otros volvía a caer en sus rutinas terrenales ¡era todo un proceso!, pero yo sabía desde mi amor incondicional, que debía dejarlo decidir lo que deseaba en su vida, era su proceso.

Llegó diciembre y nos fuimos los dos a México, salimos el día 26 en la tarde, al llegar a la Ciudad de México D. F., me desvanecí, sufrí mareos y vómitos, razón por la que no pude disfrutar del todo, observaba a Joel pensativo, esto me decía que algo sucedía y no pasaría mucho tiempo en salir a flote. Tuvimos que cambiar el pasaje para regresarnos antes de lo programa y la fecha más cercana fue el 2 de Enero. Al llegar a la casa me sentía muy mal, pero no podía definir que era. Pasaron los días y sentía a Joel preocupado y alejado, hasta que me comentó que tenía problemas en su trabajo, les venían días difíciles.

El 2 de febrero, habían citado al Jefe de Joel a declarar, y Joel conociendo el sistema en solidaridad decidió acompañarlo; cuando nos avisaron que ellos irían a la citación, les advertí que no lo hicieran tenía presente los mensajes recibidos, sin embargo respondieron que no existía ninguna razón para dejar de ir, ese mismo día iniciaría la experiencia de Joel para su despertar.

Eran las 12:30 de la noche, cuando repicó el teléfono de la casa, Joel llamaba para decirme que los habían dejado detenidos a ambos, las razones dadas era que tenían un proceso de investigación. Viviríamos otras experiencias que romperían las capas de hierro que quedaban con el cincel del dolor, era una etapa anunciada que por el carácter de Joel, él se había permitido experimentar, estoy segura que Dios le anunció lo que pasaría con la única oportunidad de cambiar y actuar diferente, sino lo hacía tendría su proceso y esto fue lo que más me dolió, no había escuchado el mensaje divino que le advertía el desenlace final de sus acciones incoherentes. .

No comprendía porque no había escuchado el mensaje que se le había dado unos meses antes, Dios había sido claro y preciso sino cambiaba lo que estaba viviendo por sus amistades lo llevarían a una situación, y después al estar presente la misma, solo le quedaba experimentar el proceso y había que superarlo con fortaleza, no existía otra salida.

Al día siguiente fui a visitarlo donde se encontraba detenido pero como su abogada, no fue fácil entrar, ya que todos estaban con expectativas de cómo se manejarían las cosas, sin embargo pudimos verlo; cuando nos encontramos él me abrazo y lloró. En ese momento fui muy dura con él, le respondí.

— Ahora no debes llorar, reflexiona todo lo que has hecho y comprende que nuestras acciones nos generan procesos para cambiar, cuando te trasladen a los tribunales, nómbranos tus defensores que junto a otro colega que me acompañaba tomaremos el caso, ¡ahora debes ser valiente! así como tenías valor para andar con tus amigos y llegar tarde a casa en tu plena libertad sin valorar muchas cosas, así mismo debes ser valiente y afrontar este proceso— pedí las claves de todo lo que tenía y me retiré. Al salir el colega que me acompañaba comentó:

— Laura, tú si eres dura, jamás pensé que fueras tan fuerte—dijo mientras salíamos del lugar.

— ¿Quién ha dicho que el amor incondicional es suave?, él debe de asumir su responsabilidad, el mundo se rige por Leyes Universales y estas no fallan, al activarse muestran la fuerza y el poder de Dios, pueden ser por actos de otras vidas que se acumulan en ésta, pero las personas no creen en nada y la vida es para sanar y despertar en los estudios profundos de la Universidad de la Vida y aunque no lo creas todos estudiamos allí—repliqué. Al llegar a mí vehículo nos despedimos y acordamos vernos al día siguiente en los tribunales.

Fui a buscar las cosas de Joel que me pidió que retirara ya que las había dejado en la oficina donde trabajaba, el carro, el celular y su maletín, para llevarlos a la casa, comencé a estudiar el caso desde mi lógica legal y analizando lo que Joel me había dicho, pero no conseguía nada que pudiese dar indicios de nada, además solo estaban en proceso de averiguación.

Me dispuse a descansar, medité y me entregué a la divinidad, soñé con Jesús. Él me dijo: "Descansa, ten fe todo se solucionará, si Joel se perdona y comprende que debe cambiar todo será fácil, en 19 días él estará afuera"; este sueño me despertó, le di gracias a Dios por su mensaje. Me levanté a preparar la estrategia legal, quería ir temprano a los tribunales para ver quiénes eran los funcionarios del tribunal que llevarían el caso, además de esperar a Joel en la entrada cuando llegara a su presentación, estuve esperando en los tribunales un buen rato hasta que recibí una llamada de él donde me informó que no los trasladaban ese día al tribunal, me dijo que fuera a verlo, tomé mi automóvil y me dirigí al lugar donde estaba detenido, esta vez iba sola, esperaba en la sala de visitas que lo llevaran al salón de entrevistas, pensaba como había sucedido todo tan rápido, al verlo me abrazó y le respondí solo con todo lo que había analizado de la situación, no era un momento para involucrar mis sentimientos, le dije que debía cambiar y tomar una decisión firme, mientras le ayudaría a salir de esto pero él debía cambiar, lo demás, si continuábamos juntos o si él se iba no era importante, lo importante era su cambio y lo que pasaba entre nosotros lo hablaríamos después de solventar la situación, le pregunté los detalles de lo que había pasado y que suponía él que lo estaban responsabilizando, al terminar el tiempo establecido de visita debí salir, acordamos que él llamaría si lo trasladaban, le conté el sueño que había tenido, le dije que orara y se encontrara con él mismo – era la manera de sanar –, me retiré a mi oficina a trabajar.

A las cinco de la tarde llamó Joel nuevamente, para comunicarme que lo estaban trasladando a esa hora para los tribunales, me extrañó mucho que fuera a esa hora, pues no era lo habitual; tomé mi auto y me dirigí a los tribunales en compañía de su mejor amigo, así fue la rutina de traslados, la hacían tarde, varias veces intentaron trasladarlos a una cárcel y no los aceptaban, el proceso fue todo un desastre legal pleno de irregularidades pero enriquecedor. Finalmente cuando cumplía 19 días como investigado, había hecho su trabajo interno, salió en libertad y no pudieron imputarles nada, porque no había nada. Estoy segura que fue la prueba que debía él superar para su cambio, la *Pequeña Mano Morena pero ¡tan grande!*, había intervenido y saldaba la deuda que probablemente venía de otras vidas, por esta razón muchas personas que son privadas de su libertad y no han hecho aparentemente nada en esta vida, es porque son procesos de otras vidas que deben comprender, la justicia divina no falla aunque a veces tarda o se traspasa a otra encarnación.

A los dos días de su detención, era mi cumpleaños. No fue lo que yo esperaba recibir de regalo, me parecía una pesadilla, no fue nada fácil para mi ser la compañera de vida, debía perdonar muchas equivocaciones, también debía ser la amiga que lo comprendiera y lo aconsejara, además de darle fortaleza debía ser su abogada, pensar como profesional para poder ejercer su defensa dándole seguridad en lo que se ejecutaba como acciones legales diarias, buscando derrumbar la actuación del sistema judicial que violentaba para poder inculparlo; como si no fuera suficiente, también tenía que ser el ama de casa que debía llevarle la comida, la ropa, más todo lo necesario para sobrevivir, medicinas, libros, etc., adicional a esto ser la madre y cumplir todas las obligaciones que genera un hogar al tener una hija. No era nada fácil cumplirlas cabalmente a la vez, no podía darme el lujo de sentir un segundo por Laura.

Dios me dio la fortaleza y capacidad para cumplir todas las facetas, quizás no las cumplí satisfactoriamente, pero las cumplí, Dios me puso varios ángeles para ayudarme en este crecimiento hasta que finalmente culminó una primera fase alcanzando la libertad en el mundo terrenal, pero la profundidad del aprendizaje espiritual se vería gradualmente, muchas veces estos procesos dolorosos crean resentimientos que no permiten sanar y comprender su origen y razón de ser, ya que en el universo todo es perfecto y nada se escapa.

Al salir, Joel tuvo un tiempo de adaptación a una vida diferente, fue cambiando poco a poco, se manifestó más su cercanía a Dios.

En esta enriquecedora experiencia comprendí desde la práctica, que amar es permitirles a todas las personas observarse y cambiar en su espacio-tiempo y no en el nuestro, también comprendí que vendrían otras experiencias y que cada vez que avanzamos vienen situaciones diferentes para tratar otra parte de nuestro proceso del Despertar, como ya les he dicho antes, es semejante a una carrera universitaria, terminas un año y viene el otro, nuevas materias, profesores diferentes y rutinas con todo diferentes pero con un solo objetivo: ¡Graduarse!, igualmente es la Universidad de la Vida, cada experiencia cuando se reconoce tiene un solo objetivo: ¡Despertar!.

Creo que en este instante, llegó un cambio a nuestras vidas muy importante, se vislumbraba un panorama diferente, de una manera u otra tenía cada quien un aprendizaje que le había tocado el corazón para despertar; en nuestro hogar todo comenzó a girar de forma diferente, de pronto éramos más familia, donde Dios empezaba a ser lo primordial de nuestras vidas, todos unidos para orar, meditar y realizar prácticas espirituales alabando a Dios, nos llenábamos de paz y tranquilidad.

Como he explicado tantas veces, las experiencias se deben vivir a plenitud nutriéndonos de lo mejor de ellas, se evolucionan, pasan, y oportunamente llegan otras, que se vuelven a vivir con la misma o quizás con mayor intensidad, esa es la manera de crecer para «DESPERTAR».

Cada día se van fortaleciendo más los lazos internos, descubriendo que tenemos que integrarnos para ser coherentes y observarnos a nosotros mismos, cómo hablamos o gesticulamos, cómo nos movemos o expresamos, cómo son nuestras emociones y que percibimos con ello, cuando esa auto-observación es profunda logramos iniciar el cambio de todo aquello que no deseamos en nosotros, lo que no deseemos cambiar jamás lo haremos y pasaremos la vida tratando de hacerlo o justificándolo porque no lo hacemos, la primera decisión que debemos tomar es desde nuestra verdadera intención, el secreto es, querer hacerlo, cambiar nuestras debilidades y fortalecer nuestras virtudes.

Por esta razón quiero llevarlos tomados de la mano en el tiempo-espacio, para recorrer las experiencias que golpearon fuertemente la envoltura espinosa que me cubría, estas vivencias poco a poco me desarmaron, fui comprendiendo al ir transitando el camino, que ni yo misma sabía hacia donde me llevaría, solo fui armando el rompecabezas al ir comprendiendo su significado, lo que no está para nada relacionado con el tiempo-espacio que fueron experimentadas.

Hoy cuando me siento a escribir las escenas de mi propia vida, observo el camino del pasado, preguntándome una y otra vez cómo pude estar en un profundo sueño, sin ni siquiera saberlo. Dios mío, estabas presente, estabas presente en cada instante de mi vida, guiándome sutilmente con tú *Pequeña Mano Morena pero ¡tan grande!*. Y yo, profundamente dormida ni siquiera lo sabía, me protegiste todos estos años, para permitirme descubrir poco a poco tu existencia, casi cuarenta y tres años después lo pude comprender perfectamente ¡Qué grande eres!

Tengo tantas experiencias que contar que no terminaría nunca de escribir porque ya forman parte de mi vida diaria, estos aprendizajes. El propósito de esta enseñanza es que sepan cómo realicé cambios tan profundos, hasta llegar a comprender las reglas del juego de la vida, además de cómo me dirigí hacia el mejor camino para el despertar de mi conciencia, la única razón fue querer despertar y no deseaba ser más una persona inconsciente de la divinidad interna que poseemos. Aprendí lo que es el amor incondicional conscientemente y con el corazón abierto me acerqué a mi amado Jesús, comprendiendo cada vez mejor sus enseñanzas, inicié un cambio que evidentemente tiene un baile particular, son dos pasos para adelante y tres hacia atrás, para luego dar cinco pasos adelante, y quizás uno para atrás, –repetidas veces– creando el baile individual de cada quien; este es el danzar utilizado para progresar hacía el camino correcto, este baile dietro-front (para adelante y para atrás) es la razón que el proceso sea un poco lento, pero cuando decidimos internamente con firmeza y seguridad cambiar, y lo deseamos desde nuestra verdadera intención, ¡nunca más retrocedemos!, emprendemos entonces, un cambio nuevamente transformando la danza, en un solo baile armonioso dirigido al camino hacia la divinidad para nunca más retroceder; aprendí a escuchar a Dios, él me hablaba de una manera especial y todo con la finalidad de enseñarme para prepararme y discernir la sabiduría divina para darles este mensaje de apoyarlos en su despertar.

Mi vida cambiaba rápidamente porque discernía como era la mejor manera de apoyar a las personas para su despertar. Todo era un juego divino, mientras yo comprendía como hacer mejor mi trabajo, surgían personas que necesitaban aprender cómo debían ver sus procesos, esto me motivaba aún más a continuar el camino.

Cada quien debía entender que el despertar de la vida es individual, que no me incumbe decirles lo que ellos deben hacer, sólo debía explicarles que tenían que observar las acciones incoherentes que estaban ejecutando, lo que de una u otra manera produciría un resultado, si no cambiaban o corregían la vida; ya había comprendido por las experiencias vividas en varias oportunidades, que cuando algo iba a suceder, les podía llamar a reflexión, exponerles lo que percibía y orientarlos en lo que convenía corregir, pero evidentemente por los sucesos sobrevenidos, las personas no digerían su cambio, sólo esperaban la prueba anunciada. Todos dicen en el momento que conversamos que es verdad lo que les explico, pero no corrigen, es aquí donde comprendí que no podía asumir la consecuencia de los actos de los demás, y por ello debía permitirles a las personas que comenzaran a observarse y ver sus acciones.

Les pido reflexión en sus vidas, si ustedes no permiten que las personas que ejecutan la acción, sean los responsables y asuman sus consecuencias, entonces les costará evolucionar y cada causa va a ser más y más fuerte, hasta que lo comprendan... y por otra parte, ustedes realmente no les aman, porque no les dejan crecer internamente, recuerden el concepto de amor que escribí al principio:

"Es permitirles a las personas de nuestro entorno crecer, cambiar, desarrollarse, internalizar y evolucionar, en su tiempo, en su espacio y no en el nuestro, mientras tanto aceptar con paz interna, los defectos y virtudes que se manifiestan en las acciones diarias de todos los seres del mundo".

Un día pedí con todas las fuerzas de mi corazón a Dios que me permitiera liberar los karmas de mis vidas, mientras, yo prometía realizar mi cambio interno, dejándome guiar por los seres de luz que me acompañaban, trabajaría fuertemente en corregir conceptos básicos y estos lo sabía; verdad, lealtad, honestidad, fidelidad e integridad, primero en mí y para mí, de manera de tener el concepto interno fortalecido para poder enseñarles a las personas lo que había en mí, tenía que entender que si no formaba parte de mis cualidades internas, no podía transmitírselas a nadie y menos enseñarlas, este cambio lo iniciaría practicándolo y observándome, luego lo pondría en práctica en mi hogar; definitivamente quería ser luz en mi hogar interno para irradiar desde ahí hacia afuera, si lograba hacerlo, podía entonces ir a India, para estar en la presencia de sus sagrados pies de loto.

Después del aprendizaje con Joel, al ser liberado, comencé a profundizar las enseñanzas de Sai Baba, para comprender el verdadero mensaje de amor que transmitía a través de su misión, el cual no era diferente al que Jesús nos dejó como legado para la humanidad, aunque muy aferrada mentalmente pensando que nadie lo sustituiría porque esa era realmente mi verdad, solo JESUS tenía cabida en mi corazón, mi creencia al respecto era que su amor era imposible de ser sustituido por nadie, sin embargo era el mismo mensaje divino pero con otras palabras sencillas, me gustaba mucho lo que Baba señalaba: "No vengo a formar otra religión, he venido a enseñarles verdaderamente desde el corazón la religión que cada uno profesa". Este mensaje me enamoró. Él manifestaba que si eras católico fueras practicante de tú fe, que diéramos el ejemplo desde la práctica de la vida diaria, sabía que muy pocas personas lo hacían. Comencé a recibir lilas (juegos divinos) de Sai Baba, entre unos y otros me alimentaba de su hermosa enseñanza, como consecuencia inicié amistad con personas devotas de Baba o que por lo menos lo conocían, porque el camino se va construyendo, solo hay que seguirlo, y el secreto es querer, estar y permanecer en él.

Entre comprar y albergar libros de Sai Baba para el aprendizaje, llegó a mis manos uno necesario para mí, "**Sai Baba, el Hombre Milagroso**", de Howard Murphet. Recibir este libro y quedar inmute fueron dos cosas iguales, esa foto con esa cara joven de Sai Baba me trajo de inmediato recuerdos, regresé a la época en que viví en Inglaterra, cuando estuve en el Hospital de Mujeres de Liverpool, año 1974 cuando había estado hospitalizada, esa era la misma cara del médico que me visitaba en la mañana muy temprano, aquel que me hablaba muy poco, también me esforcé en recordar todas las veces que lo había visto, en el apartamento sonriéndome, así como también en varios sucesos de mi vida, era el hombre del que me había embelesado y por ello me encantaba todo lo Hindú, lo veía con frecuencia pero no sabía quién era, ¡Por Dios qué dormida estaba! Casi 24 años después supe que él estuvo siempre conmigo, era la voz que me llenaba de fe, era la cara que me sonreía cuando estaba triste, las manos que me sostenían cuando me caía, como lloré en sus hombros sin saber quién era. Swami, Swami, Swami... Llenaste mi corazón de fortaleza y comprensión ¡ya no me quedaba dudas que era él!, abracé el libro y lloré hasta que me dormí.

Soñé que Sai Baba llegaba a la casa

—Vas a venir a mi como me pediste con Joel y Yonabeth, prepara todo, vendrás, te daré todo para que puedas hacerlo, has comprendido el camino que tengo para ti y has mantenido tu amor hacia Dios tan firme, eres valiente, has adquirido sabiduría, tendrás este viaje, es un nuevo camino que emprenderás, ¿lo deseas?– pregunto.

— ¡Sí, Baba, lo deseo! —afirmé con el corazón. Mientras lloraba le pregunté– ¿Por qué no me dijiste antes que eras tú?

—Siempre lo supiste, pero hoy es cuando te llamo a mí, recuerda que nadie viene a mí, sino lo llamo, y recuerda también, que si es llamado y no viene no es atento al llamado divino, porque el llamado del Avatar hay que respetarlo, sin embargo la Ley del Libre Albedrío es para toda la humanidad—respondió.

Desperté, comencé a recordar tantas situaciones, llegó a mi mente una que había superado tiempo atrás, estaba muy triste, tenía muchas incertidumbres, eso fue a los pocos meses de haber salido de la Cárcel de Mujeres, iba en mi vehículo pensando con la mente de mono, loca, triste y confundida, cuando vi pasar un carro al lado del mío, observé como en cámara lenta, vi al conductor, ¡ahí estaba nuevamente él!, ese hombre hermoso, de apariencia hindú que me movía el piso, inmediatamente lo quise seguir, pero desapareció, lo busqué por todas partes y no lo conseguí, ni siquiera lo veía desde lejos, ahora comprendía que era él, no podía ser más nadie, solo él.

A los pocos días oigo esa maravillosa voz que me insiste.

– Vienes a mí, vas a venir a mí.

– ¿Swami, eres tú?

–Sí. Soy yo.

Al estar segura que era él le reafirme mi deseo de verlo.

–Quiero ir a ti pero sabes deseo ir en compañía de Joel y Yonita y por ahora no tenemos los recursos para ir todos.

– Así se hará, es tu regalo.

Ya no dudé más que íbamos todos, lo que no dije pero si pensé era que hubiese pasado en tan corto tiempo.

Conversé con Joel para ir indagando sobre todo lo necesario para realizar el viaje, el costo de los pasajes, preguntarle a las personas más preparadas que nos pudieran orientar sobre los requisitos que debíamos cumplir; así fue transcurriendo todo y al poco tiempo me dice Joel: "Conseguí un restaurante de comida hindú en Sabana Grande, la comida es exquisita", quería llevarme para que conociera esta alimentación tan aromática y así podríamos averiguar más sobre el viaje.

El sábado nos levantamos con la intención de almorzar en el restaurante hindú, al llegar nos atendió una persona muy gentil, pero poco era lo que hablaba, sin embargo le preguntamos sobre el centro Sai Baba, a lo que nos indicó que funcionaba cerca del restaurante, ¡era el lugar perfecto para lo que queríamos conocer!, al terminar el almuerzo esperamos hasta que abrieran, recibiéndonos amablemente nos pidieron que por favor dejáramos los zapatos en un lugar en la entrada y pasáramos descalzos al recinto para sentarnos, al entrar nos indicaron que los hombres a un lado y las mujeres en otro, Joel tomó una silla y yo tomé la del lado contrario, al sentarme observé curiosamente y quise preguntar ¿Por qué las mujeres y hombres se sentaban separados?, pero no tuve la oportunidad. Empezaron las actividades con unos cantos que no entendía pero me gustaban, eran tan conocidos sin haberlos oído antes, al terminar informan que los interesados en viajar tenían que asistir a una charla el próximo sábado. Terminó todo y nos retiramos, acordando junto a Joel que asistiríamos la semana siguiente para la charla.

En la fecha acordada y puntualmente, llegamos al Centro Sai Baba, la charla no cubrió nuestras expectativas, sin embargo esta cadena sirvió para conocer a un ángel, que hoy día es mi amiga y lo ha sido en muchas vidas, María Isabel, Dios te siga iluminando, Sai Baba te guíe por siempre el sendero correcto que debes de recorrer para tu despertar. Acordamos con ella vernos en la agencia de viajes para más información. Todo Swami lo coloca en orden divino para que se cumpliera su llamado.

Había Joel avanzado en toda la investigación necesaria para tener nociones básicas, a donde viajaríamos y en qué grupo iríamos, era el momento ideal para decirle a mi hija que estábamos preparando viaje a India, nosotros estábamos organizando todo y ella sólo tenía que pedir permiso en la Universidad para faltar a clases unos días en el mes de Enero, ya que le correspondían las vacaciones navideñas y solo debía tomarse unos días para regresar a clases un poco más tarde, ella enseguida respondió que era imposible, tenía que regresar pronto por los compromisos en el hospital, iría pocos días sólo por complacerme, pero no podía faltar a sus actividades universitarias, alegaba que la inasistencia académica le podía traer retardo para cumplir los requisitos de su graduación, se justificaba con todos los pretextos necesarios para viajar pocos días, en el fondo la verdad era que no quería dejar solo al novio —sentimientos muy normales para su edad–, acordamos que ella viajaría por diez días nada más, esa fue su decisión, sin embargo, Joel y yo le comentamos en varias oportunidades que Dios hace todo perfecto, algo pasaría que no tendría clases que se podía tomar unos días, pero como era de esperar no nos creyó, le advertí varias veces: "Sé que pasará algo que favorecerá la estadía en India, no tendrás problemas en regresar con nosotros en enero, algo sucederá que las clases se pospondrán, cree en lo que te digo". Pero era tan terca, terminaba respondiéndonos: "Olvídalo las clases siempre empiezan en la fecha establecida, no tengo permiso para faltar, si me voy regreso el 25 de diciembre, ¡ni un día más!", al ver su terquedad le pedí a Dios paciencia y amor hacia ella, arreglé todo para que regresará en esa fecha, total, yo sabía que esa era su experiencia y no la mía.

Dos noches antes de partir, sueño que habíamos llegado a Mumbay, estábamos en el aeropuerto esperando abordar el avión para irnos a Bangalore, yo estaba llamando para hablar con mi mamá, con la idea que tuviera noticias de nosotros que todo iba bien y ya habíamos pisado tierra en India, mamá al contestar el teléfono lloraba y estaba triste, decía hubo un desastre aquí, muchos muertos, gente extraviada, "¡Tienes que regresarte!", eso lo repetía varias veces, hasta que me desperté del sueño. Al levantarme en la mañana, le cuento a Joel y a Yonita del sueño, estaba segura que algo pasaría, Swami sabría como resolver todo, ya teníamos las maletas listas, se había acordado con el grupo que llegaríamos temprano al aeropuerto, con la ayuda de Swami, todos estaríamos al mismo tiempo para abordar oportunamente el avión, ya que el clima presentaba alteraciones por lluvia; a pesar de todo, el clima nos favoreció permitiéndonos despegar a la hora establecida, todo el viaje fue armonioso, hasta llegar a Mumbai, estando ya en el aeropuerto, decido llamar para avisar que ya estábamos en India, ni siquiera recordaba el sueño que había tenido, quería decirle que todo estaba bien...responde la llamada telefónica mi mamá, ¡llorando cuenta sobre el desastre de Vargas!, había sucedido un deslave ocasionado por las fuertes lluvias, se derrumbaron casas, calles, y avenidas quedaron totalmente tapiadas, no se sabía cuántas personas habían fallecido, no se explicaban como el avión donde viajamos despegó, ¡fue el último en hacerlo!, arreciaron las lluvias obligando a suspender los vuelos siguientes, fue una verdadera tragedia lo sucedido en Vargas, le quise dar fortaleza, pero poco podíamos resolver, además que ya me habían mostrado el suceso, estaba muy clara, cuando esos eventos eran anunciados era por algo, me despedí diciéndole que le volvería a llamar, así que continuamos nuestro camino para llegar a Prashanti Nilayam, como destino final en este viaje.

Después del recorrido obligatorio que finalmente nos permitiría llegar al Ashram (Morada de la Paz Suprema), junto al cansancio y el hambre, compañeros inseparables del viaje, pisamos las tierras sagradas de Bhagavan Sri Santhya Sai Baba. Todo lo que observaba era hermoso. Se nos esfumó cualquier malestar producto del viaje, para comenzar a disfrutar la llegada al cielo, en la tierra, a Joel y a mí nos complacía profundamente, pero a Yonita se le notaba el desánimo, el mal humor, mezclado con cansancio y hambre, sin embargo yo sabía que en el fondo estaba feliz porque ella admiraba la cultura hindú.

Al entrar al Ashram resolvimos lo pertinente para la ocupación del pequeño y armonioso apartamentico donde estaríamos por un mes aproximadamente. Nos ubicaron en un segundo piso; como vecinos teníamos a una familia que compartía el grupo con nosotros desde que salimos, fuimos juntos a buscar lo necesario para alojarnos y descansar, pues al día siguiente, a las tres y media de la madrugada, debíamos levantarnos para comenzar a conocer las actividades de rutina y asistir al Mandir para el Dharshan, con la emoción de ver por primera vez a Sai Baba.

Pudimos llegar de primeros y compartir la fila que armoniosamente se va formando para las mujeres y hombres que entran al Mandir o Templo para alabar a la divinidad —al terminar salimos para dirigirnos al lugar donde se recibe la bendición— nuevamente realizamos otra fila para entrar, allí conseguimos algunas de las personas que viajaban en nuestros grupo y nos explicaron que teníamos que hacer nuevamente la fila y una vez estuviéramos dentro, sobre todo guardar mucho silencio, estuvimos en la espera como una hora aproximadamente, la vibración era tal que para mí fueron pocos minutos, mi corazón latía aceleradamente de la emoción, cuando comenzó la música que anunciaba que Sai Baba estaba por salir al Darshan. Ahí estaba él. Lo vimos entrar, una inexplicable maravillosa y celestial experiencia, que solo se comprende cuando se experimenta estar a los Sagrados Pies de Loto de Sai Baba, no hay palabras que puedan encontrarse para explicar lo que se experimenta, es particular de cada quien el momento, estábamos maravilladas mi hija y yo, cuando Yonabeth sintió el resplandor de su energía, porque Sai Baba pasó muy cerca de nosotras, la movió de tal forma que mi hija se volteó y al mirarme con el rostro totalmente cambiado, lleno de amor y paz, con lágrimas en sus ojos, pidió disculpas por su comportamiento malcriado durante todo el viaje, agregó: "es inexplicable lo que sentí al ver a Baba". ¡Es una experiencia única!, me tomó de las manos, me dio las gracias por ese regalo que le habíamos dado y desde ese día ella también está a los Sagrados Pies de Loto de Sai Baba, recorriendo su camino para evolucionar dentro de su crecimiento interno, creo que esto explica lo que se siente al ver a Baba, una energía de amor verdadero, paz, gozo, amor eterno, amor interno, inexplicable por la palabra del hombre y su única finalidad es que nos acerquemos a lo que él representa en la tierra, a Dios.

Nuestra experiencia en India estuvo llena de regalos, Swami diariamente me hacía lilas, los primeros días, aunque no lo entendí así, tuve una gripa fuerte que me movió las emociones, comencé a sentir el mundo terrenal de las personas que estaban en una experiencia mística, se desbordaban los egos espirituales, los invitaba a rezar el rosario en acción de gracias a la Virgen porque somos católicos y Baba nos dice que practiquemos nuestra religión, pero sentía lo que pensaban cuando los invitaba a rezar, "está loca pide algo que aquí no se hace, —se hacen mantras con el japamala— el rosario hindú". Entré en shock, estaba muy consciente de lo que decía Baba, él nos quería enseñar a ser verdaderos practicantes de nuestra religión, respetarla, amarnos como lo dice Jesús en sus enseñanzas, cumplir con las costumbres de nuestra religión católica y yo observaba que no había interés en hacerlo. Las personas al llegar a India prácticamente querían convertirse en hindúes, el ego no los dejaba avanzar, eso produjo una fuerte reacción en mí, me desanimé, no comprendía que estos maravillosos seres espirituales estaban tan dormidos en los pies de Swami, estaba consciente que no somos hindúes, si Dios lo hubiese deseado así, hubiéramos nacido en India y no en otra parte.

Un día en meditación profunda, hablé con mi amado Maestro Jesús, quizás tenía seis días en la habitación sin salir, pedí orientación, guía, paz a mi corazón, no podía ir al Darshan a sentarme en el suelo por mis problemas de salud, las personas que conocía un poco más las rutinas del Ashram, lugar donde nos hospedábamos para meditar sabían los movimientos que se podían hacer y me aseguraban que era imposible conseguir una silla dentro del Darshan, así que no me quedaba otra salida que la de hablar con Dios: "Señor, tu sabes que no puedo sentarme en el suelo, mi salud no lo permite, consígueme una silla, también te pido que me hagas comprender, si yo te amo tanto por qué estoy aquí con Sai Baba. Nunca te abandonaré, Jesús, eres lo más grande en mi vida, en ti confío", le pregunté lo que me salió desde el corazón: "¿Qué hago yo aquí? ¿Por qué a las personas les falta tanto amor y sólo dejaban ver sus egos? Ellos habían estado varias veces en India, eran conocidos como espirituales, muchos orientaban espiritualmente a personas, dictando cursos y talleres, quizás hasta conferencias, pero yo los veía dormidos ¿Por qué observaba eso? Es que las personas que vienen aquí no están despiertas, como yo pensaba, ¿donde está el amor incondicional de ellos?, adicional a esto, el verbo no lo manejan adecuadamente, siempre la intriga, los comentarios y las discusiones, Señor oriéntame, estoy confundida".

En ese momento siento la presencia de mi Amado Jesús, apareció en la habitación donde estaba elevando mis plegarias, jamás lo había visto vestido de esa manera, con la túnica blanca y la cabeza tapada con el manto igualmente blanco, se sentó en el piso al lado de la cama donde estaba, sentí su presencia como jamás la he vuelto a sentir, me bendijo, pausadamente comenzó a responder cada una de las preguntas, me dio orientación en lo que debía hacer en la mañana a primera hora para entrar al Darshan y sentarme en una silla, también dijo que no viera el entorno terrenal, sólo recibe todos los regalos que tenemos para ti, estaba ahí porque él lo quiso así: "Aceptar es una virtud, lo bueno y lo malo, es sabiduría, las personas están dormidas, es cierto, pero todas van a encontrar su camino, con la única finalidad de alcanzar su despertar y cada uno tendrá su momento, como lo tuviste tú, despertar es un merecimiento de muchas vidas ¡compréndelo! igualmente se debe respetar la Ley de Libre Albedrío, recibe el bienestar espiritual y acéptalo con amor, tú estás en tu proceso, ellos en el suyo", de pronto dijo: "me voy, ya viene tu esposo", estas últimas palabras me resonaron, porque yo no estaba casada con Joel, vivíamos juntos y por eso me asombró, leyó mi pensamiento que negaba estar casada con Joel, cuando afirma nuevamente: "Es tu esposo, ya llega, te bendigo en amor".

Al regresar al plano terrenal, veo como se mueve un gancho de ropa que estaba colgado detrás de la puerta, no tenía por donde entrar la brisa, esta señal me indicaba que había estado realmente conmigo, de inmediato toca la puerta Joel dije dentro de mí, ¡es verdad, él estuvo aquí! Me llené de gozo, comenté con Joel la experiencia hermosa que desbordó mi corazón de amor, le conté la razón por lo que tenía varios días sin salir y que era lo que no entendía, Jesús me lo aclaró, lo que reservé y no le comenté a Joel fue lo que había anunciado cuando me dijo "tú esposo". Al verme de mejor ánimo, Joel me invitó a pasear hacía el árbol de los deseos, ya más animada por mi encuentro divino acepté, fui con él a conocer el lugar, era mi primera salida fuera del Ashram, Joel como buen investigador, había inspeccionado toda la zona, lo que no me cruzó por la mente, era que ya iba a empezar a recibir más regalos, en ese momento nos sentamos a disfrutar la tranquilidad del lugar, en la piedra donde se encuentra el árbol del deseo, se acerca Joel con toda la formalidad que le gusta utilizar en los momentos serios de su vida, tomó mi mano y me pidió que nos casáramos, me dio un anillo de compromisos y agregando en su estilo jocoso, dijo: "te doy una semana para pensarlo", lo que me hizo reír muchísimo, le respondí acepto tu propuesta, nos casaremos al llegar a Caracas, le besé demostrándole mi aceptación total y le aseguré que en unos días le diría cuando nos íbamos a casar, lo que no sabía era que esa *Pequeña Mano Morena pero ¡tan grande!*, tenía ya todo dispuesto.

Al llegar a la habitación, le conté a Yonita y a la hija de una amiga de Venezuela muy especial y consentida por Baba que estaba viviendo en India en ese momento, ella había suspendido sus estudios de medicina para estar un tiempo en el Ashram, por eso tenía algo en común con Yona, que las hizo compartir las actividades, al escuchar las dos la petición que me había hecho Joel, al mismo tiempo gritaron ¡Qué bien! Nos felicitaron y comenzaron a juguetearse con nosotros para convencernos que saliéramos a comer para celebrar la noticia y así lo hicimos.

A la mañana siguiente después que se fueron Joel y Yonita, le pedí a Dios que me acompañara de la mano para ir al Darshan, elevé plegarias para que me enseñaran la entrada que Dios me iba a poner para encontrar una silla, así que me aferré de esa *Pequeña Mano Morena...* *pero ¡tan grande!*, dije: "acompáñame Señor, tu eres el único que me puedes guiarme, caminaré con seguridad hacía ti". Al salir encontré una señora hindú, al querer preguntar, sin mencionar palabra indicó que le siguiera, guiándome hasta la entrada, parecía que estaba esperando, ella me acompañó hasta la puerta de entrada y me señaló con su mano sin emitir una palabra, que me sentara, mostró unas sillas donde estaban sentadas unas señoras, al entrar les pregunté, sí podía sentarme, respondiendo que sí, al poco tiempo llegó una seva para pedirme que saliera, le expliqué en mi mal inglés la imposibilidad de sentarme en el suelo, una señora italiana que escuchaba se acercó para ayudarme a traducir al inglés y así ampliar la explicación, respondiendo la seva solo con un movimiento de cabeza que afirmó mi ingreso y se retiró; a partir de ese día hasta que regresé a Venezuela, siempre tuve la silla a disposición y la misma señora me esperaba en la entrada del edificio donde estaba hospedada y me llevaba hasta la entrada donde se veían las sillas, ¡así lo tenía previsto Sai Baba!, es especial en sus regalos para todos nosotros, a cada quien le da lo que necesita sea bueno o difícil, mi joven amiga me pregunto que si sabía quién era la señora que me acompañaba, le respondí que no pero que cuando la viera le preguntaría el nombre, al verla al día siguiente en la mañana le pregunté su nombre, respondiéndome: "Soy Eswarama"; al encontrarme nuevamente con mi joven amiga le di el nombre, me comenta que eso es imposible, así se llama la mamá de Baba, ella está muerta, agregó: "Vamos a buscar una foto de ella para que la veas", salimos a caminar hacia la librería Sai y al ver la foto, sin que me dijera nada la señalé y le dije que era ella, mi amiga quedó impresionada, luego le comenté que yo no sabía distinguir cuando era alguien muerto o vivo porque los veía tan real que no los diferenciaba.

Pasaron algunos días y siempre recibía regalos, vibhuti, dulces, fotos de Sai Baba etc., lo que no sabía era que recibiría uno de los tantos regalos maravillosos que podía darme Sai Baba en India. El 24 de diciembre, estaba en el Darshan de la mañana, cuando se acerca una persona que no conocía, no sabía quién era y me entrega un pase especial para las actividades del 25 de diciembre, entrada para personas VIP, cuando leo lo que decía el ticket, lo devuelvo a la señora que me lo estaba entregando, sólo diciéndole que no era para mí, le explico en mi mal inglés que estaba equivocada, yo no era una persona VIP. Su respuesta fue: "Eres de Venezuela". Respondí que sí. "Bueno esto es para ti", dijo y me lo devolvió, pegándomelo en el pecho, ella de inmediato siguió su camino sin mirar para donde yo estaba, se me perdió rápidamente de vista, me dejo pensativa ¿cómo sabía ella que yo era de Venezuela?, pues yo no portaba ninguna insignia que me identificara. Salí emocionada a contarle a Joel, le mostré el pase pero en el fondo tenía cierto miedo que no fuera para mí, creo que es normal sentir estos temores cuando sabemos que estaremos tan cerca de la Divinidad.

El 25 de diciembre llegué al Darshan, me coloqué el pase colgado en mi cuello y caminé al encuentro con la verdad, me permitieron pasar sin hacer la acostumbrada fila para el ingreso, me dirigí directo a la zona señalada por la tarjeta azul que tenía, toda temerosa esperaba que en cualquier momento me dijeran: "Sai Ram, Sai Ram... salga, estas equivocada, cámbiese de lugar", para evitar esto esperé mejor que me dieran el visto bueno y me indicaran donde me permitirían sentar, para mi mayor felicidad me ubican en la primera fila, del lado izquierdo, justo frente de la silla donde se sentaría Sai Baba. Mientras llegaban las demás personas los saboteos mentales decían: "te van a sacar, esto es una equivocación", al ver una seva cerca, pensaba que venían a sacarme. Así pasé un tiempo hasta que decidí voltear a ver si alguien conocido estaba cerca, cuando veo como ocho filas detrás de mí, a María Isabel, con el lenguaje mundial de las señas, preguntó si era correcto estar ahí, solo sonrió asintió con la cabeza y me tranquilizó.

Se llenó el Darshan con todas las personas que habían asistido para las celebraciones decembrinas, todos en la espera de ver pasar a Sai Baba, iba a estar tan cerca de él, que me parecía mentira, pedía internamente a Baba: "¡muéstrame tus ojos Baba, por favor te lo suplico, déjame ver tus ojos de cerca!, quería detallarlos, era el recuerdo más vivo que tenía en mi mente de esa mirada hace tantos años del médico en Inglaterra. Aquí Baba jugó conmigo, primero lo tuve tan cerca que podía ver su rostro, pero nunca le pude ver los ojos, en su juego cerraba los ojos cuando estaba cerca, cerraba los ojos o volteaba la cara de repente, hoy comprendo que fui tan necia, como pretendía comparar lo incomparable.

Estuve tan cerca de Sai Baba, tan cerca que pude ver como materializaba una cadena que le regaló al director del coro, también lo vi materializar vibhuti (cenizas sagradas) para dárselas a una señora que formaba parte de nuestro grupo, lo vi pasearse frente a mí una y otra vez como una mariposa, sin poder tocarlo, y lo más curioso no pude verle los ojos, luego entro al Mandir con su túnica color naranja, al poco tiempo se asomó al balcón y casi me desmayo. Salió con la túnica blanca, lo vi en el balcón parado mostrándome doble rostro, pude ver a mi amado Jesús, luego a Sai Baba, y otra vez a Jesús y así cambio varias veces. Mis ojos derramaban lágrimas tal cual un manantial. Mi corazón saltaba lleno de gozo, esa paz que ninguna mente humana puede comprender, sentí como me cubrió por completo con su inmenso mar de amor, este instante de mi vida jamás lo olvidaré porque fue el mismo instante en que descubrí el porqué estaba en ese lugar, en India. Todas las sensaciones se fusionaron para tener consciencia, que eso es el amor incondicional del padre hacia su hijo, desde ese instante miré con otros ojos a Bhagavan Sri Santhya Sai Baba, lo conocí mucho más joven cuando se me presentó en la primera oportunidad, me pregunté si era un juego más de él, dije: "no entiendo, explícame mejor Swami", me quedé paralizada, era como si se repitieran, las experiencias, en un momento veía a Baba y en otro a Jesús.

De esta manera terminó la actividad celebrando la Natividad del señor, de lo demás realmente recuerdo poco, hasta que salimos del

Ashram. Me dirigí al cuarto a procesar lo sucedido, con el corazón grandísimo pleno del amor de Dios, comprendí que Jesús me quería ahí, era Baba y Baba era Jesús, los dos vienen de una misma fuente ¡Dios! La Fuente única.

A mediodía, me invitó Joel a almorzar fuera del Ashram, en un restaurante que tenía en la entrada una librería, nos desviamos entrando primero a la librería, cual fue mi sorpresa cuando veo una foto de Swami, grande, pero sólo era su rostro, le podía ver los ojos perfectamente, hasta las líneas de expresión, escuche cuando la voz interior, dijo: "Querías verme la cara de cerca, detallar mis ojos, pues te la regalo, para que siempre la puedas ver", le pregunto al señor encargado de la tienda, quien era el que vendía los artículos, que por favor me diera una foto igual a esa, y me respondió: "No hay más es la única y no se vende, hablare con el dueño a ver si quiere vendérsela", al decir esto observo al dueño, y con movimiento de cabeza dio su aprobación, le indicó al vendedor que lo hiciera, mi corazón volvió a latir fuertemente al tener el rostro de Swami en mis manos para siempre, ¿saben qué? descubrí la misma mirada del médico de Inglaterra, esta es otra respuesta más del tiempo, que me hizo ser su discípula admiradora.

Todo llega en su momento, cuando debe ser, no cuando queremos que sea, sólo hay que aprender a tener paciencia, fe y constancia, también pude vislumbrar, que cada uno debe descubrir su verdad. Gracias Swami, cada día mi amor hacia ti, es más eterno.

Siguieron pasando los días en el Ashram llenos de regalos diarios de Swami, hasta que una mañana, mi joven amiga nos dice que comentó a un sobrino de Swami, de nombre Padma, que Joel me había pedido matrimonio, él quería vernos a las seis de la tarde, a esa hora en punto debíamos estar frente de la casa del sobrino de Baba...Al llegar él nos atendió y sólo nos preguntó la fecha de nacimiento y los nombres, nos recomendó regresar al día siguiente después del Darshan, a la misma hora, nos daría la respuesta de Baba en referencia a la boda. Sin falta a la hora indicada estábamos en su casa, después de saludarnos, Padma nos mira sonriendo y dice: "Baba, permite el matrimonio, la fecha auspiciosa es el 13 de enero del 2.000, a las 08:00 horas de la mañana, pueden casarse por el ritual Hindú o por el Védico, lo que deseen", nos explicó como era el matrimonio, luego agregó que él se encargaría de todo, nos regalarían todo, indicó solamente como debíamos vestirnos. Por otro lado yo no salía del asombro, el Pandi de Swami – quien es el que hace los rituales en el Ashram –, le fue encomendado realizar la boda, solo pidió puntualidad, nos orientó en lo que es el matrimonio hindú y el comportamiento que deben tener las personas al aceptar el matrimonio, insistió: "No es el matrimonio lo que da estabilidad, es la actitud de ambos, ya no son dos son uno, ya no pueden expresarse como yo, o tú, ahora serán nosotros", salimos sorprendidos pero muy alegres, se había cumplido la misión encomendada por Sai Baba, además curiosamente ese día, se cumplía la semana que Joel me había dado para que le dijera la fecha de boda, así que el 13 de enero del 2000, a las ocho de la mañana contraíamos matrimonio bajo el ritual hindú, todas las personas cercanas a nosotros y a Swami participaron en la boda, ese fue el día que he visto a mi esposo más lleno de amor por Swami, sus ojos brillaban como nunca jamás se los he visto a ninguna otra persona, veía a Sai Baba manifestarse en ellos, se lo comenté muchas veces en el transcurso del día que admiraba el brillo de sus ojos, también le comenté a mi esposo que había visto a su madre que está en otro plano, nos había acompañado ¡Estaba muy feliz! Él me respondió, que la había sentido también, había recordado que ese día ella estaría cumpliendo dos años de haber trascendido, me tomó por sorpresa pues no me acordaba de la fecha, entonces le respondí "Baba eligió este día para que estés feliz y no tengas tristezas en tu corazón", desde ese día hasta la presente fecha, cada vez que medita u ora sus ojos brillan enormemente ¡Gracias Swami por darnos tantos regalos! eres el mejor anfitrión del mundo, nos das amor eterno.

Para concluir con el viaje a India de Yonabeth, ella quiso cambiar el pasaje para viajar a Venezuela de regreso con nosotros, pero con lo sucedido en todos los vuelos eran un verdadero desorden, le fue imposible cambiarlo, así que con mucha pena tuvo que regresarse el 25 de diciembre luego de las festividades, perdiendo así muchas oportunidades de compartir con Baba y estar en nuestra boda, todo por su malcriadez, además de vivir la experiencia de viajar por cinco días, para llegar a la casa pernoctando en varios aeropuertos, pues el de Maiquetía estaba cerrado, nuevamente ella asumía las consecuencias por sus acciones.

El día antes de nuestra partida de Prashanti Nilayam, Sai Baba me dio otro regalo a través de un sueño, nos daba entrevista al grupo que llegamos juntos, nos decía todos los cambios que teníamos que realizar para que nuestras vidas fueran mejores. Me llamó:

—Laura, tú recibes en este momento una nueva partida de nacimiento, cuando llegues a Caracas te encargas de quemar la que tienes, esas ya no sirven.

— ¿Baba, cómo voy a hacer eso? Tengo que tener una partida de nacimiento. Para cualquier trámite me la pueden pedir.

— ¡No! de ahora en adelante todos los que están aquí tendrán estas nuevas partidas de nacimiento – dijo sonriendo. Lo vi escribiendo y firmándolas con una pluma enorme en tinta dorada –. Esta es la nueva partida de nacimiento.

Las observé con detalle por lo hermosas que eran y la letra especial con la que estaban suscritas: "With love Baba, con amor Baba". De igual manera extendió la de mi esposo, la de mi hija y repitió varias veces: "Laura, recuerda que esta es tu nueva partida de nacimiento, cuando regreses a India, me la debes traer, y yo te daré otra nueva partida de nacimiento, no te olvides cuando regreses a India debes traerla", yo me maravillaba de la belleza del papel y de las letras que escribió Swami en su estilo único, recibí los documentos él se despidió y sentí mucha tristeza, algo dejaba allí que me haría muchísima falta, dejaba a mi padre, tan lejos en las distancias terrenales. Cuando desperté en la mañana muy temprano le di gracias por las nuevas partidas de nacimiento y bajo el efecto del amor de Swami y renovada en paz, le comenté primero a mi esposo y luego al grupo que regresábamos ese día a Caracas, el hermoso sueño con Swami.

Un sueño tan real con un gran significado, eso lo comprendería después de mucho tiempo, al iniciar el gran remolino de purificación, ese remolino que destruye las corazas del orgullo y de los egos para nuestro crecimiento, donde Baba nos permite entrar para nuestra evolución, llevándonos de su *Pequeña Mano Morena pero ¡tan grande!* cuidándonos y protegiéndonos con su amor eterno.

Regresamos a Venezuela, manteniendo viva las experiencias del viaje, llegábamos a nuestro país renovados y trasformados, no tengo porque ocultarles que pensé que después de tantos regalos, no podía venir nada difícil, comprendía que la felicidad es un instante entre dos experiencias, Baba no da una magia especial para evitar las situaciones, erradamente creí que todo cambiaría, pero nunca pensé que vendrían momentos tan difíciles como los anteriores con la única realidad de depurarnos y despertar nuestras consciencias, lo que cambian son las personas afrontando las situaciones de otra manera, era nuestro caso, emprendíamos nuestra avance en la misión de vida hacía el amor incondicional.

Me incorporé al trabajo con la noticia de que cerraban las oficinas, y los empresarios que eran tres, decidieron abrir sede en otro país, dejarían algo muy pequeño hasta que pudieran cerrar todo, por ende no requerían de mis servicios, solo trabajaría unos meses hasta que liquidaran a los trabajadores y arreglaran los documentos necesarios. Comencé a buscar empleo, pero no era nada fácil por la situación que empezaba a vivirse en el país; al poco tiempo consigo la designación para una Notaría Pública, pero eso reducía mis ingresos en un 60 %, lo acepté, sería una nueva experiencia.

La situación se puso difícil, tensa, las deudas crecían y los ingresos mermaban, Joel estaba sin trabajo, nos favorecía que Yonabeth se acababa de graduar y estaba haciendo la rural, requisito indispensable para ejercer como médico, pero con eso solo ella se mantenía, hasta que una noche tuve un sueño tan real y más vivido mostrándome que era verdad, soñé que estaba muriendo y lloraba mucho, le decía a Dios que ni Yonita, ni Joel estaban preparados para vivir ese desprendimiento todavía, ellos me necesitaban, yo podía irme cuando ya estuvieran mejor, así que me negué a trascender de plano, acudí a la Junta Kármica y pedí extensión de plazo, el cual me fue otorgado con el dictamen que me condicionaba que debía irme a vivir a Barinas sola y que dejara los miedos. Era ya el momento de liberarme de esta dimensión, pregunté asombrada

"¿A Barinas, por qué a esa ciudad?

¡No conozco a nadie!".

Sin ninguna respuesta, acepté la decisión, sólo les pedí apoyo y guía para encaminarme y lograr lo que me exigían, lo aprobaron y desperté, desperté llorando muchísimo, a las cuatro de la madrugada, despierto a Joel para contarle la razón de mi llanto descontrolado, él solo me abrazó diciéndome tranquila es sólo un sueño, aunque yo estaba segura que no era un simple sueño, era un mandato.

Me despidieron de la notaría, indicándome esta situación que era el momento de cambios para nosotros, así que quedamos desempleados los dos, Joel y yo. A los pocos días llega una persona conocida de mi esposo con un muchacho de Barinas que necesitaba un favor, él me presenta a una profesora que requería solucionar una situación, con mucho gusto la apoyamos incondicionalmente, ella quedó muy agradecida.

El 30 de julio, dormíamos todos, eran cerca de las 3:00 de la madrugada y despierto porque sentía una voz que me llamaba, al abrir los ojos veo que la casa estaba toda llena de humo blanco, asustada empiezo a llamar a Joel para que se despertara y no me oía, salgo del cuarto al pasillo y de pronto me digo: "Bueno es cierto, está llena de humo la casa pero no tiene olor a quemado". Seguí el camino del humo a ver dónde se iniciaba, era en la sala donde tenía la imagen de la Virgen La Milagrosa, lo que vi me paralizó, comencé a percibir olor a flores, un suave aroma entre jazmín-rosas, escucho una voz que me habló, era una voz femenina, dijo: "Te bendecimos, paz y amor, el camino debes continuarlo y antes del 02 de agosto debes moverte a la ciudad de Barinas sola, no te preocupes por lo que pueda decir tu familia, está es nuestra decisión, abandona el mundo terrenal que vives, debes irte a recibir enseñanzas a ese lugar". Cuando llega Joel a la sala preguntando qué pasaba, se sentía apenas rastros del humo con olor a jazmín - rosas, le comenté que debía irme en pocos días a Barinas. "¿Cómo es eso?, respondió. Expliqué que debía irme y si él no quería irse estaba bien, lo aceptaba porque la que debía partir era yo que igual lo amaba y eso no cambiaría nada entre nosotros. Joel no estaba de acuerdo, por lo que se negó a irse conmigo, sin embargo ofreció llevarme para que no viajara sola en el automóvil.

En dos días había recogido todo. El 02 de Agosto, estaba rumbo a Barinas, no puedo decir que fue fácil pero mi amor a Dios y escuchar su mensaje me hace sentir segura, lo que él quiere para nosotros es siempre lo mejor.

Joel quiso llevarme en la mañana para Barinas y el mismo día se devolvió a la casa un poco molesto aunque no decía nada, él no entendía el motivo de mi decisión en ese momento, mi hija decía que estaba loca, había abandonado el hogar y algo similar decía mi familia, pero estaba segura que era lo mejor, yo lo había aceptado, Dios guiaba mi camino.

Mi inicio en Barinas no fue nada fácil, fui a buscar a la profesora que había ayudado cuando tenía problemas, en agradecimiento ella me había ofrecido su casa para iniciar mi cambio, pero al llegar a buscarla me encontré con la sorpresa de que tenía pocos días de haber fallecido. A Dios gracias, siempre le había hablado de mi a sus hijas, al verme en su casa en esa situación, me ofrecieron el cuarto de su mamá mientras yo resolvía, acepté la oferta y les pregunté cómo podía buscar un local pequeño para ayudar a las personas, su hija me ofreció su local, me podía alquilar un espacio pequeñito, así que tenía todo resuelto, comencé con mucho interés ayudando a las personas. Laura, la abogada desaparecía para iniciarme como Laura, un ángel de Dios.

Recibía lo que me dieran o lo que podían dar, mi interés nunca ha sido material, a la primera persona que atendí fue el ángel que Dios puso en mi camino, para aligerar las cargas, Delvia del Carmen, tenía problemas con su hija de 11 años, la maestra y la médico tratante de Génesis le recomendaban que no la inscribiera en la secundaria, presentaba un retardo importante y sufría de autismo severo, razón por la que no avanzaría en sus estudios, la mamá estaba muy preocupada por su hija, le expliqué que tuviera presente que esta vida es aprendizaje, los hijos con problemas es porque los padres tienen conflictos internos que resolver, para que la niña sanara tenía que cambiar ella primero, pero también la invité a darme la oportunidad de apoyarlas, le dije que no tuviera miedos, ¡donde esta Dios nada es imposible!, esa *Pequeña Mano Morena pero ¡tan grande!* lo hacía todo, ella aceptó explicándome que no tenía recursos, le respondí, que no se preocupara por eso, solo quería que ella estuviera bien, me ofreció ayuda de cualquier cosa que necesitara, le dije que si podía llevarme el desayuno era suficiente porque no tenía recursos para comer y pasaba un poco de hambre y ella acepto, así las dos nos apoyábamos en nuestras experiencias, luego acordamos la hora de nuestros encuentros y le di las cenizas sagradas o vibhuti que solo son usadas para sanar, diariamente y tras una serie de terapias de cristales, masajes, imposición de manos y oraciones la niña a los dos meses era otra persona, expresiva, alegre y se comunicaba normalmente, el cambio fue tan notable que la maestra y su médico tratante quisieron conocerme, este milagros de Dios me abrió las puertas en Barinas, como una cadena de favores que permitió expandir el mensaje de sanación hacia muchas personas y sus milagros se realizaron con el apoyo del ejército de ángeles que me acompañan, yo solo soy su enviada, ellos eran los que realizaba los milagros, y el milagros de Génesis fue maravilloso, hoy en día es Licenciada en Enfermería y su misión es ayudar a los enfermos, sé que ama su profesión y que Dios tiene cosas mágicas para ella, Dios te bendiga Génesis.

A los tres meses de haber llegado a Barinas y vivir limitada en todos los aspectos, los ángeles que me acompañan me despiertan muy temprano para decirme que vaya a buscar a Delvia, para que juntas vayamos en el automóvil, permitiéndonos ser guiadas donde ellos me dijeran, porque me darían una casa para alquilar, la única condición era que la entregarían el día 20 de octubre, esa fue la señal que me dieron, la casa tiene un jardín trasero hermoso y un lugar adecuado para atender a las personas que necesitamos sanar; me puse en marcha siguiendo las instrucciones recibidas al pie de la letra, busqué a Delvia, me dejé guiar, era un lugar de difícil acceso, porque era al final de una calle ciega un poco escondida, ahí encontramos una casa que tenía un letrero, "SE ALQUILA", llamé inmediatamente al número de teléfono que aparecía escrito en el mismo cartel para saber cuándo la podíamos ver, la muchacha quien me respondió me pide que la esperara un momento, que inmediatamente ella saldría para la casa, estaba cerca, así que la esperamos, tardó unos 10 minutos en presentarse, al entrar a la casa lo primero que hice fue sentir la energía que tenía, comentándole a Delvia:

— Esta es la casa que ellos quieren — le pregunté a la chica cuáles eran los trámites para alquilarla.

—Entregue el depósito, la copia de la cédula y nada más, con eso la reservamos para usted, eso si no se la puedo entregar hasta el 20 de octubre, porque debo pintarla y arreglarle unos detalles.

—Aquí tengo el dinero, me das un recibo y esperaré a que me la entregues.

Delvia se quedó muda al oír la fecha porque yo le había comentado que los ángeles, me dijeron que la casa me la darían el 20 de octubre, yo no me asombro de lo que me dicen, solo son señales que me dan para que sepa como dirigirme en todo lo que hago, y con la fecha ya anunciada ratifiqué que era la casa que ellos querían, estoy segura que Dios tocó el corazón de quien la alquilaba para que me la entregara, sin exigir documentos o referencias; llamé a Joel y le expliqué todo, él me escuchó y aceptó venirse, ya estaba tranquilo porque una amiga le había explicado las razones por las que yo debía estar en Barinas, él se asombró porque ella no sabía nada, ni siquiera donde estaba yo.

Nos mudamos juntos a esa casa para apoyar a Dios en su trabajo terrenal, al llegar recibí el primer mensaje donde me dijeron que estaría unos años sin salir a ningún lado mientras recibía las enseñanzas para canalizar la enseñanza del Diseño Holográfico, tendría la compañía de los ángeles para guiarme y protegerme, tenía que considerar que permanecería en retiro como dos años aproximadamente, mientras, recibiría enseñanzas en meditación complementadas en sueños y mensajes recibidos; sobre Joel me dijeron que se iría a trabajar a un lugar bastante lejos de donde estábamos porque yo debía permanecer sola físicamente y así lo aceptamos.

Inicié un trabajo de investigación aplicando las enseñanzas que me proporcionaban, tenía un cuaderno donde anotaba todo, y las personas a quienes atendía siempre respondían: "si es verdad, tiene razón en todo lo que me dice", así fui profundizando en la enseñanza y perfeccionándola hasta que después de haber atendido como 420 personas que llegaban de varias partes de Venezuela, le dije a Dios: "Esta técnica que me enseñaste la voy a llamar la TÉCNICA DE LA VERDAD", en virtud de la respuesta de las personas, y por esto fui reprendida, él respondió contundentemente: "¡Eso no es una técnica!, es un sistema de vida diseñado por cada quien y se llama Diseño Holográfico y así lo llamarás". ¡Me quedé muda!, a pesar que yo siempre preguntaba, en ese momento no lo hice porque tenía la respuesta, ciertamente era un sistema de vida que era diseñado por cada uno de nosotros antes de nacer.

En esa hermosa ciudad comienzo a comprender la razón de todo lo que había vivido en mi propia vida, al conocer muy bien lo que era me realicé mi propio diseño holográfico y fue perfecto, estaba diseñado todo lo que había experimentado, inclusive las fechas de los cambios las podía percibir, descubrí que si yo no hubiese experimentado todo lo que había vivido, hubiese sido imposible ayudar a los demás, porque no sabría cómo hacerlo, no tendría la experiencia, ni el amor incondicional suficiente para comprender que estamos dormidos y estas experiencias nos despiertan hacia el amor o el dolor, depende con que óptica queremos ver las cosas.

Estaba consciente que tenía que seguir con mis propios aprendizajes, pero ya como evolución interna, debía poner en práctica todo lo que había concientizado, no es fácil practicar diariamente lo que Dios nos enseña, siempre he dicho que entrar en el camino es fácil, lo difícil es permanecer en el sin cambiar su rumbo.

Cada persona que atendía era una enseñanza, internamente me explicaban que debía evolucionar esa persona, y yo reflexionaba, si había primero comprendido lo que me decían y luego si yo lo había practicado diariamente. Así fue el juego de enseñanzas para mi entrenamiento, hasta que me dijo un ángel, durante una meditación: "Tú esposo te acompañó en el inicio de tu aprendizaje, pero debes prepararte, Joel se va de Barinas, va a trabajar en un lugar lejos, donde no podrá venir muy seguido y mientras tu creces aquí el crecerá allá, tú afrontarás tus miedos aquí y él afrontará la tentación allá, esta es una gran prueba".

Al incorporarme de la meditación, le entregué el mensaje que recibí a Joel, le pedí que dejará todo arreglado para su partida sería en pocos días, ya a esta altura Joel creía en todo lo que le pudiese revelar, así que sin pensarlo se puso a arreglar las plantas, pintar los detalles para dejar la casa impecablemente blanca, como nos gusta tener todo; además de arreglar el jardín, a los tres días le llaman y le dicen que si quería trabajar en Anaco, Estado Anzoátegui en una Institución, ¡Sin dudar dijo que si!, tal y como le habían anunciado, que en unos días estaría partiendo para su crecimiento interno y yo me quedaba en el mío.

En este punto de la historia quiero abrir mi corazón a fin de manifestarles lo que logramos vislumbrar como pareja: Dios nos dio la mayor lección de nuestras vidas, nosotros logramos comprender, que nos permitió estar juntos casándonos para crecer espiritualmente, y nosotros debíamos hacer nuestro avance en ese camino si queríamos. No era fácil. Dios no te dice cuando te casas, que todo va a ser hermoso como un cuento de hadas. Sólo nos da su bendición para que internamente cambiemos y crezcamos avanzando juntos espiritualmente, comprendiéndonos y teniendo consciencia que debemos amarnos con nuestros defectos y debilidades, con conocimiento de que el cambio es interno y que cada uno en su tiempo y a su manera lo va entendiendo, por esto asimilé, que una cosa es cuando Dios nos da su bendición y nos permite casarnos, y otra es aceptar el crecimiento entre las parejas después de casados, los que no entienden esto se separan porque no aceptaron trabajar para eliminar sus errores, ni comprender su falta de amor incondicional, los que comprenden el mensaje, seguirán el camino espiritual para servirle a Dios en la misión humanitaria que él tenga a bien, teniendo paz en su corazón para poder irradiar a la humanidad la luz desde el interior.

Retomo al momento en que Joel se acababa de ir, me sentí acompañada por muchos seres de luz, pero no les niego que también sentía miedo, miedo a los animales que son frecuentes en esa zona, miedo a la casa que era demasiado grande para mi sola, miedo a que no podía salir y necesitaba hacer compras o pagar los servicios públicos, miedo a mi salud, miedo a muchas cosas, en fin, comprendí que debía evolucionar los miedos, quizás hasta de otras vidas y esto nunca lo había ni siquiera pensado, pero también tenía la certeza que si había superado todo entregando mi vida a Dios, él no me abandonaría.

Transcurrieron los días atendiendo personas que nunca les había visto y muchas me decían si no tenía miedo de vivir sola en esa casa tan grande, siempre les respondía que no estaba sola, sin embargo internamente me estaba afectando la lejanía de todos mis seres queridos y el desapego que se estaba iniciando sobre todo la lejanía de mi hija y mi nieta, pero esto había sido una decisión mía y debía seguir.

Un día me desperté triste, agobiada por los miedos y la soledad, hablando en voz alta, recriminé a Dios ¿por qué había tenido que vivir todas estas pruebas para crecer internamente? Preguntaba si le parecían pocas todas las pruebas y aún me seguían pasando situaciones difíciles, no podía salir de la casa, no tenía recursos, debía pagar las deudas mínimas, debía comer lo que me llevaban y cuando me provocaba algo no lo tenía, ni siquiera comerme un dulce de vez en cuando, lloré y dije en alta voz: "¡Ya basta, Dios, ya basta! ¡TIRO LA TOALLA! No aguanto más, esto se acabó", me fui al cuarto a llorar y me quedé dormida. La *Pequeña Mano Morena pero ¡tan grande!* tenía su jugada.

En la tarde llegó un grupo pequeño de personas para que meditáramos, recuerdo que era un Jueves, me animé y comencé con la lectura de un mensaje que causalmente mencionaba la fortaleza interna para permanecer en el camino, antes de iniciar le pedí a Dios: "Por favor que no venga nadie del centro Sai, no quiero que piensen que estoy agrupando personas para dar un mensaje diferente, yo sólo le trabajo a DIOS", les iba a leer el mensaje de un libro, cuando de pronto toca la puerta un señor, quien no conocía ni sabía quién era, vestía un traje hindú, al verle mentalmente dije a Dios: "Padre te pedí que no viniera nadie del grupo Sai y aquí me mandas uno ¿qué es lo que deseas de mí?", él pregunta por la señora Laura, le respondo: "soy yo, pase", venía con su esposa y su hijo, inmediatamente la mente me saboteó, dije internamente: "Dios, cómo me haces esto, que debo aprender?", el señor que entró tenía una mirada profunda no lo conocía, dice que él está ahí porque tenía un mensaje para mí en privado y debía dármelo de inmediato, me impresionó su profundidad y claridad, pedí permiso a las personas que estaban presentes para retirarme un momento a recibir el mensaje, les pedí que si querían continuaran con la lectura que habíamos iniciado, lo miré a los ojos y lo invité a pasar al comedor dentro de la casa, nos sentamos, e inicia la conversación: "Estoy aquí porque estaba meditando, recibí la información que debía venir a tu casa, se apareció Baba y dijo: ve a casa de Laura, la señora de los Ángeles, solo le indicas que recoja la toalla, y debes dárselo de inmediato –prosiguió –. Realmente no entendí el mensaje pero me supongo que usted si lo va a comprender, me cambié la ropa y le dije a mi esposa que me trajera a su casa para cumplir el mandato". Me quedé paralizada, le conté lo sucedido en horas de la mañana donde había recriminado diciendo que tiraba la toalla, y fue cuando él comprendió el mensaje recibido, al aclarar todo, nos reímos por la manera que se manifiestan los juegos divinos, él me comentó que no me conocía pero su esposa le habían comentado algo de mí por los ángeles, así que de esa manera llegaron a la casa.

Desde ese día admiro a Rubén, sé que esta para servirle a Dios en esta dimensión terrenal, y desde ese día fue uno de mis mayores apoyos en esa ciudad, además nos había traído de regalo comida y unos dulces preparados en su casa que recibí como manjar divino. Nos hicimos amigos y él entendió mi misión desde ese momento, todos los viernes me llevaba comida y me ayudaba en la casa a cocinar vegetariano, hablábamos durante horas de la vida espiritual e intercambiábamos conocimientos, creo que si él no hubiera estado conmigo me hubiese sido mucho más difícil todo. ¡Gracias Rubén por existir y ser un ser especial en mi vida! Por ser bastión para poder cumplir mi tarea en Barinas.

Joel tenía que vivir sus experiencias así que cuando me visitó la primera vez después de iniciar su trabajo en Anaco, tenía como tres meses sin verlo, me alegre mucho por su visita, compartimos con los amigos las meditaciones y en la noche recibo un mensaje para él, le advierten que deben cambiar algunas actitudes porque si no tendrán problemas, el grupo podría salir del trabajo, él no le dio mucha importancia. Se regresó a Anaco y como a los 15 días me llama para decirme que hubo una situación con el jefe y los suspendieron a todos, se había acordado de lo que le había dicho, era una prueba más de fe, así que en una semana estaba en la casa.

Pasó unos días difíciles, sin dinero ni trabajo, mantenía estrés silente, tenía alterado un poco el carácter, muy preocupado porque no teníamos que comer, entonces le dije: "Mi amor, ponte los zapatos deportivos y vamos a caminar, Dios no nos va a abandonar, estas son solo insignificantes pruebas que superar, pedimos liberación y esta es una liberación, recuerda lo que Dios dice, si estas preocupado puedes hacer dos cosas, acostarte a dormir o ve a caminar, y como nos acabamos de levantar vayamos a caminar". Salimos y cuando habíamos caminado como seis cuadras de la casa ¡veo en el suelo un billete de Bs. 10.000! asombrada le digo a Joel: "Mira lo que me encontré esto nos sirve para comprar comida, Dios nos lo envió". Joel dice: "Aquí me mando a mi dos billetes Bs. 2.000".

"¿Viste? si creyeras más en lo que te digo te hubiese mandado más dinero", le dije de manera jocosa. Nos reímos mucho. Con ese dinero Joel colocó gasolina y fue a comprar comida.

Tenía Joel como tres semanas en la casa cuando me vuelven a decir los ángeles: "Adviértele que lo van a llamar para que nuevamente se vaya a Anaco", una situación iba a pasar que requerirán de él, esta vez presto más atención...le expliqué que era una situación con el Jefe, que necesitaría toda la ayuda de las personas que conocía...en la noche le llama un amigo para decirle que se prepare que va a tener que viajar para Anaco nuevamente, habían secuestrado al hijo del jefe; al cerrar el teléfono comenta: "Amor lo que tu dijiste, me están llamando para que viaje, secuestraron al hijo del Jefe", le di indicaciones de donde veía que estaba el muchacho secuestrado y que se quedara tranquilo, lo conseguirían vivo, eso les permitiría regresar a su trabajo; también le dije que se preparara porque se iría por unos cuantos meses, así tal cual lo vi sucedió, apareció el hijo del Jefe, ellos se incorporaron nuevamente a su trabajo y volvió a la casa cuatro meses después de la última estadía en Barinas, al regresar le comenté de los cambios que debía realizar y el trabajo que tenía que hacer en Anaco para crecer, también le dije que yo me iría para Anaco cuando terminara mi aprendizaje en Barinas.

Yo vivía acoplada con la divinidad las 24 horas del día ¡era maravilloso sentirme tan bien! Comencé a recuperar mi salud mágicamente, llegaban mensajes para todas las personas, atendía a muchos necesitados de alimento para su alma, un día me dicen que llame a Joel y le diga que no salga a almorzar, que tenga cuidado, va a ver un tiroteo y no le correspondía estar en ese lugar, le llamé y le pregunté dónde se encontraba, respondiéndome que en un restaurante almorzando con su Jefe, le explico que debe salir de inmediato porque se va a presentar un atraco en ese lugar, ya Joel comprendía mis videncias y salió inmediatamente, no habían recorrido más de 100 metros en el vehículo, cuando le avisan por el celular, que estaban atracando el restaurante, él se impresionó porque les hubiese tomado por sorpresa el hecho. En esta situación Joel viviendo en Anaco y yo en Barinas estuvimos casi tres años, hasta que un día me dieron nuevas instrucciones: "Prepara la mudanza ya te vas para Anaco junto a tú esposo, te corresponde aplicar lo que has aprendido, para que manifiestes tu conocimiento y así irás poco a poco recorriendo el mundo".

En la ciudad de Barinas comencé a escribir este libro inspirado por los ángeles estoy segura de ello ¿Por qué lo digo? Bueno, ellos fueron los que me enseñaron todo lo que sé en mi vida. Descubrí que Dios me había guiado desde muy joven, tenía sus lilas para mí y yo lo había aprendido a jugar, descubrí la forma universal de Dios, él es Jesús, es Buda, es Krisna, es Baba, es la Virgen María, los Ángeles, eres tú y somos nosotros. ¡ÉL LO ES TODO! Tenemos que aprender a encontrarlo y percibir la unidad.

Asimilé en lo más profundo de mí que todo lo que decimos o enseñamos debemos practicarlo de lo contrario, no existe energía suficiente para penetrar las corazas de las personas y despertar la consciencia en sus actos errados, todo el mundo se percata de la incoherencia, los únicos que no la perciben son los que la tienen, si no equilibramos nuestras vidas, entonces no emanamos ondas de verdad-amor y en consecuencia recibimos lo que emitimos.

Había comenzado a realizar encuentros en Barinas para algunas empresas, así como en la Universidad Experimental de los Llanos Ezequiel Zamora (UNELLEZ) en el Jardín Botánico REUNELLEZ, dirigido a los alumnos del último año de educación integral de la Universidad, con el apoyo incondicional del Profesor Ángel Miguel, otro ángel que Dios puso en mi camino para expandir la luz, también trabajé con los estudiantes del segundo semestre de la facultad de Derecho, que fueron mis alumnos, todo era un inicio para lo que debería hacer en el futuro ya anunciado.

Llegó el momento de mi partida de Barinas avisado por los ángeles, debía recoger todo, ya me correspondía salir de allí, tres años y medio desde que llegué a Barinas la ciudad me brindó este aprendizaje, había experimentado un cambio interno bien profundo, debía partir hacia donde ellos me dijeran, lo que no sabía era cuando ni a qué lugar, solo sabía que era para Anaco, Joel no estaba seguro de mi mudanza a esa ciudad, púes no se conseguía casa, él estaba viviendo en un apartahotel compartiendo con un compañero de trabajo, pero de igual manera le dije que me viniera a buscar, que en diciembre me iría con él.

Internamente sabía que sucederían situaciones que no definiría, soñé una noche que había un ratón corriendo encima del cuadro del arcángel Miguel, que tenía colgado en la pared que daba al pasillo hacia los cuartos, cuando vi el ratón le dije al Arcángel: "Ten cuidado esta un ratón encima de ti" y el empezó a reírse muchísimo, de repente me desperté, me pareció extraño el sueño, no le conseguí interpretación alguna, pero ya saben que el tiempo es el mejor aliado y responde en el momento oportuno. A los pocos días veo que hay ratones en la casa, o ratas, la verdad no las había visto nunca, pero sabía que estaban algunas porque dejaban desastre en la cocina y esto nunca había pasado en los tres años que ahí tenía, una mañana me levanto y voy a buscar encima de la mesa del comedor un dinero que tenía pero no estaba el dinero ¿Dónde lo pondría? Estaba segura que era en ese lugar. Al ver al piso veo pedacitos de papel moneda, dejando el rastro como señal de donde estaba el dinero, indicaba que estaban detrás del mueble del comedor, con el miedo que me producían estos animalitos, me doy fuerzas y les digo a los ratones: "No me pueden hacer esto. ¡Solo tengo esos 35.000 bs! Más nada, debo comprar la comida no lo pueden romper". Saqué fuerzas de donde no las tenía y moví el mueble, con el temor de que me saltaran encima y me mordieran, encontré los 30 mil bs, sin romper y 5 mil bolívares todos rotos. Limpié el lugar y recordé el sueño que había tenido, ¡era la manera de perder el miedo a los ratones!, por eso, se reía tanto el Arcángel Miguel. Al entender el mensaje, sentí que ya debía salir, tenía tiempo que no iba a Caracas, causalmente en ese instante suena el celular, era mi hija diciéndome que necesitaba que la apoyara en su casa, me dispuse a arreglar todo y me fui a esa ciudad.

Otra experiencia fuerte estaba por tocar nuestra puerta de la vida, estando en Caracas me sentía extraña, me repetía mentalmente: "Señor, dime qué va a pasar. Lo percibo". Así estuve como tres días hasta que llego el momento, un día en horas de la tarde me llama mi vecina, no sabía cómo darme la noticia hasta que le insistí:

— ¡Cuéntame lo que pasó!

— ¡Vecina entraron en su casa, le robaron! ¡Se llevaron todo, hasta el automóvil!

— Bueno, gracias a Dios, cancelé las deudas de otra vida, además aliviane las cargas. Vecina, no se preocupe, yo regreso en dos semanas y resuelvo— ella me responde que no podía esperar tanto porque la casa estaba abierta de par en par— Está bien pero ya se robaron todo de que sirve que me vaya, además mis guías no me han dicho que debo regresar, quédate tranquila de alguna manera se resuelve".

Terminé la llamada y tenía una paz incomprendida para la mente humana, sabía que habían robado todo hasta el automóvil. No me importó en lo absoluto, le dije a Dios: "Gracias Padre, es un hermoso aprendizaje, solo quiero que recuerdes que el vehículo es necesario para moverme a donde tú me envíes, además sabes que es mío porque tú me lo regalaste, devuélvemelo para continuar viajando hacía donde tú quieras que trabaje para ti, gracias Dios por escucharme". Llamé a Joel y le conté todo, él respondió que estaba bien que estuviera tranquila, él se iría el fin de semana. Llamé a mi amiga y le expliqué que Joel iría el fin de semana, ella se asombraba de nuestra tranquilidad y decía que no podía dejar la casa abierta sin vigilancia, así que hablaron con los reservistas y estos enviaron a dos personas que se quedaron en custodia de la casa hasta que Joel llegó a ver que podía hacer, habían destrozado las cerraduras...les garantizo que me sentí tan bien que nadie lo comprendía. En el momento de recibir la noticia estaba comiendo en casa de una amiga, nos acompañaba su mamá, ellas quedaron impresionadas porque no mostré ni vestigios de preocupación solo dije que estaba liberada de una deuda Kármica, y seguí tranquila conversando como si nada hubiera pasado, sin darle importancia al suceso, esto gracias al gran desapego que habíamos experimentado, era la hora de poner en práctica el conocimiento y pasar las pruebas.

Soñé a los pocos días que el auto aparecía en la ciudad de Guanare y vi la fecha claramente, el 14 de septiembre; le comenté a Joel que se quedara tranquilo, Dios nos lo regresaría. El día 14 de septiembre fui a la policía a reclamar mi carro, le dije a la funcionaria que mi automóvil aparecía ese día, que por favor al tener noticias me llamara y le dejé mi número telefónico, ella sólo me preguntó: "¿Señora pero ya la llamaron?", respondiéndole: "No, eso me lo dijeron mis ángeles". Su mirada expresó incredulidad, le sonreí y le dije que esperaba su llamada, ella estaba embarazada — termine diciéndole—, será una niña, y me fui.

Al día siguiente me llama la misma funcionaria para decirme que habían encontrado el vehículo en Guanare, ella estaba sorprendida de mis dones, le dije que no se preocupara que lo retiraría dentro de un mes, le di las gracias por todo, respondiéndome:

— ¿Le puedo hacer una pregunta?

—Claro lo que desees.

— ¿Por qué va a buscar el carro dentro de un mes y no ahora?

—El automóvil se dejó robar, él quería divertirse así que estará castigado llevando agua y sol para que aprenda, todo tiene vida, si no se hubiera querido ir se hubiese apagado, así él va a aprender ahora su lección, yo ya aprendí la mía—dije mientras reía.

Al final de la conversación le di gracias a Dios por su regalo y por la prueba, en menos de dos meses ya teníamos todos los equipos eléctricos indispensables para vivir y un poquito más, obsequio de las personas que nos conocían, como regalos de Dios.

Después de esta experiencia tomé la decisión de terminar con las clases que daba en la universidad, apenas entregara las notas de los estudiantes, me iría a vivir para Anaco, comprendí que mi tiempo en Barinas indiscutiblemente había finalizado.

Dios había sembrado una semilla de conocimientos en Barinas y ella darían en su mejor momento los frutos.

A las seis de la mañana salimos de viaje rumbo a Anaco, pernoctaríamos en Caracas y al día siguiente continuaríamos hasta nuestro destino final, nos mudamos con lo que se pudo trasladar en los dos vehículos, Joel viajaba en uno y yo en el otro, mientras manejaba en la carretera iba hablando con Dios sin parar, decía una cosa y otra cuando de repente él me responde: "Escucha bien lo que voy a decirte, presta toda la atención necesaria, llegarás al apartahotel donde esta Joel hospedado, a la primera persona que te encuentres le vas a hablar de mí, también le vas a decir que es un ángel que debe despertar, ella ha vivido experiencias únicas para su despertar y no lo comprende, dile que no se preocupe tanto por el dinero, le voy a dar para que compre una casa grande, que tiene un pequeño apartamento y en esa casa tu vivirás, porque ella va a ayudarte y yo la ayudare a ella, otra vez más pasarás por la experiencia de hablarle a una persona dormida lo que Dios quiere para ella", lo pensé y me dije: "Bueno Laura prepárate es a la primera persona que veas —él agregó— la segunda persona que veas te va apoyar para que consigas empleo, una vez lo conozcas le dices que vienes con la intención de conseguir empleo", esto lo grabé en mi corazón y acepté su mensaje, sabía que sería perfecto.

Llegamos a Anaco a primera hora de la tarde directo al hotel, al entrar detrás de nosotros venía un carro verde con una señora, al verla Joel me comentó:

—Esa es la hija del dueño del hotel. Voy a hablar con ella para que sepa que vamos a estar aquí los dos, y ver si es posible tener el mismo precio de la habitación que nos había dado su papá mientras estuve aquí con un compañero.

Joel conversa con ella un rato, le pide que se acerque al carro, me la presenta y tenía el mismo nombre, Laura. Sin pensarlo le di el mensaje que había recibido, ella me miró, sonrió y dijo:

—Tú como que te fumaste una lumpia.

—No lo he hecho, cuando te comiencen a suceder las cosas eres tú la que te vas a fumar la lumpia— respondí entre risas. Fue un decir entre nosotras.

Bajamos las cosas a la habitación y nos fuimos a la policía para que yo supiera donde quedaba, al llegar, estaba un funcionario esperando afuera de la institución, me lo presentó Joel, era la segunda persona que conocía, hablamos un rato y aproveché de comentarle la intención que tenía de trabajar, respondiéndome que él estaría atento si sabía algo, él me avisaría; terminamos y nos fuimos al hotel a descansar.

Los primeros días de diciembre me avisa el compañero de trabajo de Joel, que llevara el currículo a la Universidad, estaban buscando un coordinador de control de estudios, al día siguiente entregué el currículo y esperé a que la universidad realizara las entrevistas y los trámites necesarios, hasta que me llamaron para comenzar a trabajar el 02 de febrero, recibiéndolo como regalo divino por mi cumpleaños, empecé en la universidad sede de Anaco, como coordinadora de control de estudios del núcleo.

Mientras, Laura, mi amiga vivía las experiencias que le había dicho, su corazón ya estaba abierto a recibir más información, así que un día estoy llegando del trabajo a descansar y ella estaba en el estacionamiento, me saluda diciéndome que quería hablar conmigo, deseaba que le repitiera lo que le había dicho el día que la conocí, porque le estaban sucediendo muchas cosas que no entendía, la invité a la habitación y le dije nuevamente todo, ella salió consternada pero con confianza en que había algo de verdad en lo que decía. Así estuvo como un año en su proceso, un día le sorprendió la oportunidad de comprar una casa, lo inimaginable era que la casa tenía un apartamento tipo estudio ¡como ya le había dicho!, ella me pidió que la apoyara, que si adquiría la casa, me dejaba el apartamento para vivir ahí, ¡tal cual yo le había dicho al conocerla!, se rio, me miró diciéndome: "Bueno, verdaderamente la lumpia me la voy a tener que fumar yo", nos reímos y se fue a su casa, que estaba justo al lado del hotel. En poco tiempo se la entregaron y nos mudamos ella a su casa, y nosotros al apartamento tipo estudio, como nos había ofrecido, todo dirigido por la *Pequeña Mano Morena pero ¡tan grande!*

Estuve trabajando hasta Enero del año siguiente en la universidad, cuando mis guías me piden que me retire, ya había hecho un buen trabajo, debía incorporarme a otras actividades que ellos me dirían oportunamente, así que sin pensarlo me retiré después de haber organizado la coordinación y reeducar a las trabajadoras, lo que no fue fácil, pero cumplí mi labor.

Desde que llegué a la ciudad me incorporé a dar clases ad-honorem en la Academia para colaborar con ese organismo, continué con esa labor hasta que comencé a trabajar en otra empresa que estaba en condiciones graves como la universidad, el desorden administrativo y documental eran difíciles, cumplí con ordenar la empresa, y a los cinco meses me retiré por ir en contra de mis principios y valores.

Todas estas experiencias eran extremadamente terrenales y yo deseaba vivir solo en el mundo espiritual, no era fácil compartir con tantas personas dormidas, así que, poco a poco comprendí que Dios me estaba dando la oportunidad de amar a los dormidos tal y como son, y saber que la tentación es inteligente y quiere conquistar en todo momento, pero ya estaban muy bien definidos mis conceptos espirituales, así que no pudieron perturbarme.

A los dos años de estar viviendo en Anaco comprendí que está había sido una experiencia para conocer qué tan sólidos y firmes estaban mis conocimientos, principios y valores, pasamos momentos de penuria, además de vivir en un hotel que debíamos pagar para todo, para comer, lavar la ropa y hasta para tomarnos un café, así que fueron muchos los momentos que tuvimos que dejar de comer o de tener ropa limpia, me pregunté muchas veces ¿hasta cuándo?, pero Dios estaba dando las últimas pinceladas de la nueva pieza que estaba haciendo de nosotros.

Al mudarnos al apartamento que nos prestó nuestra amiga Laura en enero, mejoró notablemente la calidad de vida, para el mes de febrero, Dios me dijo que Joel debía retirarse del trabajo, que ya había terminado su tiempo en ese lugar, él debía comenzar a estudiar y seguir otro camino. El 27 de febrero causalmente, el mismo día que había comenzado a trabajar en esa Institución, pero unos años después, renunciaba.

Nuevamente nosotros estábamos sin empleo, pero finalmente comprendimos que nuestra misión es ser fieles trabajadores de Dios. Dábamos talleres a las empresas e instituciones privadas o públicas y encuentros a grupos organizados donde le enseñábamos nuestras experiencias, nuestro cambio y nuestro despertar. Una noche sueño que Dios me regalaba una caja de cristal, dentro de ella había un apartamento, muebles, cocina, nevera, lavadora, secadora, automóvil y todo lo necesario para equipar un hogar, al verlo le pregunto a Dios: "¿Qué es esto?". "Es el regalo que les voy a dar por haber cumplido su trabajo y haber comprendido la enseñanza, pidieron liberación y ya liberaron", dice. Al despertarme le comenté a Joel el sueño y comencé a recoger todo y poner en orden las cosas porque estaba segura que nos mudaríamos, también me dijo: "Acepta lo que te vamos a ofrecer y no veas lo que te dicen porque las personas tienen miedo de decir la verdad, lo importante es el camino que debes iniciar."

A los pocos días de esa videncia, me llamó mi hija para ofrecerme un apartamento para que me mudara a Caracas, y le respondí que sí, ya me habían dado permiso para hacerlo.

Vamos a retroceder un poco en el tiempo nuevamente, regresemos al momento en que estaba anunciada mi partida a Barinas, reflexionaba bastante por esta situación, me pregunté muchas veces ¿por qué había experimentado pruebas tan duras? ¿Por qué había sido tan incomprendida por casi todo mi entorno? ¿Qué era lo que debía profundizar para cambiar, comprender y avanzar? ¡Me hice tantas preguntas! Quise abandonarlo todo. Pero el tiempo es mi mejor aliado, estaba acercándose el momento de responderme vislumbraba nuevamente cada experiencia tenía su parte positiva y lo estaba develando.

Cuando estaba en Barinas inicié la enseñanza en el retiro que me indicaron, al mismo tiempo la investigación del aprendizaje, llevaba un cuaderno con todo lo que me iban diciendo, y comienzo a realizar el trabajo de campo con las personas que recibían la enseñanza conmigo, llevaba mis estadística, pero lo más importante fue el descubrir que cada vez que atendía a una persona, entendía porque me había sucedido a mí una experiencia muy parecida. Por ejemplo, atendí un día a una señora que había sufrido muchísimo, era víctima de su propia vida, su niñez había sido difícil, su matrimonio también era complicado, cada vez que le decía algo, recordaba mis experiencias, era como si escuchara doble, lo que tenía que decirle a ella y descubría porque yo había experimentado algo parecido, lo cierto del caso es que la invité a que me visitara todas las mañanas para hacer ejercicios de relajación y yo la iba a instruir para que saliera de la situación, además debía estudiar, ya que esa era su misión, ser una profesional para ayudar a las mujeres del mundo que tenían una situación similar. Después de tres meses, la señora era otra, estaba rejuveneciéndose, cambió tanto que su esposo quiso conocerme, gracias a Dios ella siguió en el camino hasta que obtuvo el título de abogado.

Atendí a otro señor que es ingeniero, y por una situación laboral había estado en prisión, esto lo tenía en un estado depresivo, incomprendido para él, estaba viviendo una situación difícil, al hablarle y ayudarlo entendí el porqué de mi experiencia, él Ingeniero se superó y tomó otro camino, se mudó a otra ciudad y se desempeñaba en un nuevo empleo.

Así fue sucediendo con muchas personas hasta que poco a poco, Dios me fue respondiendo cada una de las preguntas que le hice en cada momento difícil de mi vida, comprendí, que a pesar de que las experiencias eran difíciles, mi amor por Dios era tan grande que me fortalecía para avanzar.

Dios me había llevado con su *Pequeña Mano Morena pero ¡tan grande!* hasta que comprendiera el porqué de todo. La vida es un juego y debemos saber jugarlo, lo importante no es ganar el juego, lo importante es llegar a conocer las reglas y normas que cada quien diseñó en su juego particular, para dominar su proyecto y saber que tenemos consciencia de todas las posibilidades, hasta que logremos triunfar.

En mi vida fui comprendiendo que todo lo experimentado en cada etapa de mi vida, era lo que yo había decidido evolucionar con la única finalidad de ayudar a la humanidad, que ellos comprendieran su juego y así despertaran consciencia hacia el amor incondicional. Se había cumplido con otra etapa más de mi vida, quizás la pudiese denominar comprensión y conocimiento, a través de las experiencias superadas había cambiado muchísimo, lo mejor es que me había observado internamente para descubrir mis debilidades, rompiendo los patrones que tanto dañaban mi evolución. Ya podía observar las experiencias con otros ojos, donde pedía que se manifestara lo positivo que estaba oculto en ellas, tenía conocimiento, me habían entrenado muy bien y se acercaba el momento de ponerlo en práctica con las pruebas que viniesen, con la única finalidad de ver mi acción o reacción al respecto, porque no debía perder mi equilibrio.

Estaba consciente de que entraba otra nueva etapa de mi vida donde expandiría el mensaje, pero el mensaje estaba íntimamente relacionado conmigo, cómo reaccionaría ante los hechos por venir. Estaba muy consciente que Dios quería que apoyara a las personas en su despertar pero no era un trabajo fácil, las personas dormidas eran muchas, eran miles y miles de personas que caminan por el mundo aletargados, debía tener mucho tacto y ser habilidosa para decirle las cosas que no los dejaban avanzar y lo que debían corregir, pues no les gustaba y se molestaban, justificándose ante los patrones y conductas aprendidas para continuar manipulando y seguir dormidos contaminando el planeta y dañando su vida.

Tendría que ser valiente para afrontar esta nueva etapa experimental donde sería más conocido mi mensaje, pero estaba dispuesta a continuar hacía donde los seres de luz me guiaran, independientemente que nadie quisiese ver su verdad. Tenía una herramienta maravillosa para mi trabajo, el «Diseño Holográfico», ellos me habían enseñado todo y como aplicarlo en cada quien, comenzaría analizándoles el diseño a quien me lo pidiera, lo que si le rogué a Dios, que por favor vinieran personas que quisieran cambiar, era muy difícil trabajar a las personas extremadamente dormidas y menos si no deseaban despertar. Me sentía fortalecida para iniciar esta nueva etapa de amor incondicional.

No fue fácil nuestra salida de la ciudad de Anaco, parecía que las energías densas no querían que avanzáramos, así que una mañana me dijeron levántate temprano y ve a buscar una camioneta que esta parada en la bomba de gasolina, ellos te llevaran las cosas a tu nuevo hogar, al levantarme temprano le pedí a Joel que me llevara a ese lugar, conseguimos un camión parado, le pedí que hablara con el señor, quien le recomendó a mi esposo que regresara en una hora, él iba a hablar con su hijo que causalmente tenía una camioneta, además él debía ir a Caracas; nos fuimos a desayunar y regresamos en una hora, al llegar estaba una camioneta blanca esperándonos, la conducía un muchacho joven, acompañado por su esposa, Joel converso con él sobre nuestros deseos y todo fue sorprendente, al día siguiente a las cuatro de la mañana estábamos cargando la camioneta para irnos, llegamos a ciudad el 27 de diciembre a las 11:30 de la mañana, iniciábamos un nuevo camino sin tantas cargas.

Estábamos conscientes que todo inicio no es fácil, siempre hay que tener paciencia y tolerancia para poder avanzar, a falta de esto se complican las cosas, la razón es que se está comenzando un proceso diferente, con una energía diferente y hay que aprender a vibrar en esa frecuencia. A los cuatro meses de mudados ya estaba mejorando todo, recibo el mensaje de mis guías que van a invitarme a un programa de televisión, ¡me sorprendió!, no sabía si estaba preparada para eso, les pregunté: "¿Están seguros que eso desean que haga?, ellos respondieron: "Todo va a estar perfecto". Di las gracias y se lo conté a Joel.

No tenía idea como se darían las señales, pero estaba segura que serían tal cual lo habían anunciado, y en menos de un mes estaba en un canal de televisión de Caracas llamado "La Tele", con Mariela Castro en el programa "Conóceme", estuvo muy agradable nuestro encuentro, además que la entrevistadora es un ser muy especial y profesional junto a su equipo, le gustó tanto la entrevista que me pidió que grabáramos otro programa, el mismo día lo grabamos y a los tres días grabamos otro. Fui también invitada por "La Bicha", una locutora muy conocida nacional e internacionalmente, realizamos un programa de radio, de igual manera se sintió tan complacida que grabamos dos programas el mismo día; a pesar de no haber dado información para que me contactaran, las personas que vieron el programa buscaron la manera de conseguir el número de mi celular, recibí muchas llamadas pidiendo que los atendiera, pero no tenía la capacidad para ver a tantas personas, me planifiqué con una agenda y comencé a anotar a las personas para planificar las citas, trabajé así por un año y medio entre las consultas y los encuentros grupales, hasta que me dieron nuevas directrices, indicándome que no debía atender a más nadie.

Esto me impresionó, les pregunté el por qué y me respondieron que debía viajar. Estuve trabajando hasta el 31 de diciembre como me indicaron, en enero me quedé tranquila sin dar citas ni encuentros.

Un día siento un llamado, lo recibía directo a la mente, cuando esto sucedía latía mi corazón, sentía que debía ir a Argentina, ellos me contactarían con Marcelo, yo no debía hacer nada solo ir a Argentina, al estar en mi presente, me dije "Bueno, lo acepto", le comenté a Joel como siempre lo hago, insinuándole que me disponía a ordenar todo el apartamento para dejar las cosas bien ordenadas, este mensaje se vislumbró rapidísimo, a los pocas días me llaman de la agencia de viaje para decirme que tenían problemas con el pasaje para India, yo estaba pagándolo por partes, como no habían emitido el boleto, el precio había subido mucho por la devaluación cambiaria, le respondí a la muchacha: "Quiero preguntarte algo, ¿si deseo cambiar el pasaje para Argentina, cuánto es la diferencia?", ella me respondió: "Espere, ya le indico, espere cerca de 15 minutos", cuando retomó la llamada: "Sra. Laura si usted quiere viajar Argentina no tiene que cancelar nada, lo que pagó le cubre para su pasaje, solo debe cancelar el impuesto y su seguro de viaje", se me encendió una lucecita en mi cabeza, me dije: "¡Estoy hecha!". Me reí y le expliqué que consultaría con mi esposo y le llamaría de nuevo.

Al día siguiente me llamó mi hija para decirme que le dijera que le quería de regalo, que ella me lo iba a dar, ¡otra oportunidad más que me brindaba el universo!, inmediatamente le conté que ya tenía el pasaje para irme a Argentina, que tenía que irme por 40 días, ella se sorprendió y dijo: "¿Mamá, por qué 40 días? Respondí: "porque eso fue lo que me dijeron mis guías, hija, además aprovecho y hago un curso". No le quise decir que estaba recibiendo un llamado telepático porque se molestaría, hizo silencio por un corto tiempo, respondiendo: "Bueno, te voy a regalar lo que quieres, arregla todo para que te vayas pero ten cuidado con lo que haces allá porque vas a estar sola". "No te preocupes, jamás estoy sola", respondí.

Para la fecha indicada, 04 de marzo de 2010, estaba rumbo a Argentina, nunca antes había ido, estaba feliz por mi encuentro con Marcelo y lo que me esperaba allá, sabía que nos encontraríamos muy pronto; llegué en la noche como a la una de la madrugada, mi hija me había alquilado un apartamento pequeñito para que estuviera cómoda en Buenos Aires en Recoleta, pero al llegar la agencia que me fue a buscar me llevó a un lugar nada agradable, estaba descuidado y desaseado; como había llegado en la madrugada no podía hacer más nada que dormir en una silla de esa habitación, no me atrevía a acostarme en la cama por las condiciones en que se encontraba.

Al día siguiente fui a la agencia, pregunté por el gerente, él salió y me atendió, ya sabía que estaba molesta. Le dije: "Señor, un placer conocerlo, vine a hablar con usted porque estoy visitando Argentina y no voy a permitir que nadie perturbe mi estadía aquí, vine a ser feliz, estoy segura que usted entiende lo que significa ser feliz, así que por favor lléveme de inmediato a un lugar hermoso para disfrutar de este país, le agradezco su atención y solución inmediata". El señor me veía hablar y cuando terminé respondió: "Disculpe, señora, fue una equivocación, ya la vamos a cambiar", le repliqué: "Tenga a bien entender que usted cubrirá mi traslado", con un movimiento de cabeza acepto, y luego le dije sonriendo, gracias por permitirme ser muy feliz en Argentina. Me trasladaron en un taxi hacía Recoleta, el apartamento estaba por un lateral del hotel Alvear, una zona muy bonita, ya estaba en el lugar perfecto, aproveche mi estadía en Argentina y realicé unos niveles del curso Gaiadom Heart, que causalmente dictaba Marcelo, comenzaba al día siguiente, así que descansé para estar disponible temprano y dirigirme al curso, tenía dudas si ese era Marcelo, lo que si sabía era que al verlo lo reconocería.

Una vez en el curso conocí a Marcelo, quien era el facilitador, pero enseguida percibí que no era la persona por quien vibraba mi ser, disfruté las enseñanzas durante varias semanas, hasta que terminé los 3 niveles, para terminar el curso lo hicimos con una meditación, fue extraordinaria comprendí que era mi maestría, en la última meditación comencé a bajar unas escaleras que llegaba hasta un templo de piedras, era bastante grande y magnánimo, lo observé hasta grabarlo en mi mente, eran piedras gris claras, brillaban resplandeciendo luz, había un pasillo en el medio, se encontraban personas de cada lado, como espectadores del acto que se iba a iniciar, al final estaba un estrado conformado por varios Maestros, había una silla frente a ellos, donde invitaban a sentar a los que estaban graduando, las personas presentes estaban atentas a todo el acto, con mucha disciplina y silencio solo se escuchaban mantras. Alguien me llamó por mi nombre, una persona con una túnica blanca se acercó a buscarme, con su mano me pidió que le acompañara hasta la silla donde sentaban los que recibían el grado, no sabía porque estaba yo allí, sin saber que pasaría aparece mágicamente Baba, con una sonrisa y su mágica energía irradiando todo, me dice: "Laura, te felicitamos ya alcanzaste tu Maestría, ya conoces bastante y has sido muy disciplinada y obediente, acabas de culminar tu maestría", me envolvieron con un manto color naranja con cinco franjas doradas hermosísimas, igual me cambiaron el vestido, por una túnica naranja, ya sentada nuevamente con mi atuendo de Maestra, me dice Baba: "Ya sabes que somos intraterrenos y existimos, tu perteneces a este grupo de trabajadores de la luz, de ahora en adelante, ellos te acompañaran, serán tus guías y estarás bajo mi directriz y protección, recuerda que de ahora en adelante todo lo que te corresponda llegará a ti, nosotros somos tus proveedores y protectores". ¡Lloraba de la emoción! No había manera de controlar mis lágrimas, ellas fluían solas, Baba dijo: "Mira quien será tu compañero, él te acompañará y protegerá en esa dimensión". Cuando llama a alguien y lo veo cerca de mí, reconozco que es mi esposo, él entra, se coloca arrodillado con una sola pierna a mi lado mirando a Baba quien toma su mano y la coloca encima de la mía, Baba anuncia a todas las personas asistentes que había alcanzado la jerarquía de Maestra, comienzan unos mantras a sonar, Baba le pide a mi esposo que me levante, me voltee para que pueda ver a todas las personas que estaban presente, me levantó y al girar miraba a miles de personas, todas felices, Baba dijo entonces: "Todas esas personas esperan por tu apoyo para despertar, este es tu nuevo camino, perteneces a los seres de Luz que están despertando a la humanidad, guiada por los intraterrenos, desde este momento, ellos te acompañaran para que cumplas tu misión, y recuerda cuando digo que se hace algo se hará, no lo olvides", en ese momento sentí que el refugio, que siempre he querido hacer se hará, me tomó Joel por la mano, empezó a llevarme a la salida, cuando comencé a subir, en ese mismo instante estaba el facilitador tocando una campanita para que termináramos la meditación, todo fue tan perfecto que quede maravillada, me alegré de saber que continuaría mí camino de apoyo a la humanidad, sin comentar nada culminamos el curso, nos entregaron los diplomas, intercambiamos teléfonos con las amigas y cada quien tomó su camino.

Ese día llegué al apartamento segura de que algo iba a suceder pero no terminaba de llegar, así que me dispuse a hablar con Dios y le pregunté: "¿Dios, por qué todo me lo das a última hora, a veces no comprendo porque es así, será que están probando aún mi fe? .

Esa mañana iba a un programa de radio con Joaquín de la Heras, estuvo muy agradable, él es un chico bien jovial y sencillo además muy inteligente, compartimos el programa con intervención de los radio escuchas, el programa estuvo muy dinámico, les di el número de celular que tenía para que me llamaran si deseaban preguntarme algo, esa tarde recibí llamada de una señora, al escuchar su dulce voz, me dijo: "Quiero invitarte para que vengas a almorzar conmigo a un restaurante que está cerca de un lugar que quiero que conozcas", le respondí que con gusto le acompañaría, su voz me vibraba bien, me indicó que nos encontráramos frente de la entrada de la librería Kier, en la avenida Santa Fe, a las 12 del mediodía, terminó la conversación diciéndome su nombre, María Alicia.

Al día siguiente tomé un taxi y me dirigí al almuerzo con María Alicia, un ángel de Dios, una señora como de 68 años, con su cabello blanco gris brillante, ¡es todo un ángel! su hermoso rostro dejaba ver las experiencias de su vida, me esperaba con una sonrisa, ella caminó a mi encuentro, nos saludamos como si nos conociéramos de toda la vida, me dijo que primero almorzaríamos y luego entráramos a la librería, ella me tomó del brazo guiándome hacia el restaurante que quedaba como a unos 20 metros de distancia, si mal no recuerdo, entramos y nos sentamos en un espacio solitario para conversar libremente, comenzó la conversación dándome recomendaciones de un libro, fue insistente en que lo leyera, le respondí que me gustaba leer.

Durante el almuerzo conversamos de varios temas, fue muy agradable su compañía, les puedo expresar sin temor a equivocarme, que estaba con alguien que conocía de toda la vida, terminamos el almuerzo y caminamos de nuevo a la librería, quería regalarme un libro muy especial, entramos y me compró el tan mencionado libro El Llamado Planetario, del Profesor Marcelo Martorelli, cuando me entregó ese libro y vi el nombre lo reconocí ¡era él!, inmediatamente le dije: "yo tengo que hablar con él– y se lo señalé – ¿cómo hago para ubicarlo?".

Ella me explicó que no era fácil, él era un hombre muy ocupado, me recomendó leer primero su libro y luego le hiciera mis comentarios al respecto, ella me dijo que tenía que irse porque vivía en las afueras, así que tomadas de las manos como bailarinas de ballet al unísono llegamos al sitio donde ella tomo el bus eran unas cuantas cuadras de la librería para tomar la ruta para su casa, nos despedimos, luego de verla partir, me fui en taxi al apartamento.

Al llegar inmediatamente me dispuse a leer el libro, me encantó toda la información que había leído, él hablaba de los intraterrenos, en la madrugada decidí escribirle un correo electrónico que aparecía al final del libro, continué la lectura durante todo el día siguiente y cuando terminé de leerlo, me dispuse a escribirle a Marcelo un mensaje vía internet, el día 06 de abril del 2010 a las 19:31 horas de la noche, le escribí desde mi corazón, les transcribo el texto original del correo exactamente como lo escribí, sin modificar:

"Desde mi amor te escribo Marcelo, cuando la emoción de encontrar lo buscado, las palabras fluyen desde el alma y quizás quieren expresarse tan rápido que no puedo escribirlo de igual manera, soy de Venezuela - Caracas y por un llamado viajé a Argentina en busca de algo que no sabía, pero sentía, tengo desde el 3 de Marzo aquí y me preguntaba tantas cosas que observaba todo lo más insignificante hasta lo sutil, esperando respuestas como por ejemplo, donde está el amor de la humanidad,...???, porque no ven a los seres transparentes que nos guían,... ellos nos llevan a través de señales a donde debemos y se comunican con nosotros, porque nadie observa lo que yo si admiro y comprendo, porque me trajiste aquí Argentina...Dios respóndeme....

Disculpa no te quiero colmarte con mis interrogantes lo cierto que el universo sincronizo un encuentro maravilloso con un ser, María Alicia, querida "Chepi" como la conocen hablamos, almorzamos y hablamos... mi amor se expandió...sentí una vibración hermosa y sutil, al terminar me invito a la librería KIER, y me regalo un libro "El Llamado Planetario", y me dijo que era muy bueno le prometí leerlo, le acompañé caminando como bailarinas de ballet al unísono hasta que ella tomo el bus a unas cuantas cuadras de la librería, y yo tome un taxi al departamento donde me encuentro, comencé a hojear el libro, el primer impacto tu cara ya la había visto muchas veces al centrar mi amor en GAIA, y me llamaba, avancé en la lectura y me puse a llorar, las respuestas que hice al llegar a Argentina se estaban develando a medida que leía el libro, me acosté tarde leyendo y sintiendo paz en mi corazón, en la madrugada sutilmente me despertaron mis amigos de luz a quienes les llamo los transparentes y me hablaron es esto lo que debías recibir aquí está todo lo que necesitas... recibí otros mensajes y no pude dormir más, me levanté a leer y en la tarde fui de nuevo a la librería a comprar el segundo libro, antes de salir a la librería debía entregar el celular que había rentado y las personas dormidas en su amor jugaron en el cobro, les repetí que yo estaba en Argentina para ser feliz y que eso planteado no lo aceptaba, así que les repetí eso hasta que bajaron el cobro y cancelé para poder ir a encontrar a mis amigas e ir a KIER, al llegar a la librería le dije al hermoso ser de amor que me atendió que no le iba a llevar el libro hoy por lo que había tenido que cancelar el teléfono pero al recibir el depósito del apartamento iría a buscarlo, y llega una de mis amigas y me dice yo te lo regalo listo ya, te quería regalar un libro y si es ese el que quieres llévatelo, y cada una de mis amigas se llevaron el primer libro y yo me traía el segundo, mi corazón se expandió y respiré profundo esto no lo podría comprender sino quien vibre en amor....

El sincro destino se manifestó de tal manera que me muestra cada día su perfección...

De mi vida te podría decir que en 1986 un camión paso por encima del vehículo que conducía y quede atrapada en el por un tiempo, muerta, emprendiendo el camino hacia un mundo maravilloso del cual no quería venir, hay me re codificaron, despertaron entrenaron y regrese siendo otro ser despierto en este mundo de dormidos, sabes los años que tengo buscando el mismo mensaje que ellos me dieron, ahora puedes comprender mi alegría de saber que una persona tiene mi mismo lenguaje en tantos años de búsqueda, lloro porque sé que este tiempo fue mi tiempo, el necesario para que todo convergiera...

Marcelo sé que estas muy ocupado pero si te es posible cinco minutos hablar conmigo vernos o quizás tomar un café, no sé si es mucho lo que te pido pero aprendí de mis amigos, porque ellos me entrenaron que si hay pureza y amor todo se da, se encuentra y se ve... se que he esperado 23 años de mi vida, pero todo ha sido hermoso, Marcelo discúlpame, si es apresurado pero estoy viajando a Caracas el Lunes y estoy desocupada el miércoles mañana todo el día, el jueves en la tarde el viernes, sábado y domingo en la tarde, si podemos tomar un café seria el café más exquisito de mi vida el cual tengo muchos años añorando degustar... desde mi amor gracias, por encontrarte... El amor sea para toda la humanidad... Laura de González.-

DONDE HAY PUREZA, VERDAD Y AMOR... TODA PUERTA... NO VISTA SE LOGRA VER...

Esta es una copia fiel y exacta del correo original, no coloqué ningún número telefónico ni celular, yo esperaba que él me respondiera por el mismo correo pero no sucedió así como a las 10:30 de la noche estaba hablando con mi esposo por Skype, le contaba del libro de Marcelo y su mensaje que había impregnado cada célula de mi cuerpo, cuando sonó el teléfono del apartamento, me extrañó mucho porque nadie lo tenía, respondí como suelo hacerlo: "Buenas noches", y del otro lado me respondieron: "Hola, Laura, es Marcelo". Pegué un grito que Joel escuchó por Skype. "Marcelo, sí. Nos vemos mañana en el restaurante", me indicó la dirección, fijo la hora a las doce en punto, y rápidamente me colgó, ¡me quede atónita!, le repetía a mi esposo:

"Mi amor, es Marcelo, Marcelo, el Marcelo que estaba esperándome, él me llamó para que nos viniéramos mañana", ¡estaba impactada de la emoción!, terminé de hablar con Joel para poder hablar con mis guías, les agradecía todo, absolutamente todo, no fue fácil dormirme por la emoción que tenía, pero el cansancio me hizo retomar el sueño.

En la mañana me desperté temprano, no me permitía sentir otra cosa que no fuera nuestro encuentro, me desayuné, retomé la lectura del segundo libro que había ya empezado a leer el día anterior, a las 11 de la mañana tomé un baño, me arreglé para estar lista y a las 11:30 salí del apartamento rumbo al restaurante para nuestra cita, ¡mi corazón estaba tan expandido que vibraba todo mi cuerpo!, llegué al lugar de encuentro 10 minutos antes, tomé una mesa que estaba en la parte de atrás del restaurante, pero desde ese lugar se veía de frente la entrada, todo planificado para ver cuando llegara Marcelo, comencé a sentir una vibración en todo mi cuerpo, los latidos de mi corazón se aceleraron, me dije: "Ya está cerca Marcelo, lo siento", al ver hacía la entrada lo vi llegar, brillante, irradiaba frecuencia, su luz se veía desde lejos, a pesar que estaba muy diferente a la foto del libro, ¡era él, lo sabía!, caminó derecho sin dudar que era yo la que le esperaba, me saludó como si me conociera de toda la vida, estoy convencida que este fue un encuentro de almas planificado por la divinidad, conversamos de cosa interesantes y maravillosas, le hice muchas preguntas y él me las respondió a medida que conversábamos, también me dio una ruta que debía realizar, debía ir a Canadá, luego iría a India, para después ir a Londres y a México, también me recomendó que debía buscar la manera de mudarme al Norte, le respondí que si debía realizar esos viajes todo sería obra de Dios, porque realmente no tenía recursos, él me dijo: "tranquila, ellos se encargan de todo", conversamos de varios temas, sobre todo de los intraterrenos, nuestros hermanos de luz, me dio varios mensajes personales, así como me dijo: "Recuerda, Laura, auto-observación es el secreto". Nos despedimos, recomendándome que permaneciera en el lugar un buen rato, le invité a almorzar, pero me dijo que no tenía más tiempo, por lo que decidí quedarme almorzando y flotando en la energía para esperar que pasara el tiempo que me había encomendado.

Después de almorzar agradezco la bendición recibida, me levanté para irme, caminé hacia la puerta y al salir del restaurante, tuve mareos inexplicables, comencé a ver que las personas caminaban en cámara lenta, así veía a todas las personas que transitaban en la calle, no reconocía el lugar donde estaba, ni sabía en qué país me encontraba, era algo extraño, me recuesto de la pared para ver que debía hacer, empiezo a observar a las personas que veía caminar lentamente y como poco a poco se normalizaba su andar, en ese instante, me doy cuenta que tenía una agenda en la mano, me dije a mí misma: "Seguro que tengo anotado el lugar donde me encuentro y la dirección", revisé y encontré escrito en la agenda: "Laura, estás en Argentina y estás viviendo en Recoleta", busqué en mi cartera y tenía unas llaves que tenían pegado un papel con la misma dirección, todo esto lo había hecho al llegar por si sucedía algo que me hiciera perder el tiempo-espacio donde estaba ¡Todo fue perfecto! Paré un taxi y le pedí que me llevara a esa dirección, ya no me quedaban dudas que estaba en ese sitio, no reconocía nada, lo que tenía era sueño.

Al llegar me acosté a dormir hasta las 9:00 de la noche que me desperté al recibir llamada de Joel. Le conté a mi esposo todo el encuentro, desde que llegué al restaurante hasta que había llegado al apartamento y me había quedado dormida, también le dije que me sentía diferente, más animada y con mucha más energía; al día siguiente recogería todo para entregar el apartamento, me iría tres días para un hotel, para después regresar a Venezuela.

Toda esta experiencia maravillosa me mostró que cuando uno atiende los llamados internos con fe, ellos se manifiestan, cada vez que tenía encuentros mágicos mi vida cambiaba y mi fe se fortalecía, ahora me sentía que estaba en el camino que debía recorrer, vibraba con energía de los seres intraterrenos, ellos solo desean que la humanidad despierte de tanto dolor y sufrimiento, ellos sólo desean que comprendan como se ha perdido el amor incondicional y la compasión entre hermanos de una misma raza, su mensaje es maravilloso, pero lo que más me gustó fue encontrarme con un ser que tenía mi mismo lenguaje, el cual llevaba años buscando, creo que nuestro encuentro era para fortalecerme y aceptar que estaba en el camino correcto, aunque las personas que me conocían me llamaran loca, pensé: "No soy la única loca, sé y estoy consciente que somos varios los locos".

Al llegar a la casa me sentía renovada, mi recuperación física se notaba, estaba mucho más ágil que cuando me había ido para Argentina, no pasaron muchos días cuando me llama mi hija, para decirme que arregle los papeles y pida la visa para que me fuera en julio para Victoria, Canadá. Quería que fuera a visitarlos, sobre todo los niños, preguntaban por mí todo el tiempo, en ese momento recordé lo que me dijo Marcelo.

El 27 de julio del mismo año estaba rumbo a Victoria, Canadá. Disfrutaba de conocer la ciudad, compartir con mi hija y los nietos, me pregunté muchas veces ¿por qué este viaje?, ¿qué me querían enseñar en estas tierras? Un día sentí la presencia intraterrena en la casa, ese día estaba sola, cuando toca la puerta una joven, bastante alta, delgada venía en bicicleta, nos habíamos contactado por internet inexplicablemente, ella había quedado en visitarme, pero no había dicho en que momento, así que inesperadamente el día que me quede sola ella llegó, conversamos del mundo intraterreno, me regaló cuatro cajas de CD con información, comentó que ella había estado viviendo en una nave con ellos varios años, ahora estaba recorriendo el mundo, se mudaba para donde le indicaran, ella era de Bolivia, pero su aspecto no era para nada boliviano, era alta delgada, ojos claros, estaba ya en trámites para mudarse a Noruega, me confirmó que debía continuar mi trabajo, "No lo abandones, debemos apoyar el Despertar", me indicó que debía irse, porque ya venían personas a la casa y ella sentía que debía retirarse, le dije que estaba bien, se fue y enseguida tocaron el timbre, pensé que se le había quedado algo, no era ella, era mi hija, le comenté que se acababa de ir una amiga de luz andaba en bicicleta, mi hija respondió: "Mamá, no vi a nadie en bicicleta, la calle está sola", para salir no había otra vía porque era calle ciega y la casa de mi hija era la última, no repliqué nada, sólo sonreí.

Los intraterrenos son seres hermosos conscientes-conscientes del amor incondicional en resonancia con las Leyes del Universo, ellos habitan dentro de la tierra en ciudades que se crearon en un momento difícil del planeta, evolucionaron y ahora están apoyando la evolución de nosotros aquí sobre la Tierra, son seres de amor y paz, ellos me han entrenado en lo que debo realizar, mi misión no es explicar quiénes son ellos o que vienen hacer en esta gran obra planetaria, ellos me han explicado que mi trabajo es permitirles comprender a la humanidad, que deben ser íntegros, coherentes y Despertar, de manera tal, que al expandir la consciencia puedan después aceptar la existencia de otros seres en el planeta, por esta razón no me extiendo a dar información de quienes son ellos, quizás en otro libro me sea permitido, pero la intención ahora es expandir la consciencia del ser humano para su despertar, sin embargo aquellos que deseen ampliar la información, hay muchísima en internet, comparto el criterio del Profesor Marcelo Martorelli, quien admiro y está en Argentina, él revela de manera única el tema, escribió El Llamado Planetario con información valiosa.

Eran los primeros días del mes de septiembre y ya empezaba a arreglar mis cosas para regresar, cuando aparece mi hija en la habitación para contarme que había un congreso de medicina pediátrica en la India, ella estaba invitada, pero no quería ir sola, me pregunta si deseo acompañarla, inmediatamente le respondí: "¡Claro que me iría contigo!", le pregunté si podíamos ir nuevamente a donde Baba, ella respondió con una sonrisa pícara, "Sí, aunque yo solo me quedaré tres o cuatro días cuando mucho en el Ashram de Baba, debo regresar por la universidad, mami, entonces arreglaré todo, tendrás que llegar a Caracas y al mes salir para India, le dije: "No te preocupes, Dios me tiene viajando a donde él quiere que yo vaya."

Llegué a la casa para compartir con Joel su cumpleaños, unos días después del cumpleaños de Joel estaba en la cocina arreglando las cosas para empezar a hacer el almuerzo, cuando aparece un amigo que apreciamos mucho – *Pequeña Mano Morena… pero ¡tan grande!* ya está en otro plano–, al verlo le saludo y le comento: "¡Néstor, que alegría verte!, ¿quién es la persona que te acompaña?". Era un ser alto, hermoso y radiante, le sentía un misterio agradable, Néstor me responde: "Él es el ángel de la muerte quiere hablar contigo, solo vengo acompañándolo", su armoniosa voz me anuncia: "Hermana, quiero decirte que Baba te llama debes venir a él", lo veo a los ojos y le digo "¡Sí, lo haré!", mi cuerpo se erizó todo, sentí mucha tristeza.

Lloré sin saber por qué, continué haciendo el almuerzo sin dejar de llorar, no sabía lo que me pasaba, le dije a Baba: "Si es que me tengo que ir de plano lo acepto, ahora si estoy preparada", al llegar Joel le cuento la experiencia y le digo: "Amor si me muero en India no hagas nada deja que me entierren allá, voy a dejarte todo organizado para que no tengas que hacer muchas cosas", empecé a ordenar muy bien el apartamento, me deshice de todo lo innecesario, acomodé todo, dejé anotadas todas las claves de todo lo que mi esposo pudiera necesitar, y a las tres semanas estaba viajando a India, no sabía que iba a suceder, pero fuera lo que ocurriera, estaba todo en armonía perfecta.

Tomé el vuelo a India en la tarde arribando al día siguiente a Frankfurt, donde me encontraría con mi hija para tomar juntas el vuelo a Nueva Delhi; llegamos a la una de la madrugada del mismo día a Delhi, nos trasladamos al hotel con un señor que nos esperaba, al entrar al hotel observé la decoración que era muy bonita, expresaba lo hermoso de la India, nos recibieron dos muchachas vestidas con sus coloridos traje típico hindú, dándonos la bienvenida con un collar de flores muy aromáticas y ofreciéndonos té, todo nos agradó muchísimo! pero el cansancio nos invitaba a dormir inmediatamente. Esa noche me quedé profundamente dormida, en la mañana nos levantamos temprano cuando apenas salió la luz del sol, teníamos mucha hambre, así que apenas nos arreglamos fuimos a desayunar y en ese instante fue que pude observar mejor la suntuosidad del hotel, estábamos alojadas en el piso para personas VIP, por eso había un restaurante para tomar el desayuno en el mismo piso, todo lo que observé me producía dolor en mi corazón, no comprendía como se derrochaba tanto dinero y a la vez existían personas tan necesitadas en el mundo. Esto me parecía una falta de compasión tan grande que comencé a sentirme triste, al punto que no quería salir mucho de la habitación, compartí como mejor pude con mi hija en sus exposiciones y en las conferencias que dictó, pero mi único deseo era irme a donde Baba.

A los tres días aparece Baba en mis sueños, me dice: "Has trabajado para mí, has sido disciplinada y obediente, por eso te llamé para que vinieras, este es tu regalo disfrútalo, y no veas ni observes lo que estás haciendo, no viniste aquí a eso, te traje para regalarte un merecido descanso", al despertarme luego de mi rutina de agradecimiento, le digo a Baba: "Es verdad lo que me dijiste voy a disfrutar este regalo".

Me dispuse a salir con mi hija a conocer la ciudad, los castillos, y la acompañé a los compromisos y fiestas por lo menos un rato, meditaba bastante para alimentar mi ser, así transcurrieron los 11 días hasta que nos llegó el día que partíamos para estar a los Sagrados Pies de Loto de Baba.

Tomamos el vuelo en la mañana desde Delhi a Bangalore, al llegar nos esperaba un taxi enviado por nuestro amigo Manzoor, él es especial con todos los venezolanos que viajan a ver a Baba, el taxi nos llevó hasta el hotel en Prashanti Nilayam, nos hospedamos en el Hotel OM. Nos agradó muchísimo. Ya que durante todo el día y la noche estaba sonando el mantra OM en todo el hotel.

Como llegamos en la tarde, decidimos salir a buscar lo que necesitábamos y a comer, iríamos en la mañana al Darshan de Baba, para disfrutar de su amor incondicional, nos fuimos a la tienda de Manzoor a saludarlo y darle las gracias por su apoyo, compartimos con él...en ese momento llegan unas venezolanas que ya estaban hospedadas desde hace unos dos meses en Prashanti Nilayam, Manzoor nos las presenta, al ver las dos señoras me di cuenta que una de ellas estaba muy mal, además sentí que Baba me dijo que la ayudara, al hablar con ella le dije: "Señora, siento que usted está mal, la voy ayudar porque Baba me lo pidió, porque estoy aquí más bien descansando, yo no vine a trabajar, pero cuando me dicen algo yo obedezco, hoy estoy cansada por el viaje, yo le llamo", intercambiamos teléfonos para poder comunicarnos y le dije que esperara mi llamada. Nos despedimos y nos fuimos a descansar al hotel, queríamos dormir para levantarnos temprano a ver a Sai Baba.

En la mañana se sabía que Baba no iba a salir, así que me quedé en el Hotel, aproveche de avisarle a Arelis, la señora que había conocido, para que viniera a hablar conmigo, es todo un personaje llegó a la hora indicada, tenía una falda blanca larga, una blusa blanca y un chal blanco, recién bañadita, su cara expresaba angustia, incertidumbre y confusión, como también interés en conversar y encontrar lo que buscaba. La recibí en la habitación donde estábamos hospedadas bajo el arrullo del OM, lo que relaja a cualquier persona que lo escuche desde su corazón, ella estaba muy confundida y además se veía que estaba muy nerviosa, pudiera decir que estaba a punto de un colapso, porque sus ojos brincaban arrítmicamente, comencé a hablar con ella le expliqué lo que observaba, qué era lo que ella irradiaba, que con su dispersión me decía todo; le analicé su Diseño Holográfico, explicándole que es una esfera de energía que tenemos todas las personas a la altura de la cabeza del lado izquierdo que contiene todos los patrones de la mente continua, también contiene todos los procesos que decidimos evolucionar en esta vida y las que ya hemos evolucionado en vidas anteriores, allí plasmamos lo que deseamos corregir, comprender, entender y avanzar en esta vida.

En su análisis le indiqué lo que había experimentado en otras vidas y lo que ella había decidido corregir y cambiar en ésta, lo cual no lo había entendido, ella había diseñado en esta vida trabajar su auto maestría y alcanzar realmente lo que es el amor, me tomé suficiente tiempo para explicarle lo que debía hacer, le hablaba de los cuerpos principales, que todas las personas poseen, pero parece que no saben que existen, le hice observar que cada cuerpo se expresa y tiene vida propia, también le mostré que cada cuerpo hay que disciplinarlo y cómo hay que hacerlo, pero como eso no nos lo explican en ningún lado, ni en la escuela, ni en la universidad, pues no lo sabemos. Como si fuera poco, tampoco lo creemos, entonces aquí inicia el juego de la vida preguntándonos, conocemos realmente a todos nuestros cuerpos somos conscientes de ellos, cómo accionan u omiten, cómo manipulan y se manipulan entre ellos mismos?, cada uno va actuando por separado creando caos, estamos conscientes que sólo muere el cuerpo físico y los demás continúan su evolución. Arelis prestaba atención comprometida, ella no sabía lo que le estaba explicando, pero todo le parecía interesante y evidentemente la información resonaba con ella.

Al terminar la consulta le recomendé que hiciera unos ejercicios iniciales y que debería ir al encuentro que haría en Caracas apenas llegara de India, le di la información para que se inscribiera si lo deseaba, observé que ella era realmente una persona de buenos sentimientos y Baba la había bendecido, él realmente deseaba apoyarla para que avanzara, por esa razón le dije: "Aprovéchame que estoy aquí y puedes aprender mucho", terminamos saliendo a almorzar junto a mi hija, luego ellas se fueron a pasear, yo me quedé en la habitación, me gusta mucho estar en compañía de mis seres de luz, para eso debo estar sola. Esta es la razón por la que permanezco mucho tiempo en solitario.

Al día siguiente llegó Arelis en la mañana a la habitación, ya estaba diferente, apenas me vio, comentó maravillada: "Laura, hice los ejercicios que me dijiste antes de acostarme, primero me bañé, me puse cómoda, practiqué los ejercicios ubicando mis cuerpos, les pedí que se unieran y estuvieran tranquilos y me acosté a dormir, y no me vas a creer tenía como dos meses y medio sin dormir, me quedé profundamente dormida y hoy ya me siento mejor", le di gracias a Dios por permitirme apoyar a otra persona más, hablamos un rato y le expuse otros detalles, ¡cada día que le encontraba estaba mejor!, le enseñaba situaciones para que ella se observara, me comentó que ya se había inscrito para el encuentro que era los primeros días de Diciembre, estaba muy animada y cada día se recuperaba más y más.

Al tercer día de estar en donde Baba entré al Mandir, quería ver a Baba, hice una pequeña fila para ingresar, esperé como 15 minutos para entrar y sentarme en una silla dentro del Mandir, empecé a meditar y vi cuando salió Baba de su casa, caminaba hacia mí, vestido con su túnica naranja, resplandecía su luz irradiándola hacia todas partes, sonreía, me materializó vibhuti, me lo puso en la mano diciéndome: "¡Comételo, es sólo para ti", me lo comí, sonrió nuevamente y dijo: "Que bien que cada vez que te llamo vienes a mí, eres muy disciplinada cuando te doy instrucciones, por esta razón quiero que escuches lo que te voy a decir, te invité en esta oportunidad porque quería despedirme de ti estando aún vivo, te mandé a buscar con el ángel de la muerte para anunciarte mi partida, falta poco, debo irme y quiero que te desprendas de mi forma física, ámame y reconóceme como soy LUZ y AMOR, no quiero que entres más al Ashram, yo te visitaré todas las noches en la habitación, cuando tu hija se regrese a Canadá, disfruta la estadía aquí y descansa", se despidió diciéndome "Ya debo salir."

Me incorporé de la meditación al oír los mantras que anunciaban la salida de Baba en el Darshan, lo vi salir en su silla de ruedas guiado por los estudiantes que lo acompañaban, lloraba inconsolablemente al saber que Baba partiría, ya era su tiempo, lloraba al verle por última vez, no tenía capacidad de asimilar que él se iba y la bendición que había recibido de estar a sus pies antes de partir. Salí del Ashram desconsolada, no podía creer que Baba se iría, me encontré con Arelis, ella me preguntó que me pasaba, le conté lo que Baba me acababa de decir, por supuesto se sorprendió, ella respondió: "¿estás segura? No, chica, quédate tranquila, él no se va aún", le respondí con certeza de lo que estaba diciendo, Baba tiene que irse y regresara después, ya me lo dijo.

Al salir nos fuimos a comer con Yonita, sería la despedida, ella regresaba a Canadá al día siguiente, conversamos de varios temas hasta tarde, luego nos fuimos cada una a dormir, para levantarnos temprano. En la mañana nos conseguimos con Arelis y sorprendida nos dijo que estaba mucho mejor, había logrado ver su cuerpo emocional, observó que estaba muy mal, airada, rabiosa, con miedo, lo que pensaba ella que no tenía, había logrado verlo, se dio cuenta que sus años de amargura la habían llevado justo a este momento que experimentaba con crisis, esta era la razón de su malestar, había descubierto que era por ella misma que estaba mal, comprendió que hay cosas que marcan más que otras y las que más marcan a las personas, se queda adentro como a escondidas, pero para poder avanzar llega el momento en que aflora todo ese malestar para ser sanado, ella descubrió la raíz de todo y quiso un cambio, fue consciente que debía ser impulsado por ella misma, para sanar y cambiar, en ese momento dedujo que a pesar de tener tantos años en el camino espiritual con cantos, mantras y protocolos, no se había visto por dentro como ella realmente se sentía. Aceptó su transformación feliz.

Nos fuimos a desayunar en el restaurant Hanuman, los desayunos eran distinguidos por ser exquisitos, tomamos nuestro preferido, avena con frutas y un sándwich de queso con tomate, degustando el extraordinario café que sirven ahí, compartimos muy rico hasta que llegó Manzoor, anunciaba que estaba listo todo para salir a la ciudad de Bangalore, él iba acompañar a Yona, que deseaba comprar unos detalles para luego irse al aeropuerto.

Luego de despedir a Yonita, invite a Arelis para que me acompañara a un templo porque estaba un gurú esperándome, él tenía cosas para mí, Arelis me dijo que en ese templo no había nadie, ella llevaba dos meses y medio en India, había ido varias veces inclusive había ido con Yona dos días antes y no había encontrado a nadie en ese lugar: "Le dije, amiga, sólo le dije que me acompañara si quiere, él me está esperando me lo dijeron mis guías", Arelis respondió "Bueno si quieres ir vamos pero ya verás, que en ese lugar no hay nadie". Tomamos un taxi al estilo hindú, nos fuimos en un agradable paseo, pasando primero por la estación de tren, luego nos fuimos al Templo, al llegar a la parte baja hay un gurú, pero le dije que no era ahí, él que buscaba estaba arriba, ella repitió "Amiga, eso está cerrado, no hay nadie", la miré diciéndole "Arelis voy a subir él está ahí esperándome", subimos por una escalera hecha de piedras, los peldaños eran irregulares e inclinados, pero poco a poco subí hasta ver el templo, y ahí estaba el gurú! esperamos un poquito que el saliera a nuestro encuentro, al verme sonrió, le dio indicaciones a Arelis para que entrara a una fosa que estaba en el medio del templo y meditara, a mí me empezó hacer un ritual de bendiciones, luego me empezó a regalar *rosarios hindú*, me dio tantos que no cabían en mis manos, Arelis se acercó a ver si le daban y él la vio con cara de gruñón, le dio solo uno y le indicó que diera vueltas al templo, terminé de recibir tanto los regalos físicos como los espirituales, llamé a Arelis ya era momento de retirarnos, ella me comentó que el Gurú, solo le había dado un Japamala o rosario y a mí me había regalado tantos, la miré a los ojos y le dije: "Escuché su llamado y sabía que me esperaba, en cambio tú lo negaste desde el principio".

Había recibido instrucciones divinas de no quedarme el tiempo que tenía dispuesto, mi deseo era estar hasta después del cumpleaños de Sai Baba, pero hay que ser obediente, me dijeron que llamara a mi esposo y le dijera que cambiara el pasaje para el día que él consiguiera, debía regresarme para continuar en mi trabajo de luz, así lo hice, la fecha de regreso estaba pautada para el 9 de noviembre del 2010, los días que permanecí en el Ashram me habían nutrido muchísimo, estaba descansada y feliz para iniciar una nueva etapa.

Regresé a Venezuela e inmediatamente me dediqué a mis actividades, el 10 de diciembre realizamos el encuentro en uno de los auditorios de la Universidad Metropolitana en Caracas, estuvo maravilloso, Arelis asistió con una amiga y una sobrina para compartir el encuentro de almas, esto la animó tanto que promovieron realizar uno en Maturín. En enero del 2011 se realizó otro encuentro en Caracas y en febrero, realizamos el primer encuentro en Maturín.

Recibí nuevamente un llamado, esta vez debía irme a México, a los pocos días me invita una amiga mexicana que es un ángel de Dios, Elizabeth, para que me animara a ir, ella nos organizaría todo, el hotel, las consultas y las visitas, le respondí: "Está bien, Elizabeth, iré porque ya tenía el llamado del viaje". Arelis decidió acompañarme, así que en mayo estábamos rumbo a México, le pedí a Arelis que aceptara todo lo que sucediera porque ella nunca había viajado conmigo, era un viaje guiado para cumplir una misión, durante el vuelo recibí instrucciones divinas, e instrucciones dadas también por los ancestros indígenas, recibí todas las señales, muy importantes para poder permanecer en la ruta señalada, al llegar a la habitación le explique Arelis todo, le dije que estábamos en ese lugar porque debíamos entrar a las 12 de la noche a la pirámides de la Luna, allí darían las instrucciones, pero previo a nuestro ingreso debíamos ir a un lugar de las pirámides donde nos rodearían las abejas, que no tuviera miedo, no nos harían nada, ellas son espíritus evolucionados que apoyan la labor divina, todo sería mágico y perfecto, la señal también sería dada por unos niños que veríamos, Arelis respondió: "¿A quién conoces tú que nos ayudara hacer lo que me estás diciendo?", le respondí: "Sólo a Dios y a mis guías, ellos hacen todo perfecto, ten solo FE", hablé con Elizabeth para que nos consiguiera que un amigo de ella nos llevara a la pirámides, planificamos el día que iríamos y al atardecer nos fuimos a la pirámides, buscando primero todas las señales, llegamos a la entrada, pedí permiso a los espíritus de luz que custodian el lugar para que nos permitieran acceso a la energía de la pirámide, vi cuando llegaron los espíritus indígenas, para guiarnos, continuamos detrás de ellos hasta un pequeño lugar donde hay unas esculturas, en ese lugar nos quedamos Arelis y yo observando que sentíamos, hasta que llegaron las abejas y nos rodearon a nosotras dos como tejiendo una maya invisible de luz que nos protegería, le dije a Arelis: "Ya se fueron las abejas, hay que esperar que vengan unos niños para poder continuar la ruta", a los pocos minutos llegó un grupo de niños que jugaban y saltaban pasando frente a nosotras, en ese instante alerté a Arelis para que camináramos a donde teníamos que ir, le manifesté que teníamos que entrar a la pirámide de la Luna, pero debía ser a las 12 de la noche, los ancestros indígenas, me darían las instrucciones que debía cumplir, él sorprendido me dijo que no sabía si se podía. El universo era perfecto. Para dejar correr el tiempo, nos fuimos a comer a un restaurante, le pedí que nos llevara a uno que tenía un gato negro, él se quedó pensando y nos dijo: "Bueno no sé si hay un gato negro pero les recomiendo el restaurante La Gruta", nos fuimos al lugar y cuando empezamos a bajar la escalera escuchamos una canción que su letra inspiró una señal más en mi corazón, me erice, le dije a Arelis que escuchara la letra, se las transcribo a continuación:

POR NUESTRA TIERRA

TENEMOS QUE CAMBIAR - NO QUEDA TIEMPO YA

ES EL MOMENTO AHORA - DE
ENFRENTAR LA REALIDAD

TENEMOS QUE ACEPTAR - QUE YA
ES TIEMPO DE ACTUAR

ES EL MOMENTO AHORA - NO PODREMOS APLAZAR

SI TU QUIERES LOGRAR - AL MUNDO AYUDAR

SON LAS PEQUEÑAS COSAS - QUE
SUMADAS TRIUNFARAN

TIENES QUE DECIDIR - SI TIENES TIEMPO HOY

Y PUEDES CONSTRUIR - DEL FUTURO ALGO MEJOR

QUE AYUDAS A LA TIERRA - DE
CUIDAR NUESTRO HOGAR

CONSTRUIR EL FUTURO - QUE LOS NIÑOS VERAN

QUE AYUDAR A LA TIERRA - DE
CUIDAR NUESTRO HOGAR

CONSTRUIR EL FUTURO - QUE LOS NIÑOS VERAN

LOS MAYAS, GRUPO XCARET, de México, Música estilo Prehispánico

Al sentarnos en la mesa se acercó una señora sosteniendo una ligera conversación con Arelis, le preguntó quién era yo, ella había sentido una energía especial apenas íbamos bajando las escaleras, había notado mi esplendor, Arelis le comentó sobre mí y ella pidió que le ayudaran con un empleado que se sentía mal, luego regresaron a la mesa, al rato la señora vuelve a la mesa, nos comenta que ella quiere participar en el encuentro que teníamos el fin de semana, le dijimos con mucho placer la información y que la esperábamos con mucho gusto, dejamos el restaurante bastante tarde, nos fuimos a la Pirámide de la Luna, ya todo estaba programado por los Ancestros Indígenas, realizaríamos nuestro ingreso, al llegar subimos a la Pirámide de la Luna, inicié dando las gracias por todo lo hermoso que nos dan diariamente, comenzaron a aparecer muchos indígenas, todos sentados en el suelo rodeándonos en un círculo, cuando ellos llegaron solo yo los veía, los demás ni lo sintieron, pude verlos y conversar con ellos, al presentarme dándoles mi nombre espiritual, ellos reconocieron mi linaje, la jerarquía espiritual y la irradiación de la frecuencia del Amor Incondicional, ellos estaban contentos de mi llegada, pareciera que estaban esperándome, me dieron indicaciones para cuando ingresara en la pirámides del Sol y otorgaron el permiso para entrar, ellos sabían lo que se debía hacer en la Pirámides, repitieron que estaban felices de mi estadía en México.

Al terminar inmediatamente nos retiramos, caminamos muy rápido hasta la camioneta, al llegar y estar todos sentados enseguida el conductor arranco, les conté que ya teníamos permiso para pisar dentro de la pirámide del sol, iríamos a su boca, entraríamos y estaríamos guiados por ellos, debía buscar el lugar para irradiar la frecuencia del amor desde adentro, en ese lugar-tiempo-espacio debía bajar la frecuencia del Amor Incondicional, resonar con las demás pirámides y obeliscos del mundo como resonando la frecuencia para que se irradiara, activándose una frecuencia para el despertar que se está ejecutando hacia la humanidad, les aseguro que no sabía para que habíamos ido a México, ni conocía a ninguna persona para hacer lo que tenía que hacer, solo estaba guiada.

El fin de semana realizamos un encuentro compartiendo con un grupo de personas y dentro de ellas estaban las señoras que conocimos en el restaurant, al terminar el primer día, ellas me comentan que les gustaría darme un regalo, que hiciera una irradiación de la energía dentro de la Pirámides del Sol, en Teotihuacán, podían conseguir permiso, yo sólo debía decirles si quería ir, inmediatamente les dije que sí, sin comentarles nada, ya sabía que entraría a la Pirámides, me responden: "Debemos hacer unas llamadas y saber si el Chamán puede pedir permiso para que tengamos el acceso, porque sin el permiso del Chamán no podemos hacer nada, él debe consultar los ancestros, mañana que venimos al segundo día del encuentro les traeremos noticias".

Desperté al día siguiente con muchísima energía. Algo me decía que era un día especial, iniciamos el encuentro observando a los participantes más relajados, las señoras que esperábamos con una respuesta llegaron un poquito más tarde, como ya habíamos empezado las actividades, no podíamos conversar, apenas tomamos el receso para el refrigerio, ellas se acercaron a dónde estábamos Arelis y yo, sus rostros plenos de felicidad decían todo, nos dijeron: *"Les traemos excelentes noticias, tenemos ya la manera de entrar"*, sólo debíamos irnos al salir del encuentro para las Pirámides, nada más nos quedaba esperar el permiso de los ancestros a través del Chamán, si se lo daban podíamos ingresar, ella ya había organizado todo, nos alegró la noticia!, nuevamente continuamos con el encuentro para terminar a la hora acordada. Finalizamos el encuentro y salimos inmediatamente de Distrito Capital rumbo a las Pirámides en Teotihuacán, las señoras se trasladaban en una camioneta y nosotros íbamos con el amigo de mi amiga en la suya. Llegamos como en una hora y media a nuestro destino, al llegar nos dirigimos a una pequeña colina donde el Chamán pediría permiso para entrar, nos reunimos formando un circulo, el Chamán se me acerca para comentar que no es muy fácil obtener permiso para el ingreso, me ve a los ojos, agregando: "Imagínese, Laura, a mí no me han dado el permiso para entrar", sentí el juego del ego, le irradié mucho amor y le respondí: "Era que estabas esperando que yo viniera para que entráramos juntos", sonreí pero sentí que no le gustó mucho mi comentario, era la verdad, él se retiró a practicar su ritual, estuvo inmerso en su práctica para que nos dieran permiso los ancestros, se da vuelta hacia donde estaba parada y camina hacia mí, mirándome a los ojos, pero ya le había cambiado la expresión del rostro, más bien se notaba asombrado, me dice: "Señora Laura, honro su presencia aquí, nuestros ancestros han reconocido que usted viene a hacer algo importante, nos han dado permiso para entrar, creo que usted debe ser famosa en su país", le respondí: "No, no busco fama en ningún lado, en mi país no saben ni quién soy, sólo cumplo instrucciones divinas para el trabajo que me encomiendan", agradecimos todo y nos dirigimos caminando hasta la camioneta para ir a las Pirámides, al llegar veo una puerta que esta de frente y digo en voz alta, bueno no debe ser difícil entrar, en eso la autoridad que nos acompañaba, responde: "No, esa no es la entrada, es esta que está aquí y señala una entrada pequeña que está en el suelo", cuando la vemos, Arelis me comenta: *"Amiga no vas entrar por ahí"*, le respondo enérgicamente, "Amiga, si llegué hasta aquí ellos sabrán cómo voy a entrar!", acto seguido, un señor que estaba con nosotros dice: 'No se preocupe, señora Laura, yo seré su guía, le diré como va a bajar, entrar y cómo va realizar cada movimiento", luego todos recibimos las instrucciones de la autoridad que nos permitió el acceso y comenzamos a bajar la escalera que nos llevaría siete metros y medio bajo tierra, para iniciar el proceso a la Pirámides, el señor que me guiaba era muy tranquilo y paciente, se tomaba su tiempo para explicarme como debía caminar y como agacharme para entrar en los lugares pequeños, sentí como si hubiéramos entrado en una boca de un ser vivo, era húmedo y frágil, no se podía tocar nada, sentía que se movía la tierra como recibiéndonos, teníamos el tiempo contado por el oxígeno, caminamos un buen trecho, llegando hasta donde había una puerta de metal cerrada, en ese lugar había una investigación que estaban realizando los científicos, al llegar ahí les dije que nos devolviéramos un poco para entrar en un espacio que reconocí como el lugar donde debía realizar la activación energética, nos regresamos y al llegar a esa pequeña gruta los guías me confirmaron que allí se hacían los rituales, pero ellos no me podían decir nada, yo tenía que descubrirlo por mí misma...al ubicarnos en forma de circulo, los guías apagaron las pocas linternas que llevaban, comencé de inmediato a invocar la presencia divina, al sentir la frecuencia, pedí permiso para la activación de energía, sentí la señal y comencé a descender energía de alta frecuencia, se concentró tanta energía en el lugar que se iluminó todo, me volví como un faro de luz, tanto así que los guías buscaban a ver si tenía una lámpara escondida, ¡ellos estaban impresionados!, terminamos e inmediatamente salimos del lugar que aún permanecía iluminado, no requerimos de mucha ayuda de las lámparas, al salir las autoridades y los guías me dijeron que habían entrado con muchos chamanes y personas espirituales a realizar rituales, pero nunca se había iluminado así la pirámides por dentro, jamás habían visto a ninguna persona que brillara tanto como un bombillo, les expliqué que al manejar energía es así, porque es una frecuencia, al salir yo no me había percatado que estaba totalmente mojada como si hubiese acabado de salir de haberme bañado con ropa y zapatos, fue tanta la energía que descendió que yo quede eléctrica.

Nos fuimos juntos a cenar, los veía a todos que estaban agotados y querían ir a descansar, nos regresamos con el amigo en su camioneta quien nos dejó en el hotel donde nos hospedábamos…Al llegar yo estaba eléctrica, no tenía sueño pero Arelis estaba agotada así como todos los que nos acompañaron; permanecí dos días con mucha energía acumulada, le pedí bien temprano en la mañana a Arelis, que fuéramos a caminar para descargar un poco la energía, porque mientras estuviera así no podría comer ni descansar, además si me tocaban les daba corriente; este encuentro maravilloso organizado y dirigido por la divinidad, me inundó de amor incondicional, estaba tranquila porque había cumplido una misión más, todo había sido maravilloso y guiado por esa *Pequeña Mano Morena… pero ¡tan grande!*.

Llegó el día de regresar. Todo fue perfecto y mágico ordenado causalmente en todo lo que hicimos, tomamos nuestro vuelo de regreso a Caracas estábamos plenas de paz y amor. Una vez en Caracas me dispuse a descansar, aún estaba eléctrica, Arelis al día siguiente se regresó a su casa en la ciudad de Maturín.

Los meses siguientes me dediqué a meditar y a apoyar a las personas necesitadas para su despertar, realicé un encuentro y espere instrucciones divinas, cuando he trabajado fuerte energéticamente, siempre por un tiempo tomo un buen descanso, además me sirve para reflexionar internamente la experiencia.

Todo esta enseñanza me llevaba a comprender aún más quienes guiaban mi vida, eran seres de energía de las esferas de pensamientos de altas frecuencia, como ellos organizaban todo era una magia divina que se manifestaba mediante las señales de la naturaleza, había ya comprendido que mi gran amor, creencia y fe, me había permitido ver todo lo que los demás no veían, con la única finalidad de expandir el amor incondicional. Cada paso que daba tenía una razón de ser y un porqué, no me movía a ninguna parte sin la instrucción divina, esta gran comprensión me había permitido integrarme con la red del mundo de las causalidades.

Me sentía equilibrada y consciente de la existencia de un mundo que guía y organiza este mundo terrenal, en este punto quiero recapitular mi despertar, estaba consciente de que los seres de luz siempre me habían guiado, además conocía la magia de las señales divinas a través de la naturaleza y los elementales, ellos nos permiten recibir señales indicadoras de sucesos importantes, todo este aprendizaje me tomó años comprenderlo y para eso debí ser valiente.

También estaba consciente de los hermanos intraterrenos, que están haciendo una gran labor para apoyarnos en nuestro despertar, ellos desean nuestro cambio interno y existen muchas personas apoyándoles en esta ardua misión. Tantas cosas estaban ya dentro de mí, el conocimiento, el entendimiento, el discernimiento y la práctica, me preguntaba que debía hacer ahora, después de un proceso tan largo y un camino tan empedrado como el que había recorrido hasta ese momento, el crecimiento interno nunca termina, son solo peldaños que subimos con la única finalidad de *des-densificar* nuestras durezas, debía aceptar nuevas etapas que estaban por iniciar y cada vez la comprensión era mayor.

Había regresado en mayo de México, con una enriquecedora experiencia, tenía tres meses descansando en espera de un nuevo anuncio, sabía que eso vendría, así que una madrugada se aparece Baba en sueño, me llama por mi nombre: "Laura, vas a venir a mí, quiero regalarte algo maravilloso", me desperté y vi el reloj eran las 5 de la mañana, muy temprano para levantarme, así que me dispuse a meditar un rato dándole gracias al Padre por mi vida, su compañía, su inmenso amor, por ordenar mi actividad de ese día, por mis alimentos, etc.

Luego de dar gracias me levanté, tenía una sensación extraña, me acerqué a mi esposo y le desperté para contarle que Baba me llamaba de nuevo, pero no sabía a donde iría, estaba segura que él me llevaría a un lugar para algo. Nos preparamos el desayuno compartimos un rato hasta que Joel se fue a realizar unas diligencias que tenía pendiente, me quedé en el apartamento y comencé mis actividades. Al mediodía recibo una llamada de mi hija explicándome que necesitaba que fuera a Londres, ella estaba en esa ciudad y ya tenía una semana, no se sentía bien, quería que me fuera al día siguiente, le respondí que estaba bien me iría al día siguiente, si encontraba boleto, ella respondió: "No te preocupes por el boleto, ya lo tienes el vuelo sale mañana en la tarde, te envié todo a tu correo electrónico". Estuve pensativa. Dios... eres tan rápido para unas cosas y para otras eres tan lento... cómo entender esto.

Al regresar Joel a casa le comenté que tenía las maletas lista, ya sabía para donde me iría, él me miró a los ojos para preguntar: "¿ahora a dónde te vas?", con una sonrisa primero le recordé el sueño que había tenido donde Baba me llamaba y causalmente Yona se había comunicado para decirme que tenía todo listo para que partiera al día siguiente a Londres, mi esposo solo me respondió: "Bien, entonces te llevaré mañana al aeropuerto".

El 8 de septiembre de 2011 estaba tomando el avión con destino a Londres, hacía 37 años desde la última vez que había vivido en Liverpool, Inglaterra. Unos cuantos años habían pasado desde que conocí esta ciudad, por eso suponía que estaría todo diferente... durante el vuelo traje recuerdos de mi experiencia en Inglaterra, fueron enriquecedoras, estaba muy joven y había comprendido las experiencias vividas muchos años después, tantas situaciones que viví en ese período, eran muchas para la edad que tenía, todo lo fui vislumbrando en su mejor momento, ahora estaba consciente de mi propia vida, eso era muy importante. El avión aterrizó en el Aeropuerto de Heathrow a las 9:30 aproximadamente, al salir del aeropuerto, tomé un taxi y le pedí que me llevara a la dirección del apartamento que me había enviado mi hija, ella estaba esperándome, al llegar la sentí un poco triste, pero venía tan cansada que deseaba bañarme y descansar un rato, ella tenía que irse al hospital donde estaba haciendo un curso, nos despedimos y acordamos salir a cenar cuando llegara.

Descansé un rato y luego me dispuse arreglar todas las cosas, organicé la ropa mía y la de Yona, que aún estaba en las maletas, el apartamento donde estábamos era de tres niveles, la entrada, luego un nivel con el cuarto donde estaría alojada y tenía un baño en el pasillo, había otro nivel con la cocina y el último nivel con una sala donde había un sofá muy cómodo donde dormía Yona, era muy acogedor el apartamento. Me senté a meditar como siempre dando gracias por todas las cosas, es mi rutina diaria, dar gracias ante todo, inicié una conversación con Dios, le explicaba que me encontraba en Londres, realmente no tenía deseos de salir a pasear porque ya conocía bastante la ciudad, además, sentía que no era eso lo que debía hacer, quería solamente conocer Stonehenge, es uno de los monumentos pre-históricos más importantes del mundo, por eso es Patrimonio de la Humanidad, es un círculo de piedra que tiene más de 5.000 años, según las investigaciones todavía no se sabe para qué fue construido, algunos dicen que era un templo, otros opinan que era un observatorio astronómico o un calendario prehistórico, pero yo sé que es un portal de energía, no podía pensar que estaría tan cerca, y no ir a recibir la energía que del círculo emana, le expresé al Padre todo lo que deseaba desde mi corazón hacer en esa ciudad, medité un rato, hasta que se acercó la hora de arreglarme para esperar a mi hija, estábamos por ir a comer.

Yona llegó a buscarme al apartamento que quedaba cerca del hospital, me invitó a un restaurant en la misma zona y nos fuimos caminando y disfrutando del paseo, era de comida árabe, ella sabe que me encanta ese estilo de comida, así que caminamos hasta llegar al lugar. Comimos, conversamos mucho y regresamos al apartamento, una vez en casa le comenté que deseaba ir a Stonehenge, ya había investigado y deseaba ir solo a conocer ese lugar, por lo demás no tenía interés, pues ya lo conocía, juntas investigamos en internet como hacíamos para ir en tren y planificamos que el siguiente fin de semana iríamos a visitar ese lugar, también le recordé que estaba una amiga de Venezuela viviendo en la misma ciudad y deseaba visitar, era en las afueras de la ciudad, dispusimos ir ese mismo fin de semana, le llamamos para que supiera que estábamos en Londres y que iríamos pronto a verla, ella se animó muchísimo, extrañaba tanto nuestro país.

El fin de semana fuimos a visitar a nuestra amiga como habíamos acordado, ella se alojaba en casa de una familia hindú, muy agradables y atentos, nos invitaron al Centro Sai para ir a la actividad que hacían siempre, nos agradó la invitación y les acompañamos, al llegar al lugar estaban iniciando las actividades, razón por la que nos tuvimos que sentar rápidamente en el lugar destinado para las mujeres, me senté en la última fila donde habían unas sillas, es difícil sentarme en el suelo, comencé a meditar le di las gracias a Baba por permitirme estar en ese lugar y haber conocido personas tan especiales, en ese momento veo que Baba viene caminando hacia donde estaba sentada, sonríe y me dice: "que te parece, cuando yo te llamó enseguida vienes a mí" y se ríe, inmediatamente me dice: "Laura, te estoy llamando, ven a mí", me señala que le siga, en ese momento mi amiga me toca, me hace señas que la siga, me habían escogido para hacer el *Arathi*, ritual védico que se practica para Invocación y Ofrendas a la Divinidad, me extraño muchísimo porque no es frecuente que un extranjero lo haga estando presente tantas personas hindúes, me levanté muy emocionada. Las lágrimas brotaban solas por la bendición recibida, hice el *Arathi* sintiendo la presencia de Baba a mi lado, me senté de nuevo hasta que terminaron las actividades.

Mi amiga nos invita a comer en casa con la familia hindú donde ella vivía, llegamos y compartimos, mientras les acompañaba a hacer la comida en la cocina, es una agraciada familia, llegó el papá y nos sentamos a conversar, algo mágico sucedió, yo le entendía su inglés y el entendía el mío, estuvimos conversando casi tres horas, me contó desde que conoció a Baba hasta que fue a India cuando Baba trascendió de plano, él estuvo en la construcción del mausoleo o panteón donde reposan los restos de Baba, me contó su experiencia en ese momento y lo mucho que se sintió afectado por la pérdida. En ese momento me pide que le acompañe, me llevó a la cocina y me pidió que le esperara un momento, mientras tanto yo observaba lo ordenada y aseada que la mantenían, eso me agradó mucho porque no es frecuente ver cocinas tan impecables y organizadas, a los pocos minutos viene con varios paquetes en sus manos, comenzó a darme regalos sagrados, me dio vibhuti o ceniza sagrada que se materializó encima de la urna donde colocaron el cuerpo físico de Baba, me dio pétalo de las flores que reposaron en su ataúd y lo más maravilloso, me dio dos barras de mármol largas y delgadas, una bolsita que contenía unos pedacitos picados en forma de dados pequeños del mismo mármol, que fueron restos del que se utilizó en el mausoleo, mi sorpresa fue grande en ese instante! Baba me dice que son regalos que quería darme, estaba abrumada de felicidad al sentir su energía en cada regalo, le di las gracias al señor y a Baba, me sentía complacida por la bendición recibida, sabía que mi viaje no era de placer era espiritual para un bienestar sagrado, eso para mí es lo más importante.

En la noche él nos fue a llevar a la casa acompañado con nuestra amiga en común, salimos de su casa y nos paramos afuera para despedirnos de su esposa, en ese momento levanté la mirada hacia la ventana del segundo nivel de la casa y veo a Baba parado despidiéndome con su mano y sonriendo, que hermoso fue ver a Baba era la primera vez que se me presentaba después de haber pasado de plano, les dimos las gracias por toda su atención y compañía, además que habían sido muy gentiles en llevarnos hasta el apartamento. Al llegar conversamos un rato, hasta que mi hija se puso a estudiar para sus actividades en el hospital, mientras yo me fui a leer un libro para relajarme.

Pasamos los días tranquilas, mi hija en sus actividades y yo en las mías, entre orar, meditar, leer y escribir el día pasaba muy rápido, a veces no me daba tiempo de hacer todo lo que deseaba. Llegó el día tan anhelado por mí, iríamos a Stonehenge. Salimos como a las 10:30 de la mañana en tren con destino a Salisbury que era uno de los lugares más cercanos a donde llegaba el tren, de ahí tomamos un bus que nos llevaría a Stonehenge, el camino es muy agradable y colorido por los jardines, los campos verdes con diferentes tonalidades y las casitas campestres, además del ganado que adorna la pradera, me distraía viendo el paisaje cuando comencé a sentir la energía que bañaba mi cuerpo, le dije a mi hija, ya estamos muy cerca siento la energía, al terminar la curva de la carretera pudimos ver que estaba el circulo de piedras a lo lejos, que hermoso!, su energía irradia a una gran distancia, lo había percibido y ni siquiera se veía, nos bajamos del bus y caminamos a comprar el ticket de entrada, ahí nos entregaron unos aparatos como grabadoras que nos darían el mensaje del lugar, realmente no quería nada que no fuera la conexión directa con esa fuente de energía que irradiaba y muchas personas ni lo percibían, por eso no hice uso de ellos.

Caminamos hacia las piedras, había mucho viento y eso nos daba mucho frío, pero estábamos bien abrigadas con suéteres gruesos, a medida que nos acercábamos sentía que iba subiendo la temperatura, sentía mucho más la energía, caminaba embelesada por lo que veía, hasta que llegamos a un lugar y nos sentamos a meditar, una vez que empecé a agradecer y me enfoqué en la energía que emanaba, me fue dando calor al punto de quitarme el suéter, me centré en ver el cilindro de luz que se forma en dirección ascendente al cielo, comencé a ver como las piedras tenían vida, ellas formaban palabras, todo era mágico. Me concentré en ver qué me querían decir y pude leer: DIOS NO EXISTE. Asombrada me dije: "¿Cómo es eso que Dios no existe? ¡No comprendo!". Luego se formó la siguiente frase: DIOS SOLO ES… Esto retumbó en mí ser fuertemente. "DIOS NO EXISTE, DIOS SOLO ES…" Debía descubrir qué querían enseñarme, así mismo llegaron muchos más mensajes con información que tuve que escribir para no olvidarlo, todo era muy rápido, cada palabra resonaba conmigo, les puedo explicar lo que alcancé a comprender, pero esto no fue inmediatamente, me tomó su tiempo.

Luego de escribir los mensajes, cada una compartió su experiencia, mi amiga vio figuras que debía interpretar y Yona vio símbolos, pero ninguna creyó realmente que era un mensaje, al darnos hambre, dijimos: "¡Bueno, llegó la hora de regresar!", nos comimos un sándwich en el cafetín donde se toma el bus de regreso mientras esperábamos que llegara; eran las cinco de la tarde cuando salimos para Londres. Llegamos cerca de las 6:30, nuestra amiga decidió irse directo en el metro a su casa, porque al día siguiente tenía actividades y nosotras tomamos el metro en dirección al apartamento, llegamos cansadas a dormir, Yonita tenía actividades en el hospital al día siguiente desde temprano.

Regresé de Stonehenge pensativa y bastante movida internamente, discernía sobre toda la información recibida, quiero explicarles que cuando se recibe información desde 5ta. Dimensión, traducirla no es fácil, hay que tener calma y sensatez para comprender los mensajes, este fue el caso, quería discernir con claridad lo que quisieron decir, igual con todos los demás mensajes, lo primero que hice fue agradecer lo que habíamos recibido tanto en energía como en mensajes y vivencia, después me fui a dormir, porque así quizás en sueños podría descubrir alguna salida a todo ese juego de palabras y visiones.

Al día siguiente desperté temprano, acompañé a Yonita a desayunar, al ella irse al hospital a cumplir con su trabajo, empecé mi rutina de meditación para luego buscar una respuesta a tantas incógnitas, sentí que debía investigar el significado de cada palabra para alcanzar mejor comprensión, busqué el papel donde había anotado lo que había escuchado y visto, comencé por la palabra DIOS: busque las palabras en internet y esto fue lo que anoté:

Dios no existe, Dios solo es:

"**DIOS** es el nombre de un ser supremo, las religiones llaman Dios a un ser supremo o Deidad", luego busqué el significado de **NO**: se utiliza para negar, rechazar la existencia de algo; luego, **EXISTE**:

Tener realidad física o mental…estos conceptos de 3era dimensión me permitieron comprender que era verdad, Dios no existe porque no tiene una realidad física, por ejemplo un vehículo si existe, tiene realidad física y puedo definir como es el auto, su color, tamaño, modelo etc., continué buscando las palabras restantes, **SOLO**: en internet conseguí una respuesta acertadísima, lo que es único en su especie, y **ES**: del verbo Ser, como verbo no copulativo significa: **existir**, tener realidad; lo que me hizo comprender que Dios no es algo Físico-mental, Dios solo existe! es una realidad, comprendiendo que cada quien tiene la suya, entonces Dios es una realidad según como cada quien la tenga, que maravilla! había recibido respuesta, de una pregunta formulada muchos años atrás, esto me indicaba que en mi realidad todo existía, muchas cosas las veía solo yo, porque eran mi realidad.

Vamos a los mensajes siguientes que fueron los que más exigieron mi reflexión:

Nada es bueno y nada es malo

Estos conceptos ya los manejaba lo sabía por experiencia propia. Según internet, **Nada**: Ninguna cosa. E**s** del verbo Ser, como verbo no copulativo significa: existir. **Bueno** tiene inclinación natural a hacer el bien. **O** Se usa para unir dos elementos de un mismo nivel o función gramatical y expresa alternativa o exclusión de uno de ellos. **Malo**, hacer el mal o pensar mal. Este concepto fue más fácil comprender porque sabía que todo en el universo es perfecto, es un aprendizaje para evolucionar y al comprenderlo no creamos culpas o sentimientos que nos aten a situaciones. Sin reconocer que a través de lo malo puede nacer lo bueno o viceversa

Todo es uno conmigo

Aquí fue que tuve que discernir muy bien, que me querían decir. Según lo que conseguí en internet, **Todo**: se toma como una unidad o totalidad no se excluye nada. **Es**: del verbo Ser, como verbo no copulativo significa: existir. **Uno**: Se emplea para designar la unidad, que no está dividido, que forma una unidad. **Conmigo**: forma especial del pronombre personal yo, tanto en masculino como en femenino, este concepto era más profundo, qué era lo que querían que comprendiera, no lograba vislumbrar lo que deseaban ellos enseñarme…Medité, pedí guía y orientación, me gusta discernir y comprender realmente lo que ellos quieren que procese para internalizar de la manera más correcta posible, en ese momento comencé a tener recuerdos de todos los seres de luz que habían estado acompañándome en el camino recorrido, había visto seres de luz a mi amado Jesús quien me rescató, a la Virgen en la Advocación de la Milagrosa, al Dr. José Gregorio, a Sai Baba, a los Arcángeles, los ángeles y a las personas de otros planos, siento una voz que me dice: "Todos ellos Soy Yo y Yo Soy todos ellos, no hay nada separado de mí", en fracciones de segundo descubrí que **DIOS ES TODO**, su esencia divina está en todo, pude ver una película que me permitió observar, como cada uno de ellos se convertían en los otros y todos eran lo mismo, fue maravilloso!, descubría lo que ellos querían que supiese, cada ser que ha estado en mi camino es Dios y cada cosa que existe es Dios, no hay nada fuera de él y **todo eso estaba en mi realidad**. Esto me hizo saber que era cierto, ninguno de ellos habían aparecido en mi vida para otra cosa que no fuera apoyarme, sanarme, despertarme e iluminarme, cada uno de manera diferente, pero con un sola intención, llevarme cada vez más hacia el camino de Dios, es decir, ¡ellos son el todo! es una sola fuente divina, y todo aparecía según mi realidad y de la *Pequeña Mano Morena pero ¡tan grande!* Que guiaba mi camino.

Lo siguiente que me dijeron fue:

Despiertas cuando vibras en armonía con las Leyes Universales

Según la información de internet, **Despierta**: Se aplica a la persona que tiene agilidad mental y capacidad de relación con el mundo que le rodea. **Cuando**: Indica el tiempo o el momento en que ocurre una acción. **Vibras**: resonar una cosa por efecto de la vibración. **En**: Indica modo o manera, especialmente de hacer una cosa. **Armonía**: proporción y correspondencia adecuada entre las cosas. **Con**: Indica que una cosa tiene o contiene otra. Indica relación o comunicación. **Las**: artículo determinado (femenino). **Leyes**: reglas y normas, constante e invariable de las cosas, nacidas de la causa primera o de las cualidades y condiciones de las mismas. **Universales**: relativo al universo. Que comprende o es común a todos.

Siendo abogada me encantó este tema de las Leyes Universales, creo que este es el último plano que experimentamos para despertar, lo primero que debemos comprender es que si no estamos armonizados con las leyes temporales o las leyes que se dictan en esta 3era, dimensión, como por ejemplo la Ley de Tránsito y Transporte Terrestre, con esta simple muestra vamos a comprender que muchas personas no están en armonía con una simple Ley, debemos de entender que todo está contenido en uno, o sea que si no respetas las Leyes terrenales, menos tendrás consciencia de las Leyes Universales, porque lo que es arriba igual es abajo.

Lo último que me dijeron:

Absolutamente todo está dentro de ti.

Según internet, **Absolutamente**: indica el grado máximo de la propiedad que califica. Plenamente, totalmente, completamente, decididamente, definitivamente. **Todo**: Cosa entera o tomada en su integridad sin excluir ninguna parte. **Está**: Parte de un lugar situada hacia este punto. **Dentro**: En la parte interior de algo. **De**: Indica la persona o cosa que posee el nombre al que complementa. **Ti**: Forma del pronombre personal de la segunda persona del singular que se emplea en los complementos con preposición.

Esto me indicaba que lo máximo que debía saber estaba dentro de mí, era cierto, pero el análisis de todo esto era junto porque todo está contenido en el todo ¿Qué querían que comprendiera en esta enseñanza?, pensé y pensé hasta que me quedé dormida. Esta es simplemente una forma de comunicarme con otra dimensión, que ya me es muy familiar; al dormirme comencé a bajar unas escaleras para ir al templo donde me habían dado mi maestría, al llegar a ese lugar empezaron a aparecer todos los seres de luz que habían acompañado mi camino, Jesús, la Virgen, los Santos, Ángeles, Arcángeles, Baba, José Gregorio Hernández, Buda, todos ellos aparecían y se convertían en una luz brillante que se fusionaba a una esfera de luz que estaba en el centro del templo, era la que iluminaba todo, ellos aparecían y se convertían en luz y se fusionaban con la energía esférica del centro, así los estuve viendo por un rato, hasta que aparece un hermoso ser de luz, mirándome a los ojos, me dice, no con palabras sino directamente a mi mente: "Laura, somos nosotros los intraterrenos, hemos dado un mensaje al mundo desde hace muchos años, pocos lo han comprendido, todos somos hijos de la Única Fuente, estamos apoyando la obra del Creador para el despertar de la humanidad, lo que te hemos mostrado son las etapas que deben completar para el Despertar, y una vez comprendido pueden llegar aquí al mundo de nosotros, somos seres igual que ustedes, la única diferencia es que evolucionamos, tú has cumplido muchas etapas ahora vendrán otras, descubrimos que debías despertar para avanzar", me pidió que viera una especie de pantalla gigante donde se veían muchas ciudades, me mostró como las personas estaban caminando con una gran carga de miedos, dolor, tristeza, también escenas de personas que vivían desde la rabia y pasaban todo el día iracundas dañándose internamente, pude ver como esa energía se densificaba dañando sus cuerpos lentamente y ellos no se percataban de su situación, vi personas corromperse con bebidas alcohólicas y todo tipo de drogas, esa energía les trastornaba perjudicando sus cuerpos, observé como las personas tienen varios cuerpos y cada uno se expresaba, era maravilloso lo que veía; yo había estudiado esto en Barinas estaba consciente en el sueño de lo que sabía y de lo que me enseñaban, me dijo: "Quiero que veas este caso", una persona que estaba muy molesta, vivía su vida desde la rabia, todo lo que decía y hacía era con rabia, pude ver su cuerpo emocional con una energía de un color rojo negruzco intenso, su cuerpo mental estaba con una energía azul obscura casi negra, su cuerpo espiritual estaba desgastado, opaco, ahumado, su cuerpo físico estaba enfermo, se veía la energía amarillo verdoso opaco, esa persona se quejaba de dolores en todo el cuerpo y además estaba a punto de que le diagnosticaran cáncer en los huesos, esto me hizo recordar el libro de Louise Hay: *"Sana tu Cuerpo"*; ella explica que el cáncer es una herida profunda, rencor que se mantiene por mucho tiempo, cargas de odio, entre otras cosa más

Pude observar claramente sus cuerpos principales y supe cómo estaba cada uno, sentí pena ajena por ella porque no se evaluaba, estaba ella misma consumiéndose por su actitud negativa, nuevamente me muestran varios casos semejantes, todo eso lo vi en fracciones de segundos, luego me invita a caminar a otro lugar donde pude ver el trabajo que ellos hacen desde su dimensión, como apoyan a las personas que tienen dones para que sean guiados a cumplir con el plan divino, en ese preciso instante comprendí que esa era mi vida, apoyarlos a ellos para la gran obra universal. Supe que todo lo que había experimentado en mi vida había sido guiado por esa fuente única de energía, por esa *Pequeña Mano Morena pero ¡tan grande!* todo con el propósito de apoyar a la humanidad al despertar y no lo podía cristalizar si no lo apreciaba por mí misma.

En ese momento me desperté llorando, sentí mucho dolor por la humanidad que está tan dormida y no permite observarse ¿Dios, cómo puedo apoyarte si cada quien está inmerso en el mundo terrenal y esa es su realidad?; ¿Dios, por qué me has dado un trabajo tan difícil? ¡No sé si pueda cumplirlo! Dios, sabes que están dormidos y quieres que los enseñe a despertar, pero también sabes que ellos deben hacerlo si ellos quieren y como si fuera poco. Te pregunto: ¿quién puede despertar sino se observa?, todos desean que cambien los demás, pero ellos quieren seguir igual y además manipulan a las personas con la intención de alcanzar lo que quieren, ellos tienen su realidad y no quieren ver otras realidades. "Señor, ¿no crees que es un trabajo difícil para mí? – Pregunté – ¿existirá la posibilidad de realizarlo?", inmediatamente me dirigí al universo: "Si eso es lo que me corresponde, pido que traigas a mi todas las personas que deseen despertar, así de sencillo, porque el que no desee hacerlo, no puedo apoyarlo", sentí como una energía llegó a mi cuerpo como aceptando mi petición, suspiré y me sentí en paz.

Los demás días estuve reflexionando bastante sobre todas las enseñanzas, en las tardes salía con mi hija a pasear o de compras, ella siempre quería hacer algo, cenábamos juntas en diferentes lugares para conocer, ella es amante de la comida y le gusta probar de todo, compartimos hasta el último día que nos fuimos en el mismo taxi para el aeropuerto, al llegar nos despedimos, ella tomaba un vuelo rumbo a Canadá donde vive y yo regresaba a Caracas donde me esperaba mi esposo.

En el aeropuerto me encontré con un viajero del tiempo que jugueteó conmigo hasta que lo entendí, se me presentó como un monje vestido con una túnica de los monjes Franciscanos, pero cuando le observé los pies no tenía sandalias, tenía unas botas negras súper modernas y dinámicas que no combinaban para nada con los atuendos de los franciscanos que hacen votos de pobreza, al descubrir sus zapatos, él se sonrió conmigo como confirmándome que era correcto lo que veía, de pronto se desapareció.

Me fui a tomar algo porque tenía sed, tomé el ascensor y antes de cerrarse, el entró rápidamente parándose a mi lado, lo vi a los ojos fijamente y tan cerca como pude, él sólo sonreía, pude percibir su olor Jazmín-rosa, cuando se abrieron las puertas del ascensor él salió y lo perdí nuevamente, lo que no supe es si los demás lo podían ver. Me senté en la antesala para abordar el vuelo hacía Caracas, estaba en el aeropuerto de Frankfurt, al llamarnos para abordar me levanté y cuando estaban chequeando el boleto, lo vi salir del pasillo del avión, pasó por detrás de las personas de seguridad y desapareció, en ese momento fue que reconocí que más nadie lo había visto porque las personas no tienen acceso a esa zona de seguridad. Me sentí complacida porque sabía que ellos me acompañaban en todo momento, sin importar donde estuviera.

Abordamos el avión a la hora anunciada, me senté y no me toco ningún acompañante en la silla de al lado, era favorable para mi así no sentiría el proceso de nadie y podría reflexionar sobre lo experimentado, sentía que había algo más que entender, comprender y discernir en todo lo que me habían enseñado, di gracias primero por todo y luego pedí guía en el proceso de comprensión, realicé muchas preguntas que a la final se convertían en una sola, ¿qué es lo que desean que comprenda? Sé que me falta algo. Llegó en ese momento la aeromoza con el almuerzo, lo tomé, comí un poco y luego pedí un té de manzanilla para continuar con mi conversación interna, me tomé el té y poco a poco me fui relajando, comencé a adormitarme, de pronto aparece un ser de luz, iniciando su conversación de una manera diferente: "Amada presencia divina en ti y en mí, debes de comprender que nada existe solo existe lo que está en tu realidad, si en tu realidad existe Jesús, él estará a tu lado, si en tu realidad existe la virgen ella estará a tu lado, solo porque existen en tu realidad, pero no es cierto, lo único que existe es el principio único que es la fuente divina de toda realidad, compréndelo bien todo lo que esté en tú realidad tendrá vida, pero quizás no tendrá vida en otras personas, por eso te presentamos todas las formas de tú realidad a través de tus experiencias, pero ahora solo debes estar con la Fuente Única, por eso Baba te llamó antes de pasar de plano para que te desapegaras de las formas de 3era. dimensión, y vieras su energía y esto es con todas las formas, desde este momento en adelante sabrás que en tu realidad solo es la Fuente única, así debes de concebir tu realidad y deberás aprender a manejar la energía en esa dimensión", vi en fracciones de segundo a todos los seres de luz que aparecieron en diferentes oportunidades en mi vida como se unían a ese principio único y se convertían en energía, mi consciencia se expandía maravillosamente, desperté porque anunciaban que estábamos pronto a realizar el aterrizaje en Maiquetía y me sorprendió como tantas horas de vuelo se me habían convertido en pocos minutos de experiencia dimensional, internamente me sentía otra persona, se manifestaba una expansión en mi consciencia que me concebía más sutil.

Estuve unos días de descanso antes de emprender las actividades que acostumbraba, estaba segura que mi vida era otra, permanecía en paz y observación permanente, mi mundo sólo era ese y estaba consciente que esa era mi realidad, dejarme guiar para donde debía ir o lo que debía hacer mediante una energía divina, me invitaron a realizar encuentros, los cuales iba acompañada por Joel mi esposo, y Arelis. En una oportunidad me llama un señor, su nombre Ignacio, conocido como Nacho, lo había atendido hacía un tiempo, le había explicado su misión de vida y lo que él debía corregir, conversamos sobre el cambio que había realizado y las decisiones que él había tomado después de nuestro encuentro, eso le había traído reconciliación en su hogar y en su vida, naciendo un nuevo ser en camino al despertar. Luego que conversamos de su vida, y del cambio que había experimentado, le invité a que compartiera con nosotros un encuentro, él lo aceptó.

El encuentro lo realizamos esta vez en una casa de retiro de la congregación de las hermanas de Santa Ana; quiero primero agradecerles a ellas, las hermanitas que nos dieron sus servicios desde su amor, para realizar varios encuentros en ese lugar, una casa bastante grande y muy hermosa, decorada con muchas flores a su alrededor y plantas que alegran la casa en cada rincón que alberga, sobre todo la energía de paz que está en ese rinconcito de la ciudad...El día de nuestro primer encuentro en esa casa de paz -como la llamo-, fue maravilloso era la primera vez que los servidores de Dios estábamos juntos en esta vida: Joel, Nacho, Arelis y yo, porque tengo plena seguridad que venimos juntos de muchas vidas realizando el mismo trabajo, quizás preparándonos para este encuentro, somos un equipo maravilloso!, todos conscientes de su trabajo hacia la luz, armonizados por la divinidad y el amor incondicional, apoyados por un grupo que desean cambiar, quienes organizaron todo y les doy gracias por toda su colaboración y amor manifestado.

Dios me premiaba al saber que otras personas se iniciaban en nuestro camino para poder realizar mi gran sueño, concebir un refugio para enseñar a todas las personas del mundo que deseen despertar, este sueño lleva anclado en mi corazón muchas vidas y en esta vida añoro se materialice porque está en mi realidad. La humanidad lo está esperando.

Aquí en este ahora y en este presente dimensional me encuentro satisfecha de mi camino, quise darles a ustedes mi experiencia y como ya les he dicho no va a ser igual a la de nadie, la manera que elegí despertar fue creada por mí y basada en mi realidad, y la de ustedes serán creadas por ustedes y en sus realidades, pero la finalidad si es común, un despertar para conocer lo que es el amor incondicional.

Había canalizado el conocimiento del Diseño Holográfico, es la única manera de alcanzar la unidad, está información que me entregaron los seres de luz, me permite apoyar a las personas para que conozcan lo que deben corregir y cambiar en esta vida, porque cada quién lo planifica antes de nacer, es su creación, además me permite orientarlos en lo que hicieron en otras vidas, y los patrones que están influyendo en esta como un patrón imborrable, ya que está impregnado en cada célula energética que tenemos y hay que redefinirlas, es preciso eso, lo que vienen a corregir y evolucionar para poder liberar las densidades de sus esferas de energías pensamientos, a fin de alcanzar elevar la frecuencia para la unidad con la Fuente Única, siendo esto un sistema de vida.

Nosotros como humanos debemos desarrollar una nueva consciencia colectiva basada en el amor incondicional, desprendernos definitivamente de los miedos, el dolor, la manipulación, la rabia, ira, lujuria, drogas, etc. Para crear una nueva consciencia donde seamos libres, coherentes en nuestros pensamientos, palabras y acciones, irradiando nuestro mundo interno en armonía perfecta con las leyes del Universo. Se preguntarán ¿cómo lograrlo? Les diré que con el sólo hecho de querer hacerlo desde una verdadera intención, el universo confabulará para que todo lo que necesiten, sea entregado a ustedes por magia divina cuando se dejen guiar. Abrirse al nuevo conocimiento y reconocimiento, somos seres con múltiples cuerpos que conforman el ser:

-Cuerpo Espiritual: se expresa desde el sentir, es aquel que les permite sentir y percibir sin saber cómo lo hacen, es el que puede alertar para evitar las situaciones pero pocas veces se le presta atención. También es aquel que sufre cuando no se comprende su esencia. Se alimenta y armoniza con la verdad, el amor y cumpliendo lo que se vino a realizar en esta encarnación, es uno de los cuerpos más sutiles. Cuando se traspola la energía negativa se puede estar frente a una persona muy prepotente, cuando este cuerpo esta armonizado estamos ante una persona muy amorosa.

-**Cuerpo Mental:** es aquel que crea en armonía perfecta con el universo, y las leyes que lo rigen; es uno de los que venimos a disciplinar en esta dimensión, con la finalidad de salir de la densidad-dualidad, este cuerpo cuando esta negativizado, su creación es densa, razón por la cual, el universo no corresponde a la señales que enviamos porque están distorsionadas, también es el que sabotea la intención del cuerpo espiritual, porque modifica el verdadero sentir mediante los patrones que se mantiene traspasados en el tiempo-espacio, alterando el verdadero sentir de las personas mediante lo que indica el patrón-mente, esté también salta de un pensamiento a otro, las personas normalmente no dejan de pensar y esto les complica la vida-creación, aceptan una responsabilidad y luego la dejan a medias, entonces no llega la señal al universo porque se distorsiona y lo que se estaba rediseñando se estanca, es así de simple. Su energía es azul brillante y cuando está bloqueada es azul negruzco.

-**Cuerpo Emocional**: Es un cuerpo que debemos de comprender, entender y observar, es el cuerpo que más se esconde, manipula y le gusta mentir, es el que se expresa mediante la palabra que es un don del ser humano, cuando una persona esta desequilibrada emocionalmente (entiéndase que en esta dimensión todos vienen a trabajar este cuerpo) su verbo es incoherente y manipulador, su energía es fucsia fuerte, es uno de los que puede hacerse víctima de la experiencia, para equilibrarse se debe apoyar en el cuerpo espiritual.

-**Cuerpo Físico:** Es el cuerpo de esta dimensión, nuestro vehículo para experimentar esta experiencia, es denso, materia bio-orgánica inteligente, es el creado en esta 3era. Dimensión para darle oportunidad a los demás cuerpos de evolucionar y despertar, mediante la película diseñada para descubrir su realidad, con la única finalidad de despertar en unidad, cuando está disperso de los demás cuerpos, se enferma y se avejenta más rápido, si está integrado se auto-sana y regenera retomando su vitalidad y renacer. Cuando esta armonizado, su color es beige claro con tonalidades de beige más obscuro, cuando está enfermo su energía cambia a amarillento, verde y negro, depende de la enfermedad o energía que tenga.

-Cuerpo de Energía: Es el cuerpo de Luz, el más importante, el cual solo se activará si los demás cuerpos están en armonía perfectamente alineados formando la unidad, integrados formando un todo, estos cuerpos al alinearse y ser coherentes con el Universo, se permite anclar el cuerpo de energía y es el proceso que se está experimentando en esta ascensión, sino hay coherencia y armonía con la Ley Universal este cuerpo no brilla es opaco y no irradia, cuando hay coherencia con la Ley Universal las personas brillan e irradian su frecuencia, y su color es solo luz brillante.

Cuando los seres de luz me enseñaron en Barinas lo que ellos deseaban que aprendiera para apoyarles en este maravilloso despertar, explicaron cuál era mi trabajo, comprendí claramente que muchas personas habían canalizado información y hablaban de la unidad y de la integridad, pero no explicaban como hacerlo, además algo grave, ellos lo enseñaban pero no lo practicaban en sus vidas, por consiguiente no eran coherentes, esta era la razón por lo que las personas no lo comprendían, todo el mundo percibía que no estaban coherentes y por ello no irradiaban lo que deseaban explicar o instruir, en esto, los seres de luz fueron bien exigentes, fueron muy detallistas en decirme lo que debía aprender y practicar para poder enseñar a la humanidad. Me enseñaron cada uno de los cuerpos y me permitieron ver como estaba cada uno de mis cuerpos, me explicaron como observarlos y como equilibrarlos y por eso cada proceso de mi vida, comenzaba a reeducar cada cuerpo con la auto observación inmediata de cada acción, reacción u omisión, esto fue todo un proceso que tuve que experimentar y al lograr la integridad active mi cuerpo de energía, el cual produjo síntomas, cambios y regeneración en mí, se materializó el anclaje del cuerpo energético observándose este anclajes como huellas únicas e individuales en mi cabeza.

Ellos me explicaron que este proceso debe realizarlo toda la humanidad porque es la manera de despertar y ascender a otras dimensiones de esferas de consciencias más sutiles, aclararon que es un proceso de toda la humanidad porque todos somos iguales, lo que existimos son personas de diferentes vibración, unos iremos antes y otros después. El secreto es desear cambiar para ser coherentes y tener la realidad interna de conexión con la fuente única, ese es el camino de evolución para el que lo desee, primero nos interesamos en el conocimiento, luego el entendimiento, aplicando el discernimiento y es cuando nace la sabiduría, al vibrar esta sabiduría en armonía con las leyes universales estaremos conscientes-consciente, o lo que sería igual a decir...Despiertos.

Todas estas experiencias narradas quiero que sepan que son pocas ante todas las experimentadas, pero mi intención verdadera de escribir mi historia no es que se quedé en una historia y nada más, quiero que comprendan que es maravilloso despertar y ser armonioso con las leyes universales. Quizás muchos se preguntaran como lo logré y la única respuesta que he conseguido hasta el momento es con la auto-observación, además del merecimiento por gracia divina de estar guiada por la *Pequeña Mano Morena… pero ¡tan grande!*, busque mi fuerza interior y con entereza decidí mi camino hacia la divinidad.

Desde los inicios de mi proceso, me dedique a observarme internamente y buscar la razón de todas mis emociones - sentimientos, urgí en ellas hasta modificarlas de tal manera que fuesen armoniosa y coherente y este es un trabajo interno e individual. Muchas personas me preguntan cómo lo logré y solo les puedo responder, con fe y auto-observación, les explico que no es un proceso fácil porque nadie quiere ver sus acciones u omisiones o sus debilidades, ni sus patrones, les encanta ver la de los demás porque cada quien se considera perfecto y desde la comodidad interna prefieren continuar de esa manera, aunque todos saben cómo son sus actitudes, su carácter y sus incoherencias.

Así que siempre les enseño que lo primero que deben de tener claro y aceptar es si desean realmente cambiar, porque si ese deseo no está internamente, será cuesta arriba lograr algún bienestar interno. Lo siguiente es querer transformar conceptos radicales y antiguos, sobre todo aquellas personas que son mentales, cuyo eje de vida esta desde su mente y no desde su verdadero sentir-corazón, por tal razón van a llevar todo a sus conceptos y muchas veces son radicales por lo que les cuesta cambiar hasta que la experiencia se manifiesta para impulsar el cambio.

Lo que si es cierto y he experimentado es que cuando se desea cambiar el universo confabula para lograr que la verdadera intención se expanda a través del deseo y en armonía con las Leyes Universales. Esto es mágico al tener consciencia que es la intención la que maneja todo, pero la intención interna, – verdadera– sin miedos. Aquel que piense en cambiar y su intención refleja comodidad o inseguridad no producirá efectos sobre su transformación.

Es importante que sepa cómo es la auto-observación, por ejemplo: Deseo cambiar mi carácter fuerte, eso no quiere decir que al querer eso sea inmediato, es un proceso, me molesto por alguna razón, inmediatamente observar por qué reacciono de esa manera y concientizar que no debo molestarme por absolutamente nada. Una persona grita y si estoy en auto-observación, entonces debo comprender que esa persona esta desequilibrada y si le grito voy a convertirme en una persona exactamente igual a ella, ese es mi deseo o mi deseo es permanecer en paz y armonía, irradiándola hasta impregnar a la otra persona de la misma frecuencia, así se solucionan las cosas de otra manera. Recuerdo que mi esposo se levantaba a veces en la mañana de mal humor, realmente no comprendía porque si se había acostado a dormir tranquilo en la noche, se levantaba de esa manera, al comenzar a pelear por cualquier cosa le miraba con amor y le decía: "Así tal cual eres,... yo te amo", y luego me reía, él me miraba e inmediatamente comenzaba a cambiar su actitud sin hacer ningún comentario, de esa manera él fue dejando ese patrón de conducta y yo fortalecía el mío.

¿Qué es lo difícil de todo este proceso?, permanecer en paz interna mientras las personas del entorno van corrigiendo sus actitudes, y eso es posible cuando se maneja la auto-observación.

Cuando estuve en la Ciudad de Barinas canalizando el Diseño Holográfico, fue maravilloso, los guías me enseñaron y me instruyeron primero que era un sistema de vida elegido por cada uno de nosotros, planificado perfectamente para trabajar lo que cada quien necesitara evolucionar, fueron tres años de enseñanzas para evolucionar modificando los patrones de conducta enquistados de tantas vidas.

Desde ese momento me dedico a analizar el Diseño Holográfico de las personas para que comprendan que cada quien diseña una vida basada en lo que necesitan aprender, por ejemplo, una persona que viene a evolucionar las pérdidas terrenales, va a estar en su vida presente las pérdidas de personas amadas, de dinero, de bienes, etc., todo lo que existe en esta dimensión y le duela, con la única finalidad que comprenda que eso es necesario para evolucionar lo que ella decidió, comprender que debe trabajar los apegos y aceptar que eso es lo que se advierte en la dimensión. Razón por la que encontramos muchas personas que se les muere la madre estando jóvenes, luego se casan y se les muere el esposo o se les muere un hijo y así experimentan las pérdidas con sus consecuencias hasta que comprendan su proceso.

Una vez analice el diseño de un joven tenía como 29 años de edad en ese momento, el no venía a estudiar, ni nada que tuviera que ver con su preparación intelectual, él venía hacer mucho dinero para realizar una obra para el bienestar a la humanidad, todo esos recursos los percibió pero al tenerlo en su poder, se le olvido que debía hacer la obra para la humanidad, se imbuyó en el mundo de ambiciones terrenales, esa persona no cumplirá su norte sino corrige el rumbo, porque en cualquier momento lo puede hacer, sino al final de su vida perderá todo lo que se le dio, teniendo gran dolor en su corazón, sin darse cuenta lo que hizo, solo se quedara con la pérdida y seguramente su proceso final será mediante la salud. Quiero que sepan que al darle a la humanidad lo que se vino a cumplir, teniendo consciencia del trabajo, el que se beneficia es quien lo hace, no quien lo recibe, ¿saben por qué?, porque al dar se está abriendo todo ese mundo interno camino a la iluminación, el que sólo está para recibir su camino será empedrado hasta que comprenda el juego divino de enseñanzas-aprendizajes. Cuidado con la ambición y el poder.

Conocí a una muchacha y al analizarle su diseño le dije que en otras vidas ella abandonó a sus hijos y en esta vida venía a experimentar su dolor, ella tendría hijos pero serían de la vida, se casaría y Dios le daría tres hijos en su corazón, lo cierto es que ella se fue muy molesta, porque estaba operada y no podía tener hijos, al poco tiempo regresa y me dice que quiere disculparse conmigo, sus razones eran que había hablado muy mal de mí, pero resulta que había viajado en avión y conoció a un hombre, se habían enamorado mágicamente y él la había llevado a conocer a su familia para anunciar su compromiso y sorpresa el señor era viudo y tenía tres hijos pequeños, ella había comprendido lo que significaba hijos en el corazón, porque cuando les conoció los amo inmediatamente.

Quiero decirles que para mí el diseño del holograma es tan perfecto, cada día me convenzo más que diseñamos una cosa, pero cuando empezamos a crecer y nos mezclamos con lo terrenal, se nos olvida lo que decidimos realizar o emprender en esta dimensión, nos contaminamos con una cantidad de energías pensamientos irreales que olvidamos nuestra esencia divina y desviamos el camino, pero también estoy segura que se está forjando un gran trabajo para apoyar a la humanidad en su despertar.

Así es que desde muchos años atrás comprendí mi diseño, descubrí que mi misión es que cada quien comprenda la suya y retome su Norte, que recuerde lo que diseñó antes de nacer para que tome el rumbo de su vida, sin miedos ni temor, sin manipulación, todo será perfecto cuando se recorre el camino correcto.

Basado en este aprendizaje diseñé el Encuentros de Almas, **"Despertando Consciencia"** donde cada persona podrá encontrar sus cuerpos reconocerlos y unificarlos para tener coherencia de manera que lo que sentimos y pensemos sea lo que realmente actuemos o accionemos. Esto considero que es una gran debilidad de la humanidad ya que un gran porcentaje dice una cosa y hace otra, para evolucionar la consciencia se debe corregir esto definitivamente. Todo debe ser protegido y sustentada por la Fuente Única de Amor Incondicional en armonía con las Leyes Universales.

Ahora me dedico a despertar consciencia de todo el que conozca o en cualquier lugar que me encuentre y gracias a la tecnología puedo estar en todas partes, mediante internet-Skype y otros programas tengo la capacidad de poder atender a las personas en cualquier parte del mundo que nos encontremos y hacerles sus diseños holográficos para orientarlos a que emprendan su cambio de vida basado en el diseño que fue creado por cada quien antes de nacer, esto es tan maravilloso que todas las personas les vibra lo que les digo, por la sencilla razón que ellos son los que diseñaron sus vida terrenal como oportunidad de despertar, lo que si escucho continuamente es que no saben cómo cambiar y hacer lo que sienten y mi única respuesta es que **"Para ser Feliz deben ser Valientes"**, no podrán emprender cambios desde el miedo o el dolor o la manipulación.

Igualmente realizó el Encuentro de Almas "Despertando Consciencia" para que se comiencen a relacionar con ustedes mismo e inicien la unificación de los cuerpos para recibir el cuerpo de energía que es el que se está anclando para este cambio dimensional, enseñándoles cómo se vive en 5ta. dimensión, proceso que van a experimentar aunque no lo comprendan, ya que es el planeta el que está ascendiendo y nosotros somos parte de esta transición y ni siquiera lo saben. He realizado estos encuentros en Venezuela, Argentina y México, y en Canadá se motivó una apertura que a pesar de haber sido pequeña dará sus frutos en su mejor momento, porque la semilla de mostaza es mínima y da un árbol grande y frondoso.

Permanentemente realizo mi trabajo y cada lugar que visito llevo mi energía de amor incondicional, al salir de viaje doy gracias por la bendición recibida al permitirme viajar y pido a los seres de luz del lugar que voy a visitar que me permitan entrar y recibir sus asistencia, guía y protección, esto es mágico, ellos inmediatamente se presentan y aprueban mi permanencia. Al empezar a conocer personas del lugar se produce un efecto en ellas que al moverles su energía sale a relucir su personalidad para que la trabajen y realicen los cambios necesarios, luego les realizo su diseño y se comienza a expandir la energía, les contare una de las experiencias donde moví profundamente a una persona, un muchacho que conocí a los pocos días de llegar a un país que visite, él al conocerme me dijo que percibió algo muy extraño cuando se enteró que llegaría, no me conocía, ni tenía la más mínima idea de lo que yo hacía, solo lo sentía y quería verme, cuando llego el momento de vernos él se sorprendió por lo que sintió, a los pocos días quiso que le realizara el diseño y cuando se lo hice quedó en shock, esto es muy frecuente porque las personas creen que les hablare de magia y no de sus sentimientos – emociones mundo interno de tantas vidas, lo cierto es que ese muchacho se fue tan movido que a los pocos días decidió contarle a su esposa toda su vida y acciones incoherente, él quería desde ese momento vivir en la verdad, fue algo interno tan grande que le movió que él no sabe cómo tomo fortaleza y dijo todo, sabía que generaría consecuencias graves, pero él había tomado una decisión, tuvo su proceso nada fácil pero emprendió cambios los cuales su esposa también comprendió y comenzaron los dos a observarse y corregir para el bienestar de su familia, no es fácil pero si se puede, solo se debe ser valiente para afrontar sus realidades y erradicarlas definitivamente desde adentro, para no permitir más nunca una energía pensamiento densa.

Normalmente les hago una pregunta en la terapia, ¿Si sabes que eres como te estoy diciendo, por qué no has hecho nada para cambiar?, la respuesta frecuente es no sé cómo hacerlo, o así me siento aparentemente bien y estoy esperando que los demás cambien para yo hacerlo, quiere esto decir que si saben pero no corrigen, porque es más fácil permanecer dormidos que querer "Despertar". ¡Absurdo Verdad!.

Solo me queda decirles a todas las personas de la humanidad que se fortalezcan y decidan emprender su cambio, suelten y liberen tanto dolor, tristezas, ira, manipulación y controles equivocados que no sirven para nada, ya que este tránsito efímero de la vida terrenal es para conocerse uno mismo, observarse y tomar la decisión de cambiar la vida, recuerden que: **«Para ser Feliz, hay que ser Valiente»**. Lo primero que hay que hacer es observarse uno mismo y comprender ¿Cómo están viviendo?, ¿Cómo se sienten internamente?, querrán ser valientes para decirse a ustedes mismos que de esa manera no seguirán viviendo ni un instante más.

Les invito a reflexionar desde la verdad, a observarse atentamente en la acción, reacción o en la omisión de cada acto diario de la vida, a tomar el camino más fácil que es el camino desde el amor y la verdad, permítanse que en sus realidades esté presente la Fuente Única de Dios como energía de sus vidas, propónganse dejar un beneficio a la humanidad para trascender en el tiempo-espacio.

Todo esto me motivo desde antes de nacer a tener en mi corazón un solo sueño el cual cumpliré y de esto estoy convencida, ya que Baba dice siempre: ¡Cuando yo digo que se va hacer algo,... se hace!, me sustento en él y sé que mi gran sueño se cumplirá. Sólo deseo construir un lugar "Refugio de Almas para Despertar", imagino un lugar sublime y sonoro donde la naturaleza indique el ritmo armónico de su cantar, que podamos trabajar desde las energías pensamientos de altas frecuencias, en perfecta armonía con la naturaleza y las leyes universales, en pro de la humanidad, me preguntaran ¿Cómo sería?. Sería un lugar entre la naturaleza donde las personas reciban amor incondicional, desde que lleguen se les enseñe cómo emprender su cambio de vida, donde cada quien vislumbre lo que diseño de norte en su experiencia terrenal, sean orientados para alcanzar su libertad de energías pensamientos densos, o sea, controlen su mente e internalicen paz. Un lugar basado en la vida plena de experiencias de la 5ta. Dimensión, donde la providencia divina plene cada espacio y se perciba la energía de altas frecuencias, que cualquier persona de la humanidad pueda ir a recibir y dar paz, amor y verdad, así como cualquier persona pueda prepararse para apoyar a esta gran obra y experimentar el cambio, con solo una verdadera intención. El Amor.

Quizás sea un sueño, y lo mantendré vivo hasta materializarse, pero quiero decirles que estoy segura que muchas personas lo necesitan, así que expando la energía pensamiento de amor para que quien quiera incorporarse a esta gran obra aporte su granito desde el amor y sea participe de este DESPERTAR. Sé que el despertar de la consciencia es inminente para el avance y transformación de la humanidad, razón que me sustenta para continuar en la creación de mi proyecto.

Sé que Dios con su *Pequeña Mano Morena… pero ¡tan grande!* Guiara todo este proyecto hasta que se materialice y cuando sea el momento perfecto estará en pie para la humanidad.

"Y TODO AQUEL QUE SIENTA EL LLAMADO SE UNIRÁ CON LA UNICA INTENCIÓN DE EXPANDIR LA VERDAD, EL AMOR Y LA PAZ".

Todo mi despertar debe servir para dárselo a la humanidad, no como una historia terrenal impactante —sino algo más profundo— y así quiero vislumbrarlo. No es importante ni doloroso lo que experimente, lo que sí es importante, es cómo no deje huellas en mi corazón, pude transcender todo dolor, tristeza, sufrimiento e humillaciones para descubrir la belleza interna que en ellas estaban contenidas, mostrándome la existencia de una Fuente Única que liberaba todas esas sensaciones difíciles, una vez fuesen comprendidas en crecimiento interno. Aquí está la importancia de todo, asimilar lo perfecto de mi diseño, para liberar los karmas y aceptar las experiencias como perfectas para mi despertar, todas creadas por mí en mi realidad, hasta romper la coraza más dura de mi corazón y aflorar la belleza interna que todo ser humano posee. Así las espinas del camino recorrido finalizaron al brotar la rosa plena de amor en mi corazón. Este despertar quiero brindárselos a ustedes, agradecida del Padre que me guio con su *Pequeña Mano Morena… pero ¡tan grande!,* también estoy consciente que debo darles este conocimiento como una bendición para quien lo deba experimentar, sé que es valiosa la enseñanza y por esta razón al alcanzar mi despertar quiero dárselo a la humanidad para que supere rápidamente la prueba que diseño y avance en su despertar. Razón por la que me dedicare a escribir mi próximo libro, el Diseño Holográfico, … aprendiendo a vivir en 5ta. Dimensión.

Les amo incondicionalmente. Les irradio con la energía del Amor Incondicional, que cada palabra escrita sea magia en sus vidas para que sean activados sus propósitos divinos en armonía con el universo. ¡Namasté!

"Laura, un ser despierto pleno de amor incondicional".

Para enseñar a los demás, primero has de hacer tú algo muy duro:
has de enderezarte a ti mismo.

-Buda

¡Despertaos! Nunca seáis negligentes.
Seguid la ley de la virtud.
El que practica la virtud vive felizmente
en este mundo y en el próximo.

-Buda

La mayoría de los seres humanos, son como hojas que caen
de los árboles, que vuelan y revolotean por el aire, vacilan y
por último se precipitan en el suelo. Otros, por el contrario,
casi son como estrellas; siguen su camino fijo, ningún viento
los alcanza, pues llevan en su interior su ley y su meta.

-Buda.

Es fácil ver las faltas de los demás,
pero ¡qué difícil es ver las nuestras propias!
las faltas de los demás como el viento esparce la paja,
mientras ocultamos las nuestras como el jugador tramposo
esconde sus dados.

-Buda

No trates de cambiar tu deber por el de otro, ni descuides
tu trabajo por hacer el de otro. No importa lo noble
que éste pueda ser. Estás aquí para descubrir tu propio
camino y entregarte a él en cuerpo y alma.

-Buda

Para concluir esta maravillosa experiencia deseo desde mi amor espiritual agradecerle infinitamente a mi esposo por su paciencia, fe y comprensión en cada experiencia donde estuvo involucrado. Fue mi mayor apoyo, quien comprendió sin dudar cada vez que me develaban una señal —aceptó siempre sin criticar — las indicaciones recibidas de los seres de luz y la *Pequeña Mano Morena... pero ¡tan grande!*. Quienes han guiado mi camino. Fue quien me impulso a seguir cuando se me dificultaba el avance, me permitió entrever la luz cuando la oscuridad me turbaba.

Lo admiro porque me ha acompañado en este camino sin lamentar lo experimentado, no fue fácil, además lo admiro porque me demostró amor incondicional cuando él se permitió ingresar en mi realidad para compartirla juntos e iniciar un despertar hacia el amor y la verdad en pro de la humanidad.

Esta es la razón que sin ti no lo hubiese logrado.

Mi amor de tantas vidas...Te amo...

Gracias infinitas...

Para todas las personas que deseen contactarme en búsqueda de su Despertar o unirse a la creación del Refugio, desde su amor, pueden hacerlo a través de:

Mi página web www.lauradegonzale.com,

O mediante los correo electrónico:

despierten2014@gmail.com

lauradegonzalez56@gmail.com.